新时代
立德树人的有效教学研究

华意刚 朱向峰 著

苏州大学出版社
Soochow University Press

图书在版编目（CIP）数据

新时代立德树人的有效教学研究 / 华意刚，朱向峰
著. —苏州：苏州大学出版社，2021.12
 ISBN 978-7-5672-3788-9

Ⅰ. ①新… Ⅱ. ①华… ②朱… Ⅲ. ①中小学—教学研究 Ⅳ. ①G632.0

中国版本图书馆 CIP 数据核字（2022）第 003124 号

书　　名：	新时代立德树人的有效教学研究
著　　者：	华意刚　朱向峰
责任编辑：	杨　柳
装帧设计：	吴　钰
出版发行：	苏州大学出版社（Soochow University Press）
社　　址：	苏州市十梓街 1 号　邮编：215006
印　　刷：	苏州工业园区美柯乐制版印务有限责任公司
邮购热线：	0512-67480030
销售热线：	0512-67481020
开　　本：	700 mm×1 000 mm　1/16　印张：19.75　字数：324 千
版　　次：	2021 年 12 月第 1 版
印　　次：	2021 年 12 月第 1 次印刷
书　　号：	ISBN 978-7-5672-3788-9
定　　价：	68.00 元

若有印装错误，本社负责调换
苏州大学出版社营销部　电话：0512-67481020
苏州大学出版社网址　http://www.sudapress.com
苏州大学出版社邮箱　sdcbs@suda.edu.cn

学术顾问

王双全　任苏民　孙朝仁　沈雪春　朱　虹

目 录 CONTENTS

绪　论　1

第一章　教学本质：落实立德树人　17
第一节　有效教学的内涵　18
第二节　有效教学的实施　28
第三节　有效教学的模式　37

第二章　教学目标：聚焦核心素养　54
第一节　教学目标的有效设计　55
第二节　核心素养的课堂培育　66
第三节　一节好课的基本特征　93

第三章　教学内容：优化课程教材　111
第一节　优化课程教材的本质特征　111
第二节　优化课程教材的原则、路径　123
第三节　优化课程教材的策略　151

第四章　教学方式：引导自主学习　180
第一节　自主学习的含义、特征　180

第二节　引导自主学习的教学方式　193

第三节　引导自主学习的课堂样态　218

附录　苏州市 10 所中小学关于有效教学的实践探索　248

附录一　实践"教是为了不教"提升育人效能的高中教学改革探索
　　　　——江苏省常熟中学　249

附录二　实践"教是为了不教"的初中育人课堂构建
　　　　——苏州市吴中区迎春中学　259

附录三　以学生自主学习成长为中心的初中有效教学整体改革
　　　　——苏州市南环实验中学校　267

附录四　构建适应农村小学的"教是为了不教"教学模式
　　　　——苏州叶圣陶实验小学　273

附录五　引导小学生养成自主学习习惯的教学探索
　　　　——苏州昆山市新镇中心小学校　279

附录六　"教是为了不教"思想引领下的智趣共生教学
　　　　——苏州市吴江区桃源小学　285

附录七　走向"不教"的小学生自主学习核心素养培养
　　　　——苏州工业园区唯亭实验小学　289

附录八　基于儿童生命成长的自主体验教学探索
　　　　——苏州工业园区文萃小学　294

附录九　实践"教是为了不教"的差异性自主学习教学
　　　　——苏州市沧浪实验小学　297

附录十　小学教学化教为学、实现"不教"的实践研究
　　　　——苏州市金阊外国语实验学校　302

绪 论

新时代有效教学研究的理论构建

有效教学研究由来已久。自 21 世纪初以来，我国新一轮基础教育课程改革兴起。在新课程的实施中，人们发现，素质教育和课程改革要真正落地，取得应有的成效，必须依靠学校教育教学改革的深化，依靠教学有效性的提高。有效教学研究因此被广泛地开展起来。

进入新时代，有效教学研究在推进过程中面临着如何适应时代、继承传统、基于实践进行创新发展的问题。首先，有效教学研究必须在总体上适应新时代要求，认真学习习近平新时代中国特色社会主义思想中关于教育的重要论述，贯彻党的十九大提出的基础教育改革发展目标，落实《中共中央、国务院关于深化教育教学改革全面提高义务教育质量的意见》，以及国务院办公厅《关于新时代推进普通高中育人方式改革的指导意见》等文件精神。就具体方面而言，要结合新时代国家义务教育课程教材改革、普通高中课程改革、教育评价机制改革和高考/中考综合改革的新进展，关注信息化、人工智能等新技术变革和新兴科学发展及其给教育教学带来的影响。其次，有效教学研究还要从本土实际出发，坚定文化自信，"坚持扎根中国大地办教育"[1]，继承发展中华优秀传统教育思想，包括叶圣陶在内的我国现代著名教育家的优秀教育思想。最后，有效教学研究一定要基于实践。这里的"实践"，不是指从传统教育学方法论上理解的那种抽象的、封闭的、静态的教学过程和范畴，而是在整个中国社会与教育历史性变革进程中具体学校和教师自觉主动进行的鲜活的教学改革创新实践。系统设计和进行这样的实践探索，应该是有效教学的主要研究路线

---

[1] 吴昌，胡浩. 习近平在全国教育大会上强调坚持中国特色社会主义教育发展道路 培养德智体美劳全面发展的社会主义建设者和接班人［N］. 人民日报，2018-09-11（01）.

与方法。只有整体把握上述三个要点，实现时代的、文化的、实践的自觉，才能推动有效教学理论创新发展，引领有效教学实践不断深入，努力形成新时代具有中国特色、符合科学规律、充满教育智慧的有效教学理论与实践。

一、以公平质量为有效教学的改革愿景

党的十九大根据新时代我国社会的主要矛盾、以人民为中心的发展的思想和"两个一百年"奋斗目标，指出，"建设教育强国是中华民族伟大复兴的基础工程"，要"办好人民满意的教育"；基础教育发展要"努力让每个孩子都能享有公平而有质量的教育"。[1]

"努力让每个孩子都能享有公平而有质量的教育"，是新时代我国基础教育发展的整体目标，当然也应该成为新时代有效教学研究的改革愿景。

"努力让每个孩子都能享有公平而有质量的教育"，体现了中华优秀传统价值观、现代民主主义教育价值观和以人民为中心的社会主义价值观的内在一致性，是中华民族全面建成小康、走向伟大复兴对基础教育的根本要求。

《礼记·礼运》曰："大道之行也，天下为公。选贤与能，讲信修睦，故人不独亲其亲，不独子其子，使老有所终，壮有所用，幼有所长，矜寡孤独废疾者皆有所养。……是谓大同。"[2] 可见，中华民族自夏、商、周起，就形成了"为公""大同"的优秀价值观，只是在当时的奴隶社会和后来的封建社会乃至半殖民地半封建社会都不可能实现古代圣贤的这一价值理想。

我国著名教育家叶圣陶曾经深刻指出，教育的本质的改革尤其紧要。教育要为全社会而设计，要为训练成对社会做点事的人而设计；教育决不能为挑选少数选手而设计，结果使这些选手光荣显耀，站在众人的头顶上，伸出手来，收受众人的供养。[3] "教育要变，就得在精神上变，革除传统的教育精神，认定以老百姓为本位。学制与课程之类也不是不重要，然而精神不立，单就这些上讨论如何如何更改，就是舍本逐末，必然

---

[1] 习近平. 决胜全面建成小康社会　夺取新时代中国特色社会主义伟大胜利：在中国共产党第十九次全国代表大会上的报告（2017年10月18日）[N]. 人民日报，2017-10-28（04）.

[2] 戴圣. 礼记（上）[M]. 胡平生，张萌，译注. 北京：中华书局，2017：419.

[3] 叶圣陶. 叶圣陶集：第十二卷 [M]. 南京：江苏教育出版社，2004：10.

没有什么好处。对谁没有好处呢？对受教育的没有好处，对国家民族没有好处。"[1] 叶圣陶的论述可谓一针见血地指出了我国旧式教育的根本弊端及其严重危害，揭示了新民主主义和社会主义教育价值观相一致的根本理念。

在当今基础教育改革发展中，有些人往往把教育公平与教育质量、教育效率对立起来，认为少数学生成绩上去了，考了高分、得了奖、进了名校，就是"优质教育"，就是"有效教学"。对此，顾明远教授说得好："教育公平与英才教育应是矛盾的统一。一方面，人的天赋是有差异的，教育应该因材施教，及早发现天赋聪颖的孩子加以培养，但天赋的差异也可以经过教育和个人的努力来弥补；另一方面，人的天赋不一定在幼年就能显现出来……天才是要在教育普及的基础上脱颖而出的。"[2] 至于利用某些暂时的有利条件抢占教育资源，或者把逼出来的孩子成绩和特长作为择校和就业的"敲门砖"，那更是不可取的。

当前苏州的基础教育，与我国其他发达地区的大城市一样，正面临外来务工人员子女不断增多和教育水平质量不断提高的新挑战、新需求。作为深化基础教育改革的重要项目，新时代有效教学研究务必坚持"以人民为中心发展教育"[3] 的思想，突破陈旧的教育观念和狭隘的利益藩篱，实现教育公平、教育普惠与教育质量、教育效益的辩证统一，把"努力让每个孩子都能享有公平而有质量的教育"作为新时代有效教学研究共同的改革愿景和基本的衡量标准，作为这一项目参与者共同的教育情怀和基本的行为准则，力求使之切实贯彻体现在区域与学校对这一项目的设计、实施、评估等各方面和全过程中，贯彻体现在广大教师的教育教学实践和全体学生的学习成长实效中，并且使其育人效益得到社会大众特别是普通老百姓的公认。这也是新时代我国社会发展和人民生活对基础教育改革发展的必然要求。

---

[1] 叶圣陶. 叶圣陶集：第十二卷 [M]. 南京：江苏教育出版社，2004：204.

[2] 顾明远. 再论教育本质和教育价值观：纪念改革开放40周年 [J]. 教育研究，2018 (5)：4-8.

[3] 吴昌，胡浩. 习近平在全国教育大会上强调坚持中国特色社会主义教育发展道路 培养德智体美劳全面发展的社会主义建设者和接班人 [N]. 人民日报，2018-09-11 (01).

二、以立德树人为有效教学的本质内涵

"有效教学"在不同的时代和不同性质的教育中具有不同的内涵，其最根本的是对"有效"的理解和把握。教学追求什么样的"有效"？教学的效果、效益究竟是指什么？这关乎有效教学的价值取向和本质内涵。

新时代有效教学的价值取向和本质内涵，概括地说，就是"立德树人"。

立德树人，是习近平新时代中国特色社会主义思想的重要观点。这一思想观点，自党的十八大以来，在习近平总书记一系列重要讲话中不断深入地得到阐述。在党的十九大报告中，他指出："要全面贯彻党的教育方针，落实立德树人根本任务，发展素质教育，推进教育公平，培养德智体美全面发展的社会主义建设者和接班人。"[1] 在2018年5月2日北京大学师生座谈会上，习近平总书记进一步指出："人才培养一定是育人和育才相统一的过程，而育人是本。人无德不立，育人的根本在于立德。……要把立德树人的成效作为检验学校一切工作的根本标准。"[2] 在2018年9月10日召开的全国教育大会上，习近平总书记又更加明确地指出："要把立德树人融入思想道德教育、文化知识教育、社会实践教育各环节，贯穿基础教育、职业教育、高等教育各领域。学科体系、教学体系、教材体系、管理体系要围绕这个目标来设计，教师要围绕这个目标来教，学生要围绕这个目标来学。凡是不利于实现这个目标的做法都要坚决改过来。"[3] 习近平总书记关于立德树人的重要论述，为新时代我国教育改革发展指明了根本方向，当然也为新时代有效教学研究指明了根本方向。

立德树人，也是中华优秀传统教育思想的文化精神，是我国教育改革发展的历史经验。《左传·襄公二十四年》写道："大上有立德，其次有立功，其次有立言，虽久不废，此之谓不朽。"[4] 这里提出了"三不朽"，即做人、做事、做学问，其中，立德做人是首位，是根本。《礼记·大学》

---

[1] 习近平. 决胜全面建成小康社会 夺取新时代中国特色社会主义伟大胜利：在中国共产党第十九次全国代表大会上的报告 [N]. 人民日报，2017-10-28（04）.

[2] 习近平. 在北京大学师生座谈会上的讲话 [N]. 人民日报，2018-05-03（02）.

[3] 吴昌，胡浩. 习近平在全国教育大会上强调坚持中国特色社会主义教育发展道路 培养德智体美劳全面发展的社会主义建设者和接班人 [N]. 人民日报，2018-09-11（01）.

[4] 左丘明. 左传 [M]. 刘利，纪凌云，译注. 北京：中华书局，2007：199.

开宗明义："大学之道，在明明德，在亲民，在止于至善。"[1] "大学"，即做人、做事道理的学习，成人之学。这句话的意思是，"大学"的道理，在于使学习者自己内在的光明德性得以彰明，进而推己及人，让民众在道德上弃旧自新，以至于使人和整个社会达到最完善的境界。

我国著名教育家叶圣陶在新的时代条件下，基于教育改革实践，自觉继承和发展中华优秀传统教育思想的这一精髓。他指出，学生上学，随俗地说是去读书，正确地说可不是去读书，是去受教育。"受教育的意义和目的是做人，做社会的够格的成员，做国家的够格的公民。"[2] "一切的知识根本就是道德"，在现代，"追求知识固然重要，尤其重要的却是问清楚追求的目标，必须使追求的结果增加德行的分量才好"[3]。在改革开放初期，他曾经提出：社会主义现代化建设者，"不仅靠科技知能的高明，也得靠思想品德的纯正，意志操行的坚强"[4]。那时候，社会曾经一度偏重传授知识、开发智力，认为这就是教育质量和效益。后来，事实证明，叶圣陶的见解是正确的。1989年，邓小平在谈到改革开放十年的经验时指出："我们最近十年的发展是很好的。我们最大的失误是在教育方面。"[5] 在笔者看来，其中的"教育"，就是指思想政治和道德教育。时至今日，这样的"失误"仍有发生，给予我们警示。总结新时期教育改革发展的基本经验，极其重要的一点，就是习近平总书记所阐明的要以立德树人为根本。

遵循习近平总书记关于教育的重要论述，借鉴优秀传统教育思想，吸取教育改革基本经验，以立德树人为有效教学的本质内涵，就是要把立德树人作为"新时代有效教学研究"的根本目标，并且使之内在地融入、扎根、贯穿、落实在有效教学的各项研究任务与实践措施中。

1. 教学起点：注重学生研究

贯彻立德树人的思想，体现在作为教学起点的教师的研修和备课中，就是要由以往单纯地看教材教参、备教法答案，转向自觉地坚持育人为本、以德育人，将课程教材教法的研究与学生学习成长的研究相结合。尤

---

[1] 戴圣. 礼记（下）[M]. 胡平生，张萌，译注. 北京：中华书局，2017：1161.
[2] 叶圣陶. 叶圣陶集：第十一卷 [M]. 南京：江苏教育出版社，2004：350.
[3] 叶圣陶. 叶圣陶集：第十二卷 [M]. 南京：江苏教育出版社，2004：289.
[4] 叶圣陶. 叶圣陶集：第十一卷 [M]. 南京：江苏教育出版社，2004：288.
[5] 邓小平. 邓小平文选：第三卷 [M]. 北京：人民出版社，1993：290.

其是要面向全体学生，关怀学生成长，探索学习规律，把脉学情变化。除了了解与学生相关的学科知识基础之外，更要尊重并研究作为完整生命个体和现实环境中成长的每个学生，熟悉学生个体的身心和人格发展特点，了解学生个体的不同学习经历、兴趣、态度、方法、习惯，以及家庭教养和父母的价值观等，以此为前提、为起点、为基础，进行育人为本、科学有效的教学设计、实施、调控和评价。

2. 教学目标：聚焦核心素养

根据教育部发布的《中国学生发展核心素养》研究报告，核心素养，是指学生应具备的能够适应终身发展和社会发展需要的必备品格和关键能力。核心素养是人能养成其他品格的基本品格、能形成其他能力的关键能力。这当然应该为有效教学目标所聚焦。也就是说，有效教学目标不能局限在某个知识点或某项技能上，而应集中指向在课程教材和教学过程中蕴含的较之更为基本的品格和更为关键的能力，并且由此使每个学生真正有效地获取和掌握那些应有的具体知识和技能，包括在不断改革的考试中真实有效地得到那些必要的成绩，也即叶圣陶所说的"真正有生命的五分"[1]，是真正有生命自觉、生命投入、生命成长的"分数"，能从根本上提高教学质量。

核心素养是立德树人本质内涵在学生发展与培养目标上的具体体现，是做人、做事的基本品格和关键能力的辩证统一。教育部发布的研究报告为学生核心素养的培养提供了基本理论框架，但由于它具有全面性、普遍性、综合性、一般性，因此，它虽具有指导作用，却也不能简单、直接地照搬到特定学段学校学科的具体教学目标中来。义务教育内道德与法治、语文、历史等学科课程教材的调整，特别是高中新课程标准的研制，虽然给出了一些"学科核心素养"目标，但似乎更关注学科关键能力，如何在立足学科视角和特点的同时，落实做人的基本品格和综合能力的培养，落实学生核心素养发展需要的多学科、跨学科合作培养，还有待探索。所有这些都恰恰给各级学校和各科教师在具体研制和实施聚焦核心素养的有效教学目标中充分发挥创造性提供了很大的空间。

立德树人体现在有效教学的具体目标上，就是要求学校和教师在引导学生进行学科（课程）学习的过程中，不仅关注学生对具体知识、技能的

---

[1] 叶圣陶. 叶圣陶集：第十一卷 [M]. 南京：江苏教育出版社，2004：226.

掌握，更透视和聚焦蕴含其中（包括学习过程中）的学生核心素养的发展，研究和培养与特定学科（课程）教学相关联的学生做人、做事的基本品格和关键能力（在基础教育阶段往往显著体现于学生在德、智、体、美、劳各方面的良好习惯），并且据此构建教学评价标准和机制，从而有效地发挥各学科（课程）教学在落实立德树人中的系统功能和独特效应。

3. 教学内容：优化课程教材

有效教学不仅仅是教学方法的问题，也是教学方法有效的先决条件，但在一定意义上说，教学内容的有效更为重要。并且，教学内容既要围绕教学目标来选择和构成，同时，它又是提出和表达教学目标的基础。在学校教学中，教学内容的主要来源和载体就是教材。课程教材是有效教学的重要凭借。叶圣陶曾经分析中小学生负担过重、教学质量和效率偏低的现象，认为主要原因之一，是"教材未能尽善，还有些非必要非基本的东西，也就加重学生的负担"[1]。因此，这也削弱了教学本身的道德性。还有就是各科课程教材往往具有独特、丰富、深刻的立德树人的教育内涵和资源，"思想政治寓于各种功课和各种课外活动之中"[2]，但在实际教学中由于只注重知识、技能的传授和训练，故得不到应有的开发和利用。这两种情况，都涉及教师对教学本质的认识、课程教材的钻研和教学内容的组织。

经过这些年的改革，我们的课程教材不断得到完善。以立德树人为本质内涵的有效教学，必须从学生学习成长的需要和实际出发，深入研究课程教材，准确把握其中对于学生来说最必要、最基本的东西，加以优化组织，增强教学本身的道德性，既减轻学生的课业负担，又能让学生抓住精要的东西扎扎实实地学习和实践，并且学会举一反三，练就自己寻求知识和解决问题的关键能力。尤其是要深入研究课程教材，系统挖掘其中深刻的政治思想道德、优秀传统文化等教育内涵和资源，开发和构建更具育人价值的学科教学内容，从而让学生在学习实践中养成做人所必需的良好思想品德，真正实现教学立德树人的有效性。

4. 教学方式：引导自主学习

教学方式，作为教师进行实际教学活动的基本方法和形式，是在教学

---

[1] 叶圣陶. 叶圣陶集：第十一卷 [M]. 南京：江苏教育出版社，2004：219.
[2] 叶圣陶. 叶圣陶集：第十一卷 [M]. 南京：江苏教育出版社，2004：339.

过程中落实教学目标、实现育人效益的关键环节。教学方式通过对学生学习方式，也即学生作为学习者的生存方式的引导和示范，不仅会直接影响学生对学科知识和技能的获取及学习能力的发展，更会潜移默化地对学生整个人格的发展起到重要作用。

以立德树人为本质内涵的有效教学，在教学方式上，必须尊重学生的主体地位，注重学生的人格发展，在整个教学过程中遵循引导学生自主学习的原则。

引导学生自主学习，围绕聚焦核心素养的教学目标，凭借优化课程教材的教学内容，在教学过程中着力激发学生内在的学习动力，指导学生采用适合的学习方法，引导学生养成自主的健康人格和良好的学习习惯，是落实立德树人、提高教育质量的教学规律和有效路径。

叶圣陶曾经总结教学改革经验，对引导学生自主学习的教学方式的基本规律做了精辟的阐述。他指出，教育教学本质上是以学生自主学习成长为中心的"教师与学生的共同工作"，教师的引导固然关键，"可是主体究竟是学生"。[1]"各种学科的教学都一样，无非教师帮着学生学习的一串过程。"[2]"愤悱启发是一条规律；好比扶孩子走路，能放手时坚决放手是一条规律；养成良好习惯，直到终身由之的程度，是一条规律。"[3]按照叶圣陶的论述，引导学生自主学习，应当遵循教育教学规律，在整个教学过程包括课前尝试自学、课中讨论指导、课后练习应用、课外拓展活动等一系列环节中具体生动地展开。这样的教学方式才能有效地促进学生成长，落实立德树人。

引导学生自主学习，作为基本的教学方式，需要根据一定的教学情境尤其是针对不同的学生，创造和采用多种多样有效的导学教学方法和师生活动形式，并且适当结合信息化、人工智能等新技术应用，吸取新兴科学发展成果，不断探索新时代立德树人的教学创新之路。

三、以实现不教为有效教学目的境界

有效教学是旨在追求和提高教育效益的教学。教育效益有两种：一种

---

[1] 叶圣陶. 叶圣陶集：第十三卷 [M]. 南京：江苏教育出版社，2004：74.
[2] 叶圣陶. 叶圣陶集：第十四卷 [M]. 南京：江苏教育出版社，2004：162.
[3] 叶圣陶. 叶圣陶教育文集 [M]. 开封：河南教育出版社，1990：359.

是显性的有可能是眼前一时的效益，如一堂课所教知识技能的记忆、一次考试或竞赛的成绩等；一种是潜在的不断成长乃至让学习者终身受用的效益，又叫效能。有效教学当然不排斥这两种效益都要，但作为为学生终身学习、发展和做人奠定基础，让学生成长为能够担当民族复兴大任的时代新人的教育，新时代基础教育的有效教学，更应当追求什么样的效益呢？借鉴叶圣陶教育思想，我们的回答是"实现'不教'"。

"不教"是中华优秀传统教育思想和智慧的精髓。前面所引用的"大学之道"，就有把教育的目的与宗旨概括为做人道德的自我觉醒、自我修身、自我践行、自我革新、自我完善之意。老子说，"人法地，地法天，天法道，道法自然"[1]，"是以圣人处无为之事，行不言之教"[2]，从而达到"无为而无不为"[3]，受教育者"自化"（自我生长、自我化育）之境。成书于战国末期的《吕氏春秋》在总结诸子有关思想的基础上，进一步倡导"不教之教，无言以诏"[4]。

在新的历史条件下，把中国古代的"不教"思想创造性转化和创新性发展成为"教是为了不教"这一具有鲜明中国特色和丰富科学内涵的现代教育思想，把"教是为了不教"作为中国教育教学如何实现现代性变革，并且面向未来科技进步和社会变革，从根本上提高育人质量和效益问题的总体性哲理性回答的，是著名教育家叶圣陶。叶圣陶早在五四前夕就指出："要使学生为'未来'作准备，当然不能只教给他们以往的成法和科学的结果，须知'成法'和'结果'是有限的，'未来'却是只顾进步没有穷尽的，所以最要紧的是引导他们练成能处置未来，进而使自己成为更高尚的人的动力。"[5] 在"多变激变"的当代世界和中国，他更强调，各种教育机构和教师"在教育来学的人的同时，要特别注意引导他们知变，求变，善变，有所改革，有所创新：这就是引导他们自学"[6]。因此，叶圣陶总结中国自五四以来教育教学改革经验，创造性转化和创新性发展我国古代"不教"的教育思想智慧，提出了"教是为了不教"的精

---

[1] 老子. 老子 [M]. 汤漳平，王朝华，译注. 北京：中华书局，2014：95.
[2] 老子. 老子 [M]. 汤漳平，王朝华，译注. 北京：中华书局，2014：8.
[3] 老子. 老子 [M]. 汤漳平，王朝华，译注. 北京：中华书局，2014：138.
[4] 吕不韦. 吕氏春秋译注 [M]. 张双棣，译注. 北京：北京大学出版社，2011：540.
[5] 叶圣陶. 叶圣陶集：第十一卷 [M]. 南京：江苏教育出版社，2004：16.
[6] 叶圣陶. 叶圣陶集：第十一卷 [M]. 南京：江苏教育出版社，2004：351.

辟论断。他指出："我想，教任何功课，最终目的都在于达到不需要教。假如学生进入这样一种境界，能够自己去探索，自己去辨析，自己去历练，从而获得正确的知识和熟练的能力，岂不是就不需要教了吗？而学生所以要学要练，就为要进入这样的境界。"[1]"给指点，给讲说，却随时准备少指点，少讲说，最后做到不指点，不讲说。这好比牵着孩子的手教他学走路，却随时准备放手。我想，在这上头，教者可以下好多功夫。"[2]他并且指出："……像教小孩走路，一面要留心扶着他，一面要准备放手，先是放一点，到末了完全放手。各科教学工作和整个教育工作都如此，总括一句话，尽心尽力地教，目的在达到不需要教。学生真正不需要教了，这才是教学工作和教育工作的大成功。"[3]

根据叶圣陶"教是为了不教"的教育思想及其研究成果，我们把实现"不教"作为有效教学研究追求的学生成长的"大成功"，即最高效能，作为新时代有效教学的目的境界。

新时代有效教学研究以实现"不教"为学生成长效能和教育目的境界，具体包括三重含义。

1. 实现"不教"——学生基本品格成长效能

按照叶圣陶"教是为了不教"的思想，教育教学就是要引导每个学生在自主学习和实践中得到"人生必须是自觉的，自动的，发展的，创造的，社会的"新人生观，并"使学生养成这种种品德和习惯，以至于达到最高的高度"，从而实现基础教育学生作为"新时代中国人"基本品格成长的效能。[4]

2. 实现"不教"——学生关键能力成长效能

按照叶圣陶"教是为了不教"的思想，教育教学就是要如同"导儿学步"，旨在让每个学生逐渐学会"独行"，做到"疑难能自决，是非能自辨，斗争能自奋，高精能自探"，练就"服务为人民，于国多贡献"的本领，从而实现基础教育学生作为"新时代中国人"关键能力成长的效能。[5]

---

[1] 叶圣陶. 叶圣陶集：第十一卷 [M]. 南京：江苏教育出版社，2004：263.
[2] 叶圣陶. 叶圣陶集：第十一卷 [M]. 南京：江苏教育出版社，2004：263.
[3] 叶圣陶. 叶圣陶语文教育论集 [M]. 北京：教育科学出版社，1980：536.
[4] 叶圣陶. 叶圣陶集：第十一卷 [M]. 南京：江苏教育出版社，2004：37.
[5] 任苏民. 教育与人生：叶圣陶教育论著选读 [M]. 上海：上海教育出版社，2004：327.

3. 实现"不教"——学生主体精神成长效能

按照叶圣陶"教是为了不教"的思想，教育教学归根结底就是要深刻反映当代世界变革发展和人的变化发展的根本要求，聚焦培养每个学生具有自我教育即自学的精神和能力，使其将来能够离开教者，超越教者，终身学习、自强不息，适应变化、创新实践，自觉参与共建共享美好生活、民族复兴和世界大同，从而实现基础教育学生作为"新时代中国人"主体精神成长的效能。

由此可见，在新时代有效教学研究中，提出实现"不教"的目的境界，是将立德树人作为题中应有之义，完整地蕴含了面向全体学生，以立德为根本，德性与智性、精神与实践、个体与社会辩证统一的"做人"的教育本质内涵。而落实立德树人所要达到的境界和高度，也正是要使每个学生主体觉醒，自我教育，实现"不教"。两者角度不同而又内在一致。

总而言之，按照叶圣陶"教是为了不教"的教育思想，新时代有效教学应当是一个全面、逐步提高每个学生主体生命自觉和学习成长效能，使其不断实现由"受教育"到"自我教育"（"自学"），由"教"到"不教"的前进和转化的过程。以实现"不教"作为有效教学的目的境界，就是要将上述三重含义实实在在地蕴含和体现在新时代有效教学的教育目标、教学过程和效益评价中，蕴含和体现在新时代基础教育的高质量发展中。

时任国务院总理的温家宝曾经在国家科技教育领导小组会议上的讲话中指出，"我一直信奉这样一句话：'教是为了不教。'不在于老师是一个多么伟大的数学家或文学家，而是老师能给学生以启蒙教育，教他们学会思考问题，然后用他们自己的创造思维去学习，终身去学习"[1]。在就政府工作报告征求教科文卫体界人士意见座谈会上的讲话中，他又更加明确地指出，"素质教育可以用六个字概括——教是为了不教。这就是教育思想"[2]。

顾明远教授在《不言之教——读〈道德经〉有感》一文中指出，"《道德经》曰：'不言之教，无为之益，天下希及之。'我想很切合现代教育理念"，"叶圣陶先生曾经说过：'教为了不教'，与老子的说法基本一致。

---

[1] 温家宝. 百年大计 教育为本 [N]. 人民日报，2009-01-05 (02).
[2] 张旭东. "政府工作的中心是民生"：温家宝总理就政府工作报告征求教科文卫体界人士意见座谈会侧记 [N]. 人民日报，2012-02-14 (01).

现代教育的一个特点，就是要从教转到学。教育不是教师施教于受教育者，而是学习者自己学习、亲身体悟"。[1]

袁振国教授在《未来教育对学习者的挑战》一文中指出："几十年前叶圣陶先生提出了'教是为了不教'的论断，让学生达到不教自教、自主学习的境界，才是教育的目的，也是教育的最高境界。"[2]

联合国教科文组织在《学会生存——教育世界的今天和明天》这本教育名著中指出："未来的学校必须把教育的对象变成自己教育自己的主体。"[3]"我们今天把重点放在教育与学习过程的'自学'原则上，而不是放在传统教育学的教学原则上。"[4]

《大趋势》的作者、美国未来学家奈斯比特（John Naisbitt）30多年前曾经预测人类进入IT（信息技术）社会，现在又预测未来30年人类如何跟AI（人工智能）融合，他的夫人认为："可以肯定，学习能力将是未来人们更需要强调的。那些缺乏学习能力和学习意愿的人将面临困境。"[5]

毫无疑问，"教是为了不教"将是引领新时代有效教学走向未来的一个重要教育思想，也是中国特色现代教育教学理论创新发展的一个重要思想来源。

四、以教师革新为有效教学的关键支撑

教师是学生人生学步的扶携者和引路人，是使整个教育教学获得真实生命和育人实效的关键主体。叶圣陶在论述教育教学改革时，特别强调了教师的这种主体作用，他指出，教育是附丽于人而后显示它的作用的。[6]"在教育方面，什么学制、课程、训导纲要、教科书籍，比起教师来，都居于次要地位。"[7]"学生要学到一辈子自学的本领，教师的作用极关重要。教师不仅要授予学生以各科知识，尤其重要的在于启发学

---

[1] 顾明远. 不言之教：读《道德经》有感 [N]. 光明日报，2013-10-16 (14).
[2] 袁振国. 未来教育对学习者的挑战 [N]. 中国教育报，2017-08-30 (05).
[3] 联合国教科文组织国际教育发展委员会. 学会生存：教育世界的今天和明天 [M]. 华东师范大学比较教育研究所，译. 北京：教育科学出版社，1996：200.
[4] 联合国教科文组织国际教育发展委员会. 学会生存：教育世界的今天和明天 [M]. 华东师范大学比较教育研究所，译. 北京：教育科学出版社，1996：201.
[5] 环球时报·环球网. 中国做对了什么：国际政要精英全球访谈 [M]. 杭州：浙江人民出版社，2019：43.
[6] 叶圣陶. 叶圣陶集：第十一卷 [M]. 南京：江苏教育出版社，2004.
[7] 叶圣陶. 叶圣陶集：第十二卷 [M]. 南京：江苏教育出版社，2004：235.

生,熏陶学生,让他们自己衷心乐意向求真崇善爱美的道路昂首前进。这是教师应尽的职责,也是教师伟大的功绩。"[1] 进入 21 世纪以来,我国基础教育课程改革的实践反复证明,尽管有课程教材和管理的创新,尽管有教学环境和技术的变革,但是决定整个改革成功和有效与否,最关键的还是教师。

以立德树人为本质内涵、以实现"不教"为目的境界的新时代有效教学,必然要更加以教师为关键,赋予新时代基础教育教师以新的使命职责。而要能真正担当立德树人的教育使命职责,取得实现"不教"的教学改革突破,教师必须进行自我革新。

借鉴叶圣陶的教育思想,把教师革新作为新时代有效教学的关键支撑,需要引领和促进广大教师进行三个层面的自我革新。

1. 教师转变:思想精神的自觉

教师的自我革新,前提在于教师观念的转变,也即唤起教师思想精神的自觉。叶圣陶指出:"教育事业原是教师做的,教师不能只等旁人来'觉我',要靠自己觉悟。……若是从'自觉'得来的,便灵心澈悟,即知即行。"[2]

新时代有效教学中教师思想精神的"自觉",是教师认真学习习近平新时代中国特色社会主义思想,继承优秀传统教育思想,顺应时代变革和人的发展要求,自觉实现对教育价值与目的、对自身作用与使命的观念转变和"灵心澈悟"。叶圣陶指出:"教师并非教书,而是教育学生。"[3] 现代教师与传统教师"是大有分别的":传统教师只需教学生把书读通,能够去应考试、取功名;而现代教师"要使学生能做人,能做事,成为健全的公民"[4]。世界发展进入新的历史时代,我国教师更要注重引导学生"学会自学的本领,养成自学的习惯",使之"不断地自我充实,自我修养,成为有益于人民的人,有益于社会的人"。[5] 新时代基础教育教师首先应当实现这种对时代与教育使命的自我觉醒。

新时代有效教学中教师思想精神的"自觉",具体体现为教师对教育

---

[1] 叶圣陶. 叶圣陶集:第十一卷 [M]. 南京:江苏教育出版社,2004:348.
[2] 叶圣陶. 叶圣陶集:第十一卷 [M]. 南京:江苏教育出版社,2004:20.
[3] 叶圣陶. 叶圣陶集:第十一卷 [M]. 南京:江苏教育出版社,2004:357.
[4] 叶圣陶. 叶圣陶集:第十一卷 [M]. 南京:江苏教育出版社,2004:133.
[5] 叶圣陶. 叶圣陶集:第十一卷 [M]. 南京:江苏教育出版社,2004:347.

教学工作的理想追求、高度负责、认真严谨和满意体验的自我期许与"即知即行"。叶圣陶曾经这样现身说法：无论是当小学、中学或大学教师，都要时时记着，在他面前的学生都是准备参加建设国家事业的人。因此，参加各种事业的人必须个个够格，真的能够干自己的事业。"当一班学生毕业的时候，我要逐个逐个的审量一下：甲够格吗？乙够格吗？丙够格吗？……如果答案全是肯定的，我才对自己感到满意：因为我帮助学生总算没有错儿……"[1] 归根到底，教师的这种"自觉"，是一种文化的自觉、教育精神的自觉，是师道之精髓、师魂之所在。新时代基础教育教师应当是一大批有灵魂、有担当、投身改革、生气勃勃的新型教师。

2. 教师修研：自我教育的先行

教师的自我革新，基础在于教师自身的修研，也即做到教师自我教育的先行。叶圣陶指出：教育者"既然做教育工作，自己必须先受教育，而且要身体力行，才有可能使工作收到预期的效果"[2]。

新时代有效教学中教师自我教育的"先行"，要求教师必须首先是一个道德的自我修研者。叶圣陶反复强调，"当教师的人应当讲究修养"[3]，"遇到社会大转变的时代，修养尤其不能马虎"[4]。因为学生没有一种特别的本领，只从某一学科教师那里学某一学科，教育教学中影响、感染学生更加深刻且更加重要的，往往是教师的人品和行为。以立德树人为本质内涵的新时代有效教学，更加要求教师首先要加强自身的道德修养。"教育者要明是非，辨善恶，有见必言，有言必践，既以此立身，同时也以此为教。"[5] 在新时代改革开放的现实环境下，教师必须坚持社会主义核心价值观和道德行为准则，并且身体力行，将之具体体现在日常教育教学和教研工作中，体现在热爱学生、引导和帮助每个学生学习成长的一言一行中。教师一定要不断对照落实习近平总书记强调的师德要求："把教书育人和自我修养结合起来，做到以德立身、以德立学、以德施教。"[6]

新时代有效教学中教师自我教育的"先行"，要求教师必须首先是一个

---

[1] 叶圣陶. 叶圣陶集：第十一卷 [M]. 南京：江苏教育出版社，2004：140.
[2] 叶圣陶. 在民进全国代表会议上的书面讲话（1987年6月5日）[M]//任苏民. 叶圣陶教育改革思想研究. 苏州：苏州大学出版社，2004：84.
[3] 叶圣陶. 叶圣陶集：第十一卷 [M]. 南京：江苏教育出版社，2004：60.
[4] 叶圣陶. 叶圣陶集：第十二卷 [M]. 南京：江苏教育出版社，2004：288.
[5] 叶圣陶. 叶圣陶教育文集 [M]. 开封：河南教育出版社，1990：219.
[6] 习近平. 在北京大学师生座谈会上的讲话 [N]. 人民日报，2018-05-03（02）.

专业的自我研炼者。叶圣陶曾经指出，教师要引导学生得到一种真实明确的人生观，"自己就不可不先有一种真实明确的人生观"，为此，"又先要把关于这等问题的各门科学，如生物学、人类学、心理学、社会学、伦理学、论理学、哲学等等，下一番切实的研究功夫"[1]。教师要认识学生身心发展与教育教学规律，尽好自己的责任，就要对"生理学、心理学、教育学之类非钻研不可"[2]。当然，教师的研究不同于学者包括教育学或课程与教学论专家的研究。基础教育教师的研究，包括个体研修和集体教研等，应当主要是围绕自己所教的学生和学科，紧密结合学生成长和课程教材，根据教育教学实践需要，针对教育教学现实问题开展研究。其结果主要不是理论构建，而是基于教育教学规律把握得更加生动有效的教学目标、教学内容、教学方法、教学模式、教学设计、教学课例等的实践构建。这种研究，实质上也正是教师的一种专业的自我研炼，是教师通过研究对自身专业素养和技能的修炼、丰富和提升。叶圣陶曾经说过，教师在研究和设计课程教学时，"看看参考材料，只能起辅助的作用。真的自力更生，还在于自己教育自己，培养真功夫"[3]。"唯有教师善读善写，乃能引导学生渐进于善读善写。"[4] 教师只有不断进行这样的自我研炼，不断培养和提高自己的"真功夫"，才能为新时代有效教学提供有力的专业支撑。

3. 教师发展：善教善导的实践

教师的自我革新，旨归在于教师真实的发展，也即见诸教师"善教善导"[5]的实践。叶圣陶指出："尝谓教师教各种学科，其最终目的在达到不复需教，而学生能自为研索，自求解决。故教师之为教，不在全盘授予，而在相机诱导。必令学生运其才智，勤其练习，领悟之源广开，纯熟之功弥深，乃为善教者也。"[6]

新时代有效教学中教师的发展，是教师基于观念转变、自我修研，在对学生"善教善导"的教学实践中实现和验证的真实的发展。教师真实的发展，是教师自我革新的旨归，也是学生学习成长的关键。这种发展，不

---

[1] 叶圣陶.叶圣陶集：第十一卷 [M].南京：江苏教育出版社，2004：10-11.

[2] 叶圣陶.叶圣陶集：第十一卷 [M].南京：江苏教育出版社，2004：222.

[3] 叶圣陶.叶圣陶答教师的100封信 [M].北京：开明出版社，1989：87.

[4] 叶圣陶.叶圣陶答教师的100封信 [M].北京：开明出版社，1989：28.

[5] 叶圣陶.叶圣陶甪直文集 [M].北京：人民教育出版社，2017：封页.1977年10月，叶圣陶为甪直小学（前身为吴县第五高等小学，简称"五高"；今名苏州叶圣陶实验小学）题词。

[6] 叶圣陶.叶圣陶答教师的100封信 [M].北京：开明出版社，1989：30.

是教师脱离具体的师生教育与学习活动过程的纯粹自我或者另辟"捷径"的所谓"发展",不是简单地等同于个人荣誉称号和高级职称的获取,而是教师在引导和促进学生自主学习、立德树人、实现"不教"的有效教学中,和学生一起成长的"教学相长"[1],共同发展,共生效益。所谓"己欲立而立人,己欲达而达人"[2],可以说是对教师发展德性本质的最好诠释。叶圣陶曾经说过:"教师对儿童自然要担负帮助和指导的责任,但是教师自身也随时长进经验,随时有所创作有所进步。教学事业就是教师的社会生活,帮助和指导儿童就是他的'尽其所能'。"[3] 他在谈到如何评价教师的教学水平时指出:"参观老师教课,要看老师是不是善于启发学生,引导学生,要看效果如何,学生是不是真有所得:所以不能光看教师唱独脚戏。"[4] 教师的发展,是同教师自觉尽其所能帮助和指导学生的教学生活密不可分、相随相生的。教师是否真正发展,主要就是看教师是否有"善教善导"的实践及由此产生的学生学习成长的实效。

新时代有效教学中,教师的发展体现为教师"善教善导"的实践,主要包括两个层面。一是教师善于将立德树人根本任务有机地贯彻于自己的教学实践。结合学生实际和课程教材,创造性地构建和实施以立德树人为本质内涵的教学目标、教学内容、教学方式、教学评价,有效地启发和引导学生自主学习,不断实现学生学业质量的提高和核心素养的发展。此之谓"善教"。二是教师善于将立德树人根本任务内在地转化为学生的自我教育。在教学过程中,更多样地创设真实、直观的生活情境,让学生置身其间,自动探究、体验、历练,"使所学的东西融化在学生的思想、感情、行动里"[5];更注重以身作则、为人师表,"教育者自己作出榜样来,让受教育者自动仿效"[6],逐渐养成习惯,在立德树人的"不言之教"中,让学生如沐春风,潜移默化为他们的自我教育、自我成长。此之谓"善导"。"善教善导",即教师发展的最高境界,也是新时代有效教学的根本追求,就是让一代又一代中国学生自觉立德树人,达到"不需要教"。

---

[1] 戴圣. 礼记(下)[M]. 胡平生,张萌,译注. 北京:中华书局,2017:698.
[2] 徐志刚. 论语通译[M]. 北京:人民文学出版社,1997:73.
[3] 叶圣陶. 叶圣陶集:第十一卷[M]. 南京:江苏教育出版社,2004:42.
[4] 叶圣陶. 叶圣陶集:第十一卷[M]. 南京:江苏教育出版社,2004:357.
[5] 叶圣陶. 叶圣陶集:第十一卷[M]. 南京:江苏教育出版社,2004:235.
[6] 叶圣陶. 叶圣陶集:第十一卷[M]. 南京:江苏教育出版社,2004:328.

第一章

教学本质：落实立德树人

在 20 世纪的最后十几年，世界范围内的教育教学改革终于出现了一个清晰而明朗的基本走向，其显著特征就是把教师的"教"和学生的"学"作为最重要的主题，将其视为关系教育教学改革成败的关键。

1996 年，美国学者布鲁纳（J. Bruner）指出，教育争论应聚焦在真实的课堂教学活动中，探讨教师怎样教和学生怎样学。美国曾在 1989 年发表了题为《人人都得算算》（*Everybody Counts*）的国家报告，报告提出了面向 21 世纪的七个转变之一是应从传授知识的"权威者模式"，转向有学习动机的有效学习实践模式。从我国的教学实践来看，在反思传统课堂教学中的有效性缺失的前提下，教育部于 2001 年颁布的《基础教育课程改革纲要（试行）》中也明确指出，"改变课程实施过于强调接受学习、死记硬背、机械训练的现状，倡导学生主动参与、乐于探究、勤于动手，培养学生搜集和处理信息的能力、获取新知识的能力、分析和解决问题的能力以及交流与合作的能力"[1]。这就明确说明，需要实施有效教学。

应该说，现在人们已越来越清醒地意识到，提高教学质量的前提和重心是如何有效地改进教师的教和促进学生的学。教育部颁布的《关于全面深化课程改革落实立德树人根本任务的意见》明确要求"改进学科教学的育人功能"，并要求"将教育教学的行为统一到育人目标上来"[2]。党的十八大也明确提出，把立德树人作为教育的根本任务，培养德、智、体、美全面发展的社会主义建设者和接班人。全面实施素质教育，着力提高教

---

[1] 教育部.基础教育课程改革纲要（试行）[Z].教基〔2001〕17 号.

[2] 教育部.关于全面深化课程改革落实立德树人根本任务的意见[Z].教基二〔2014〕4 号.

育质量，培养学生的社会责任感、创新精神、实践能力。这是我国教育的根本任务，是中国特色社会主义教育的根本性质，是继续改革与发展、全面实施素质教育的根本方向。由此可以看出，有效教学的本质就是立德树人。

进入新时代，有效教学的探索和实践一直备受广大一线中小学教师和基础教育教研工作者的青睐。对于苏州，亦是如此。

第一节　有效教学的内涵

研究有效教学的问题时，我们首先有必要弄清楚"有效学习"的含义。

有研究者指出，有效学习，简言之，在有效的学习策略指导下，能够以最少的时间投入取得最佳的学习效果，以达到学会学习和终身学习的目的。[1] 还有的研究者则更为详细地揭示了"有效学习"的内涵，"一是'经验'。学习要建立在学生已有经验的基础上。经验是一个名词，它表示过去在生活中的感受；经验又是动词，它表示现在的情境。经验是进行有效学习的基础，它是非常重要的。二是'思考'。有效学习就是激励学生勤于思考，提倡学生自主地思考。操作性学习是用记忆代替思考，记忆的负担重，而思考的负担不重。思考是数学的核心问题，没有思考就没有真正的数学学习。三是'活动'。以学生为主体的活动，实际上活动是数学教学的基本形式。我们的教学设计重要的不应是老师怎么讲解，而应是学生怎么活动。四是'再创造'。学习的过程是经历再创造的过程，而不是纯粹的模仿和纯粹的记忆。'经验''思考''活动''再创造'是有效学习的四个基本要素"[2]。

学习，是人类认识自然和社会、不断完善和发展自我的必然之路。从人类诞生之日起，学习就成为整个人类及个体的一项基本活动。不学习，一个人就无法认识和改造自然，无法认识和适应社会。学习的作用不仅仅

---

[1] 王冬平.促进学生有效学习的教学基本原理[J].中学数学教学参考，2003（10）：11-12.

[2] 孔企平.谈有效学习和有效教学[J].小学青年教师，2001（8）：10-11.

局限于对某些知识和技能的掌握,学习还使人聪慧文明,使人高尚完美,使人全面发展。同时,人们要适应不断发展变化的客观世界,就必须把学习从单纯的追求知识变成一种生活的方式、一种行为的习惯,必须做到活到老、学到老。因此,无论是"学会学习""终身学习",还是基于"经验""思考""活动""再创造"的学习,既是对有效学习的一种本质理解,更是完成"立德树人"这一教育根本任务的有效途径。

学习的重要性不言而喻,对学习的起因、过程和结果却见地迥异。换言之,理论工作者、研究者和实践者对学习的定义还未达成共识。尽管人们对学习的本质持有异议,但有研究者认为,学习是行为或按某种方式表现出某种行为的能力的持久变化,它来自实践或其他形式的经历。[1] 这一定义概括了大多数教育领域专业人员所一致认可的学习的重要特征。从这个定义中,我们可以看出学习的三个标准:第一,学习涉及变化——行为的改变或行为能力的改变;第二,学习会持久变化——学会学习和学习能力的重要标志;第三,学习产生于经验——经历、体悟、体验的外显特征。我们也可以这样来理解,符合这三个标准的学习可以被称为"有效学习"。

接下来,我们一起来探讨教学的有效性问题。

有人曾给"人的活动的有效性"下了这样的定义,即人的活动的有效性是在活动的效用和效果中体现出来的,人以自己的活动引起作用对象变化并使之符合自己目的的特性。这种定义仅限于"目的性",是不全面的。当我们全面认识对教学活动时,教学有效性还应当是教学活动的客观属性,因为不按规律教学,就永远无法圆满达到目的。概言之,有效的教学活动是指教师遵循教学活动的客观规律,以尽可能少的时间、精力和物力投入,取得尽可能多的教学效果,从而实现特定的教学目标,满足社会和个人的教育价值需求而组织实施的活动。教学活动的有效性正是在教学效果中体现出来的,教师和学生共同活动引起学生身心素质变化并使之符合预定目的的特性。

教学有效性的实质是教学活动的目的性。人们通过活动来满足自己生存和发展的多样性需要,需要决定人们活动的目的。人的活动作为手段与

---

[1] 戴尔·H. 申克. 学习理论 [M]. 6版. 何一希,钱冬梅,古海波,译. 南京:江苏教育出版社,2012.

活动目的的关系，集中地表现为这种活动的有效性（即活动的目的性）。[1] 应该说，这里所说的"有效"还意味着人们在实现目的的过程中的一切付出（包括时间、精力、物力、财力等）要符合"经济原则"或"节约原则"。换言之，"以少求多""以最小求最大"理应成为人们活动的目的之一，广大的教育工作者更应以追求"教学的有效程度"作为教学活动的主要目的。

也有研究者从发展的角度给"教学的有效性"做出另义阐述，所谓"有效"，主要是指通过教师在一段时间的教学之后，学生所获得的具体的进步或发展。也就是说，学生有无进步或发展是教学有没有效益的唯一指标。教学有没有效益，并不是指教师有没有教完内容或教得认真不认真，而是指学生有没有学到什么或学生学得好不好。如果学生不想学或者学了没有收获，即使教师教得很辛苦也是无效教学。同样，如果学生学得很辛苦，但没有得到应有的发展，也是无效或低效教学。

这也是我们经常与教育界同人谈论的话题，我们认为，评价一节课如何，只要看学生学了这节课与没有学这节课的主要区别是什么，如果没有什么区别，或区别甚小，那么这样的课就是"无效教学"。有学者概括地指出，有效指能实现预期的目的，采用多元化的、多形式的教学手段，以实现较快地提高学生的基本素质、较快地提高教学质量的目的。

基于上述认识，有效性应属于一种价值属性。不论"效"之大小如何、"效"之代价多少，均须以该活动结果作为客体是否符合活动主体需要为依据。同样，教学有效性本质上也是对教学活动结果与社会和个人需要是否相符及相符程度高低的判断。基于人类一般事物的有效性、人的活动的有效性及教学活动的特殊性，对"教学有效性"，我们可以概括为如下三重意蕴：有效果、有效率、有效益。

教学有效性是有效教学的题中之义，也是有效教学的显著特征。"有效教学"是20世纪具有代表性的一种教学理论，从广泛的意义上讲，凡是能够有效促进学生发展、有效实现预期教学效果的教学活动，都可被称为"有效教学"。"有效教学"既是一种理念，也是一套策略和技术，主要表现在"效果""效率""效益"三个方面，它的核心就是追求教学的效益。

---

[1] 程红，张天宝. 论教学的有效性及其提高策略 [J]. 中国教育学刊，1998（5）：37-40.

有效教学研究于20世纪90年代在我国开始受到学者与一线教师的关注,并在第八轮新课程改革的助推下获得快速发展,经历了21世纪第一个十年的巅峰发展后,于2011年后热度开始持续下降并有退出学术热点的趋势。但随着研究的深入,有效教学开始转向深度教学、核心素养、翻转课堂研究。[1] 至于有效教学与学生核心素养之间的关系,将在本书第二章具体阐述。

进入21世纪,"有效教学"可以说是一个"老"话题,更可以说是一个常说常"新"的话题。说它"老",是因为关注教学有效性伴随着教育教学的全过程;说它"新",是因为每个时代都有其特定的背景和发展需求。当然,事物越向前发展就会有更接近本质的发现。这个发现就是有效教学要求创造民主和公平的课堂,而教师与学生建立相互信赖的关系是有效教学的先决条件。因此,有学者认为,有效教学有其底线,即教师应当是有知识的,对自己教授的科目能够熟练掌握,并且关心孩子和青年一代的幸福,该学者进而提出"有效教师"这一概念,认为"有效教师"至少具有以下五种高级属性:

① 有效教师能与学生、家长、同事建立互相依赖的关系;

② 有效教师能为孩子和青少年创造一个民主、公平的课堂环境;

③ 有效教师对于知识有着积极的态度,他们必须掌握至少三类知识,即有关学科的广泛知识、有关人类发展和学习的知识及教育学知识,他们应利用这些知识指导其教学研究与实践;

④ 有效教师掌握整套教学技能,能激发学生的动机,提高学生的基本技能,提高学生的思维能力,并培育自律的学习者;

⑤ 有效教师善于反思、解决问题,他们认为学会教学是一个终身的过程,并且能够根据实际情况做出判断与调整,同时能恰当地利用专业知识提高学生的学习成绩,促进学校的发展。[2]

上述五种高级属性对我们中小学教师具有很强的借鉴意义,也可以作为教师专业发展的一个行动指南。

一个有效的教师,需要把握有效教学的"三要素":

---

[1] 刘来兵,邓道君. 21世纪以来我国有效教学研究的知识图谱分析[J]. 教育与教学研究,2020(1):43-51.

[2] 理查德·I. 阿伦兹. 学会教学[M]. 9版. 丛立新,马力克·阿不力孜,张建桥,等译. 北京:中国人民大学出版社,2016.

一是基于目标的"问题"。问题是教学的心脏。这要求我们在设计一节课时，在明晰本节课教学目标的基础上，设计指向教学目标的若干"问题"，形成"问题串"，进而用"问题"引导学生学习，这是有效教学的基本前提。

二是基于"问题生成"和"问题解决"的"活动"。有了基于目标的"问题"并不等于就是有效教学，这里需要有"预设"之后的"生成"，可能是在教学过程中生成新的"问题"。然后要有解决问题的学生"活动"，在活动过程中给足学生探究的"时空"，这是有效教学的关键环节。

三是学习主体（乃至教学者）思维的充分发展。这是检验教学是否有效的核心要素。思维的充分发展表现在学生课堂的参与度、发言的积极性、表达的逻辑性等方面，只有学生的思维甚至是教师的思维得到充分发展，教学才显得有效。

当然，也有学者通过关注教学投入与教学产出的比来看待有效教学的问题。这里的"教学投入"，就是师生耗费的时间、精力，以及认知活动和情感活动的性质及投入程度、物力与财力等；而"教学产出"，是指学生获得的知识、技能、能力、正确的价值观念，以及适应未来社会所必需的综合素质、必备品格，还包括教师发展等。对学生的发展来说，具体表现在从不懂到懂、从少知到多知、从不会到会、从不能到能等，同时还表现在从不喜欢到喜欢、从不热爱到热爱、从不感兴趣到感兴趣、从不执着到很执着等方面。如果说，前者直指知识与技能、过程与方法等方面的表现，那么后者就是情感、态度、价值观等维度的发展。说到底，有效教学的本质就是立德树人。

有效教学最终还是要落实到学科。因此，对于有效教学的实践探索，一线教师最有发言权。下面以初中历史学科为例，呈现课堂教学中"立德树人"的实现方式。

党的十八大明确提出，深化教育改革的指导方向是"立德树人"。历史学科新课标也明确指出，通过学科素养培养来达到社会主义核心价值观的形成。初中历史的课堂可以充分利用"英雄榜样""地方文化""情感体验"三种力量，以及在合适的教育契机中，用渗透的方式实现"立德树人"的目标。初中历史教师在课堂之前之后拥有好奇心、同理心，热爱历史学科，热爱学生，不断学习，走进学生的内心，潜移默化地实现"润物细无声"。

一、初中历史教学中"立德树人"的重要性

党的十八大在关于深化教育领域综合改革方面，明确提出"立德树人"的指导方向。教育部在2016年颁布的《完善中华优秀传统文化教育指导纲要》中提出了"加强中华优秀传统文化教育，是培育和践行社会主义核心价值观，落实立德树人根本任务的重要基础"，并指导开展以家国情怀教育、社会关爱教育和人格修养教育为主要内容的中华优秀传统文化教育。

历史学科可以使我们获得丰富的人生阅历和广阔的视野，其目的是借助历史思考和分析社会问题，帮助青少年形成正确的人生观、价值观和世界观，为培养青少年的民族精神、时代精神奠定良好的价值基础。而新的历史课程标准更是明确提出了历史学科五大核心素养的培养要求，包括唯物史观、时空观念、史料实证、历史解释、家国情怀五个方面。学科核心素养是学科育人价值的集中体现，是学生通过学科学习而逐步形成的正确价值观念、必备品格和关键能力。通过诸要素的培育，达到"立德树人"的要求。

历史课在初中教学科目中的地位很尴尬：与语、数、外相比，无论是课时时长还是在学生心目中的地位，都难以相提并论；与物、化相比，也是课时不足且被认为只需背背书，根本不用考脑子。但在很多城市，历史是中考科目之一，占有一定的分值，所以大部分学校领导对该科目特别是其最后的中考成绩还是有较高的要求，况且历史学科还肩负着"立德树人"、培养正确"三观"的重要责任。因此，很多初中历史教师就是在这样的尴尬处境中，"戴着镣铐还得起舞"。如何让历史教师不是"独自起舞"，而是带着学生"翩翩起舞"呢？我在近20年的历史教学实践中尝试各种新理念、新手段，不断实践和探索，始终未敢忘记历史学科"立德树人"的终极目标。

二、初中历史教学中"立德树人"实现方式的探索

(一) 课堂内的渗透："立德树人"的三种力量

传统的历史及思想品德政治课不讨学生喜欢的重要原因是说教痕迹太明显。十三四岁的青少年正处于青春期、叛逆期，建立自我意识的一种途径就是否定家长、教师的权威，正确的结论或观点如果仅仅靠灌输，则不一定能让他们真正接受并内化。正确的"三观"培养需要"润物细无声"，因此，在备课过程及课堂生成的教育契机中，教师需要充分利用"英雄榜样""地方文化""情感体验"三种力量渗透青少年社会主义核心价值观的培养。

1. "英雄榜样"力量——以人物为中心的故事细节演绎所展开的价值观渗透

历史教材中有大量的历史人物，新课标中建议历史教师以唯物史观为指导，客观分析历史人物、历史事件和历史现象，对历史问题进行实事求是的解释和评述……在评价历史人物和历史事件时，要注意坚持正确的价值引领，帮助学生逐步形成正确的世界观、人生观和价值观。例如，八年级上册《中国近代史》教材中介绍了许多中华民族对外反抗帝国主义侵略，对内反对封建专制统治，为求民族独立和人民解放，为实现国家富强和人民富裕而奋斗的英雄人物：林则徐、洪秀全、邓世昌、康有为、谭嗣同、张謇、孙中山、陈独秀、胡适、李大钊、毛泽东、周恩来、朱德、邓小平等。

在备课的过程中，我充分利用教材，包括补充一些人物故事，帮助学生还原这些英雄人物在特殊的历史环境中，为了自己崇高的理想和目标所做的努力和面临的各种选择：林则徐初到广州查禁鸦片却遭到当地官员、乡绅明里暗里的阻挠，继续还是放弃？孙中山早年立志学医却发现学医救不了中国人，继续还是放弃？1927年8月南昌起义成功后，起义队伍却无法在国民党控制的大城市继续发展下去的现实，让毛泽东面临继续在城市里苦苦挣扎还是转向广大的农村发展新的根据地的选择。每个人都会面临选择，只要能理智、清晰地知道自己真正的人生目标，选择会更加容易，也更容易坚定地走下去。

有时候课堂中生成的教育契机更珍贵。在讲述中日甲午战争黄海大战时，有一段关于致远舰管带邓世昌与日舰正面冲撞失败后选择与舰同沉入海的悲壮描述，有好几位男生一开始很不以为然，其中一个同学举手问："邓世昌明明有生的机会，为什么选择牺牲自己呢？"在解释了源自英国和受英国影响的海军传统舰长誓与军舰共存亡的信念之后，我阐述了自己的看法：每一种职业都有自己的价值观和操守，但邓世昌体现出来的更多的是为了国家和人民誓死反抗外来侵略的崇高精神，这种精神是英雄牺牲自我的出发点，值得我们敬佩。那几位原本不以为然的男生露出了释然的神情。

无论是课前精心准备，还是课堂生成的教育契机，教师一定要敢于将课堂中的话语权还给学生，在听取学生的真实想法后，让更多的学生通过共同参与探讨的方式来产生情感共鸣，激发有深度的触动和价值观渗透。

2. "地方文化"的力量——以地方课程资源为研究素材开展的家国情怀渗透

新课标中建议历史教师要多方面开发和利用校外历史课程资源。学生在参观历史遗迹、博物馆、纪念馆这些承载一个城市历史文化积淀的场所时，能增强直观的历史感受。苏州是一座有着 2 500 多年悠久历史的古城，乡土历史中的大量史料、图片在地方政府的全力打造下，通过图书、纪录片甚至央视的《百家讲坛》系列节目等多种媒体形式展现在学生面前，历史见证人、史学专家、地方志研究员、阅历丰富的长者能够从不同层面和多种角度为青少年提供多样的历史素材和历史见解。

例如，七年级下册《中国古代史》的《宋代经济的发展》的教学中，我采用《苏州史记》里的大量史料配合苏州碑刻博物馆镇馆之宝《平江图》碑中对于宋代苏州地区经济大力发展的具体描述，既呈现了宋代经济重心南移的表现这个教学重点，同时，也向同学们展示了如今的苏州是何时抓住了怎样的契机发展起来的，引发学生作为苏州人的自豪感和自信心。

2016 年年底开建的我校省级山塘课程基地不断地挖掘地方历史文化资源，对历史课堂教学进行了更多有益的补充：虎丘风景区的传说和故事让学生对吴越争霸的历史有了更多的了解；南社纪念馆中的众多人物告诉学生清末南方文人忧国忧民的铮铮铁骨；义风园五人墓、古戏台、会馆、博物馆、白居易纪念馆等景点场馆的文史资料更多地在历史课堂及课外探究活动中承担了苏州地方历史人文教育的功能。

当现实生活中学生能够看到、听到、摸到的文化现象需要用课本上学到的历史知识或者分析方法去解释时，这就建立了现实与历史的联系，历史变得更加鲜活有趣。同时，青少年才会增强对地方传统文化的认同感和中华文化的自信心及家国情怀。

3. "情感体验"的力量——以角色扮演、情绪体验为主要方式开展的情感态度渗透

大多数青少年喜欢用角色扮演或者当众表演的方式展现自我，赢得的他人的关注、赞扬甚至笑声会让学生更愿意参与课堂，因此，历史课本中的故事场景、人物观点都可以让学生事先准备然后演绎出来，例如，商鞅辩论、汉武帝招募出使西域使者、北魏孝文帝迁都。通过表演、情绪、台词的揣摩，学生体会、理解当事人的处境和真实想法，懂得历史上的各种改革会遇到千方百计的阻碍与困难。

情感体验也可以使用精心选择的纪录片、电影片段或者小视频，通过真实还原或者艺术处理的视觉媒体冲击青少年的心灵，也可以达到情感态度价值观的浸润。我在《第二次世界大战的胜利》的课前导入中插入了英国达人秀中的一段影子舞蹈，舞蹈演绎了两个青年男女从相识相恋到结婚生子却因战争被迫分离，男子参军死于战场的故事。最后女子抱着孩子站在坟墓前不知所措的背影让很多学生从上一课《二战的爆发》中激动不已的情绪过渡到对战争结局的期待和战争反思中来。为什么国际反法西斯同盟的建立是二战的转折点？为什么斯大林格勒战役被称为"战场的转折性战役"？第二次世界大战带给人类的启示有哪些？一系列的问题引发学生的思考，特别是引发青年学生对战争和生命的认知：战争不像游戏中所展示的那样，生命不可重来，所以尤其珍贵。

(二) 课堂外的渗透——历史教师的自我提升

课堂的渗透离不开课前、课后教师自身"三观""学生观"及历史素养的不断养成。

1. 热爱历史学科，拥有"好奇心"，终身不断学习

历史常常被人认为仅仅是了解过去所发生的事情的学科，常常被误解为只需要记忆就能学好。有人问我："作为历史老师，你对以前发生过的事都知道吗？"我告诉他："我不是历史知识的数据库，很多历史上发生过的事我真的不知道。可是，我对很多历史现象或者生活中与历史发生牵连的部分充满了好奇心，总是会尝试去查找历史的真相、历史的渊源或者分析其对后世的影响。"钱穆先生的《国史大

纲》、吕思勉先生的《中国通史》、蒋廷黻先生的《中国近代史》是我在备课时最常求教的"老师";《历史教学研究》《中学历史教学参考》等杂志每个月都为我带来更多史学研究者、教师同行们的最新实践成果;《国家宝藏》《我在故宫修文物》《假如国宝会说话》等综艺节目为我打开新的课堂视角;当年明月的《明朝那些事儿》、袁腾飞的《战争那些事儿》及电视剧《延禧攻略》《长安十二时辰》让我和学生拥有共同的历史话题。

2. **热爱学生,拥有"同理心",站在学生视角了解并理解他们**

翻开历史课本,大量的史料、精彩的描述、珍贵的文物、各种地图应有尽有。特别是 2017 年 9 月开始全面使用的部编教材,专家们经过几年的不懈努力、精心挑选,为初中学生提供了足够多的史实。可惜,很多学生并不喜欢历史课本。因为这些史料、文物及大量的文字描述和学生今天的生活相关性太小,语言太过专业化。网上有这么一个帖子说:"当大人之后,我终于明白大人为什么不挑食了。因为大人从来就只买自己喜欢吃的菜,自己不喜欢的根本不会买。"可孩子被教育不许挑食。成人在教育孩子的时候,有时不仅失去了儿童的视角,甚至失去了人的视角。初中生虽然已经不是儿童了,但小学阶段没有接触过历史学科,希望他们通过短短的初中三年时光掌握大量的历史语言、规律,包括史学研究基本方法,最终还要通过一张阅读量在 5 000 字以上的试卷分出高低来,这样的历史学习困扰了很多鲜活的少年。

因此,每当我拿起历史课本时,我会把自己想成 13 岁的少年或者直接问我上初中的儿子:"什么是我(他)所感兴趣的历史故事?这些事件为什么会发生?它和以前所学的事情或者今天我(他)身边的什么事情有相似的地方?这个人真的是英雄且完美无缺吗?"我让学生看过课本必须提出 3 个问题,课堂上将学生们的问题连接起来,尽可能在考试的重要知识点和学生感兴趣的知识间架设起一座桥梁,通过师生共同探讨一些深层、生成的问题,培养初中生学习历史所应初步具备的学科核心素养,潜移默化地渗透并实现"立德树人"的目标。

(苏州市草桥中学校 李莜)

第二节 有效教学的实施

总的来说,有效教学研究既顺应了我国基础教育新课程改革的现实要求,也进一步推动了教学实践的发展和教学理论的丰富。未来国内的有效教学研究应该进一步把握和"拓展有效教学的内涵",并且需要"从静态的概念界定转向动态的观念理解"。[1]

我国新一轮基础教育课程改革以来,不少研究者都尝试对有效教学的概念内涵进行界定。以崔允漷为代表的基于促进学生学习与发展的"教学效益观"[2],以余文森等为代表的"三重含义观"[3],以龙宝新、陈晓端等为代表的"动态层次观"[4],等等,不断有学者尝试对"有效教学"进行概念界定与内涵解读。当然,也不断有学者质疑这一概念本身的合理性。事实上,从国内外有效教学研究的历史来看:有效教学不是一个固定不变的静态概念,而是随着教学实践的变化不断发展的动态概念。[5] 因此,从静态的概念界定转向动态的观念理解,结合教学实践不断丰富和拓展有效教学的内涵,应成为未来有效教学研究的重要内容。有兴趣的读者,不妨找来上述文献认真读一读,相信会给我们诸多启发。

厘清有效教学的概念内涵固然十分重要,但对于我们广大的一线教师来说,如何实施有效教学显得更为重要,这是由我们教师的"实践取向"工作性质所决定的。

要实施有效的教学行为,必须遵循一定的教学原则。关于有效教学需要遵循的教学原则,一些学校的教师进行了广泛而深入的实践和探索,积累了许多经验,值得我们借鉴。比如,德化县龙门滩课题实验组的教师经过研究之后,概括出四条主要原则:

---

[1] 陈晓端,孙渊,何同舟. 我国有效教学研究的历史回顾与未来展望:基于30年(1986—2016)研究的知识图谱分析 [J]. 课程·教材·教法,2017 (7): 24-30.

[2] 崔允漷. 有效教学:理念与策略(上)[J]. 人民教育,2001 (6): 46-47.

[3] 余文森. 有效教学的三大内涵及其意义 [J]. 中国教育学刊,2012 (5): 42-46.

[4] 龙宝新,陈晓端. 有效教学的概念重构和理论思考 [J]. 湖南师范大学教育科学学报,2005 (4): 39-43.

[5] 陈晓端,Stephen Keith. 当代西方有效教学研究的系统考察与启示 [J]. 比较教育研究,2005 (8): 56-60, 71.

一是遵循主体化原则。主体化原则的直接含义是在科学实验中不仅教师要成为主体，同时也要使学生成为主体，教学要充分发挥教师和学生"双主体"的作用。主体化原则的深层次含义是教学要重在学生主体性的培养，培养学生的"主体意识""主体精神""主体人格""主体能力"，为他们将来在社会实践中担当"主体角色"、发挥"主体作用"奠定良好的基础。

二是遵循学习化原则。学习化原则就是教学以学习为中心的原则，在科学实验的过程中要围绕学生的学习来展开，学生学习的原有状况是教学的根本出发点，调动学生学习的积极性、主动性和自觉性是教学的基础，促进学生形成有意义的学习是教学的核心，学生学得好坏是衡量教学是否有效的根本标准。

三是遵循结构化原则。结构化原则就是以师生背景性认知为基础，以学科知识结构为中介，通过课堂教学实践结构中教师主导控制和学生主动学习的有机结合和交互作用，实现学科知识结构的"内化"，促进学生认知结构的组织和重新组织、建构和重新建构。

四是遵循最优化原则。教学是一个复杂的系统，它在一定的教学环境中进行，教师和学生依据教材传媒和教学物质条件，通过一定的组织形式，运用一定的教学方法和手段，共同完成教学目标和任务。最优化原则是着眼于整体教学系统，使各教学要素优化组合，以求得最佳的整体效益的原则。

我们经过研究，也概括了与之要义相似的三条原则：

第一，重视创设使学生主动学习的情境。学习过程是认知、情感、意志、信念等认知因素与非认知因素在相互作用中统一发展的过程。在这一过程中，学生的非认知因素对认知发展活动具有动力、指向、维持和强化等一系列相互联系的作用。教师的任务就是要善于创设恰当的学习情境，充分调动学生的各种感官，激活学生的思维，使他们积极主动地进入学习情境。因而，创设恰当的学习情境是进行有效教学的前提。

第二，有意识、有计划地指导学生掌握学习方法，学会学习。教学过程是教师指导下学生的一种特殊认识过程。在此过程中，教师"闻道在先、术有专攻"，属已知方面。唯物辩证法认为，人的认识过程是一个由不知到知、从知之不多到知之较多的矛盾转化过程。这种矛盾的转化是需要一定条件的，教师有计划、有目的地指导和帮助，正是学生从不知到知、从不会到会的外部条件。可见，在学生的认知发展过程中，教师居于主导地位，宜发挥主导作用。当然，这种主导作用应体现在激励、示范、组织、点拨和引导方面，其目的是发挥学生的主动性，创造条件使学生成为学习的主人。因而，在课堂教学中重视学法指导，实现从"优化教的过程"向"优化学的过程"的转变，是进行有效教学的关键。

第三，教学过程实现教为主导与学为主体的辩证统一。在教育史上，曾有片面强调教师在教学中的"绝对权威和中心地位"的时期，也出现过以杜威为代表的进步教育派强调"儿童中心论"的观点。这两种教学观的共同点就是否定教与学的辩证统一关系，把教师与学生对立起来，都违背了教学客观规律，因而都难以实现教学过程的最优化。著名数学特级教师马明指出，教学过程是一个教学的文化过程，是育人的过程，是学生自主学习、自主探索、合作交流、实践创新的过程。学生是学习的主人，他们在这个过程中享受到一次参与后成功的喜悦，情感领域便能得到丰富和发展。而教师应适时介入，成为学生学习的组织者、引导者和合作者。他同时还反对"告诉"教育、"复制"教育。因而，我们认为，教学过程应既强调学生的"学"，又不忽视教师的"教"，主张实现教学过程中的教与学的辩证统一、主导与主体的和谐统一，是进行有效教学的核心。

也有教师在听了一节课后，有感于有效教学而归纳了四条较为直接且实际的原则，分别是选择有效内容、采用有效形式、学生有效学习、教师有效参与。当然，我们也可以依据有效教学的内涵，再提出几条基本原则，但前提是要有思考、有实践。

实施原则是上位概念，需要在原则的基础上探寻有效教学的实施路径。有效教学的实施不仅仅指教师认认真真地教、学生踏踏实实地学，也不仅仅指教师教得"恰到好处"，学生学得"轻轻松松"，应该说有效的途径还应辅之以必要的措施与手段。

有的教师认为，教学审美化是提高教学效果的有效途径，其理由是审美教育在传授知识的同时给学生以美的熏陶，有利于培养学生的意志品格和健康向上的思想情操，是提高学生素质的良好手段，是提高教学效果的有效途径。也有的教师从情感的角度提出，情感教育是提高英语教学质量的有效途径。确实，新课标中已经明确了三个维度的教学目标，即知识与技能目标、过程与方法目标、情感态度与价值观目标，这也是首次将"情感"纳入教学目标范畴,由此可见,其在实施有效教学中的分量。还有的教师认为,"课堂教学现代化是提高教学质量的有效途径",并指出,"现代教育技术的介入,突破了传统教学的封闭式,促进了课堂教学活动的全面开放,使课堂教学过程和教学效率得到了全面优化,为课堂教学格局的改变和模式的重建,提供了新的思路、方法和途径,为课堂教学现代化提供了技术条件,因此,实现课堂教学现代化,是提高教学质量的有效途径"。[1] 是的,我国《基础教育课程改革纲要(试行)》中也明确指出,大力推进信息技术在教学过程中的普遍应用,促进信息技术与学科课程的整合,逐步实现教学内容的呈现方式、学生的学习方式、教师的教学方式和师生互动方式的变革,充分发挥信息技术的优势,为学生的学习和发展提供丰富多彩的教育环境和有力的学习工具。由此可见,课堂教学中增加美学知识、注重情感培养、融入信息技术是提高课堂教学的有效程度的重要途径。

具体来说,要有效地实施课堂教学,沈小碚给出了几个方法[2]:一是增加课堂教学信息;二是提高单位时间内有效信息比例;三是增大有效劳动时间,尽可能减少无效劳动;四是提高单位时间内学生吸收的信息量;五是扩大学生受益面;六是注意调整学生的学习状态,引导学生积极参与教学活动。从这里我们不难看出,沈小碚文中的观点是提高课堂教学中的"信息"含量,而非"教学"容量。反思我们的传统教学,常常是将提高教学质量寄希望于"加大课堂教学容量"上,其结果只能是"教学为少数人服务",从而"造就"了一大批"厌学者"。其实,要实施"有效教学",我们必须追求教与学双方的四个维度极大化:第一,课堂时间利用率的极大化;第二,学生参与教学活动的极大化;第三,学生知识能力净增的极大化;第四,学生课后再学习欲望的极大化。

针对"新时代苏州有效教学研究"项目,多所学校在有效教学的实践与探索方面做了大量的工作,也形成了诸多颇具特色的经验或做法。从某种意义上来说,在有效教学的实施路径和实施方式上做了一些有益的探索。比如,苏州市第十六中学校的教师周思越在"无用之用大有用"的观

---

[1] 冯丙申,何常德. 课堂教学现代化是提高教学质量的有效途径[J]. 中国职业技术教育, 2002 (21): 37-38.

[2] 沈小碚. 谈课堂教学有效性的几个基本条件[J]. 教学与管理, 2000 (10): 3-6.

点下,围绕"立德树人的英语有效教学实践"这一主题,进行了"自我超越的差异化教学"实践探索,形成了"差异化"的有效教学路径。

庄子有个观点:无用之用大有用。面对复杂的学情和时代的变迁,我在近两年来的英语教学中,围绕"落实立德树人的有效教学"这一主题,做了一些看似无用实则有用的探索和实践,积累了一些教学经验和信心。

1. 强化差异化认识,提升教学的有效性

英语歌曲因能提高英语教学的趣味性,培养学生主动学习的习惯,因此被许多教师拿来作为教学素材,我也不例外。例如,我既会在圣诞节当天组织圣诞歌会,也会在每阶段教学计划中纳入英语歌曲教学的内容。2018年9月底,学校举办秋季运动会,运动会是最受学生欢迎的集体活动之一,学生都翘首以待。怎样将运动和英语教学有效结合在一起,创设情境教学的机会,让更多不擅长、不参与体育运动的学生更好地融入集体活动,发现体育的美,喜欢上体育锻炼?我想到了教学生唱一首英文啦啦队歌。我选择的是英格兰著名足球俱乐部曼彻斯特联队的啦啦队歌 *Lift it High*(译作:《展翅高飞》)。这首歌曲曲调铿锵有力,催人奋进,歌词朗朗上口,鼓舞人心,如 our limit is the sky, through the triumph and the grief, it's all about belief. (译作:我们的极限是天空,经历过胜利和悲伤,一切的一切只关乎信念)。这首歌不仅十分适合学生在运动会上给运动员们加油鼓劲,而且学习这首歌曲,也能提升学生坚忍不拔的品格,让他们认识到团队精神和合作能力的重要性。在运动会举办前夕,我和学生约定:"老师将参加学校初三年级男子1 000米比赛,争取跑入3分30秒大关,同学们学会这首歌以后,在老师比赛的时候要为老师唱歌加油。"学生的学习兴趣一下子被激发出来了,很快学会了这首歌。在运动会上,我取得了3分50秒的成绩,虽然没有达到既定目标,但是比赛过程中,我所教的两个班的学生无不欢呼雀跃,唱着歌,鼓着劲。运动会结束,两个班级团体总分名列年级第一和第二位。比名次更重要的是,学生从教师身上感受到的是挑战难关的勇气、超越自我的决心和热爱体育的榜样力量。教师从学生身上看到的是不同差异学生的可塑性和在立德树人引导下的教学有效性。

2. 布置差异化作业，提升教学有效性

从 2017 年暑假开始，我就在所教班级布置差异化暑假作业。英语作为一门外语，平时学生课外接触时间就偏少，如果暑假没有得到巩固和操练，自然是用进废退。可如果暑假作业和平时的课内作业相似，就不符合暑假以学生自主学习为主的要求。能不能让学生做一些在校园里没有时间做，而又是他们成长必须要做的呢？

其中一项作业是和不少于三个外国友人用英文交流，向他们介绍至少一种中国文化，并以照片（在照片中做比心的手势）或视频等为证。这个作业是我认为极具创新性的一个差异化作业。我将这项作业命名为"英华英语极限挑战"。为了完成作业，学生可谓八仙过海，各显神通。有去苏州园林找外国友人的，有在家长陪同下去国外旅游顺便和外国友人聊天的，有在山塘街"守株待兔"等外国友人的，也有在苏州中心等商贸街区偶遇外国友人的。在两个月中，学生们陆陆续续交作业给我，有顺利完成的，也有磕磕绊绊的。对于内向不自信的学生，教师、家长的鼓励，同伴的压力，让他们最终鼓起勇气，向陌生人提出对话请求，获得了成就感和学习趣味，提高了社交能力。即使请求被拒，也是一种经历，是一种生活教育。我将所有学生与外国友人的合影制成了音乐相册，作为学生与家长的美好回忆。2021 年的暑假英语口语作业在上年的基础上有所改进，随着学生心智的不断成熟，进一步落实立德树人，厚植爱国主义情怀，培养文化自信，我要求：教一位外国朋友说汉语，说不少于三句话，将外国朋友说汉语的视频发给我，可以免做任意一项（听、读、写、练）暑假作业。随后有不少学生将教外国人说汉语的视频上传。学生都反馈其学习体验充满了挑战、乐趣与惊喜。

"无用的教学"，客观上相比以应试为主要目的的教学，确实花费了一些"无用"的课时，学生的考试成绩短时间内也不会有很大的提高，但通过这些探索和实践，有效地提升了学生的核心素养，让学生对英语学习有了深入的感性体验，也获得了难得的主动学习经验。通过这种教学策略，学生可以从固定型心智转化为成长型心智。

完美教育下的人是不存在的。多样性，是教育可以达到的目标，也是最美丽的人性的光辉。每个孩子都是不完美的天使，也有着多元的智能。美国有一个基本的育儿理念，"when the baby gets ready"，即当宝宝准备好之后，父母再去引导他们学习新的技能，他们就会掌握得更快、更好，而且不会给宝宝带来不良的影响。我认为，上述理念同样适用于教育学生。

（苏州市第十六中学校　周思越）

古人云：经师易得，人师难求。灌输知识相对容易，用自己的行为、品性、言语影响学生，有道德、有品行，一辈子给学生效法，这叫人师。"人师"是有效教学所不可缺少的资源，这或许就是前文所说的草根化的"有效教师"。叶圣陶曾经说过，品德教育重在实作，不在于能说会道，比作文更要紧的是做人。教师应该通过有效的教学活动，让具有不同学习能力和水平的学生在学习初期保有好奇心，学习遇到挑战时不放弃，与自我竞争，超越过去的自己，通过学习不断地了解自我、完善自我。立德树人的有效教育实践让学生更有意志力、责任感和使命感，是让学生更加坚信有美好未来的教育。

苏州市第一初级中学校的教师夏正娥认为，要培养价值观端正、知识丰富、能力全面的社会主义接班人，教师的有效教学显得尤为重要。当今世界，知识的获取非常便捷，以掌握知识为目标的传统教学已经不能满足当今时代发展的需要了。未来的社会分工更强调拥有解决问题的实践能力。解决高度复杂的问题就要求学生同时掌握解决问题、分析问题、团队合作、信息的搜集和整合、时间的管理、高新技术的运用等能力。如何设计有效教学方式，培养德、智、体、美、劳等方面全面发展的接班人，成了新型教育环境下的新命题。而项目式学习的方法将使孩子们在未来终身受益。为此，她围绕"立德树人视域下的项目式有效学习初探"这一主题，阐述了"如何开展项目式学习的有效教学"，相信也会给读者带来启发和思考。

在开展项目式学习的有效教学时，我重点从以下几个方面入手：把握四个环节、抓住一个关键点和突出一个重点。

1. 发挥教师在项目式学习四个环节中的作用

项目式学习主要包括四个环节：提出问题（项目选题）、规划方案（项目设计）、解决问题（项目执行）和评价反思（项目展示）。实施项目式学习，就要在这四个环节中把握好与学生的关系并发挥相应的作用。例如，我把现行的苏少版美术教材分成四个模块，分别是欣赏、造型、设计和综合探索，把其中的几个有内在联系的模块设置成项目式学习教学。例如，七上第三单元有三个课题，分别是"花的变化""图案之美""美化生活"，这个单元的重点是图案的形式美法则，我把它归纳为设计模块，并整合成项目式学习。我在第一阶段设置了一个引发性问题，即"有一个收藏家打算拿出一件瓷器资助一位学生完成学业，但前提是要鉴别这件宝贝的具体纹饰蕴含的意义、价值，并推断出它的大概年代，请你设计这件瓷器，并阐述相关问题来帮我们的这个同学"，以此构建项目学习的支架；第二阶段引导学生分组，运用类似于头脑风暴的方式来设计方案并解答学生的疑惑，包括查阅每个朝代瓷器的纹样特点、一些特定纹样和特殊色彩的含义、这些纹样符合哪种形式美法则等，这些任务的设置囊括了大纲的要求；第三阶段进行角色分工，给学生最大的自主权，放手让学生执行本组方案，而教师把握好方向，当然，最后的成果展示真的是令人惊喜；第四阶段对学生的成果展示进行点评，从知识方法的梳理总结、自我反思、问题及其解决办法这几个要素进行评价。

2. 把握一个关键点

我认为，任何一个项目式学习皆始于这个引发活动的问题或者难题。引发活动的问题和难题很多，而直接吸引学生主动参与的不是我们环节完整，不是我们评价公正，不是我们有成果展示，而是我们提出问题的创意性能否引导学生主动参与这个活动中。而项目式学习非常强调来自真实世界的任务和问题，即这个问题引导的内容要在情境当中构造一个真实的问题，在主动学习知识的同时更加强调将知识还原给生活，这样的问题才具有吸引力，而由此带来的成就感也是刻骨铭心的。所以，设计什么样的问题尤为重要。举个例子：书法、篆刻是非常具有中国特色的艺术形式，书法中蕴含的历史底蕴，一笔一画就是一个世界，书法独具风格的形式美及篆刻的韵味，都是课堂的重点，却因为它的特殊性，如章法、落款、构图、形式美及线条的轻重缓急、提按顿挫等抽象的概念让学生望而却步，所以学生的学习以临摹为主，所学的也是浅显的表面内容。长期的单一训练十分枯燥，让很多学生放弃了学习。但项目式学习可以克服这一难点。在此，我为三个小组设计了不同的任务和问题。① 你是怎么理解中国书法的形式美的？② 日本为缓和中日关系，欲归还掠夺的一件宋代苏轼的书法真迹，而你是一位著名的书画鉴宝专家，国家派你去鉴别真伪，你会怎么做？请以报告的形式展示。③如果你是一位符号学家，偶然有一次考古的机会，在一个原始的洞穴中发现一片龟甲上刻了几个符号，请你画出这个符号，给它命名，并以报告的形式把你的发现公之于世。接受第一个任务的小组在教师的带领下可以把这个活动做得很漂亮，但是显而易见，后两个问题和任务更能让学生置身于真实的情境中，更能引起他们的兴趣。接第二个任务的小组会主动整理和苏轼相关的知识、苏轼书法的特点，以及与苏轼同一个时代其他书法家的特点，甚至是整个书法史的发展等相关问题并且予以归纳，以此来解决具有现实意义的问题，从中懂得如何在现实生活中将这些知识学以致用。完成第三个任务的小组会主动探究中国书法的起源，了解甲骨文的文化特点，这个可比临摹100个甲骨文而不知所以然来得更有意义。所以说，引发项目式学习的问题设置是项目式学习中最为关键的一步。这样的问题让课堂成了学生与现实相遇的地方了，让学生沉醉其中，如此课堂存在的意义当然就不一样了。

3. 突出一个重点

这个重点就是学生要自主创造出一个成果来回答问题或解决问题，即用"有形"的产品来解决这个任务和难题。学生在一个现实情境问题的引导下学习，经过自觉分工、制订计划、搜索信息、归纳总结后自主创造出一个成果，这个成果的展示，便是"有形"的产品。比如，设计一个环保的项目任务，最后的成果可以是一个改善空气质量的简易空气净化器，可以是改善县城卫生情况的垃圾桶投放方案，抑或是一份思维导图和学术报告，等等。这个产品的呈现是学生创造力、思考力和团队力量的结晶，寄予了每一位学生的智慧和汗水，也是对他们学习最后的考验。不管结果如何，他们都得到了最大的体验和感受，同时也是教师检验成果和进行评价的重要参考。把握这个重点，将会给学生带来终生难忘的体验。

(苏州市第一初级中学校　夏正娥)

可以说，项目式学习是一种有效的教学方式，它让课堂成了学生与现实相遇的地方，学生自觉运用跨学科知识解决生活实际问题，从而在真正意义上把学生培养成为德、智、体、美、劳全面发展的人，彰显了"立德树人"的教育理念。

第三节　有效教学的模式

《中共中央、国务院关于深化教育教学改革全面提高义务教育质量的意见》明确要求，充分发挥教师主导作用，引导教师深入理解学科特点、知识结构、思想方法，科学把握学生的认知规律，上好每一堂课。这里的"上好每一堂课"的言外之意就是要进行有效教学。

有研究者根据聚类分析，直观地看出有效教学研究的高频关键词可分为三大类[1]：第一类是课堂教学活动的有效教学研究（教师视角）；第二类是新课程改革背景下的有效教学研究（课改视角）；第三类是学生自主学习的有效教学研究（学生视角）。可见，在有效教学的理论研究与实践探索中，课堂教学活动的有效性是被广泛关注的。而课堂教学活动离不开有效的教学模式，这也是一线教师十分感兴趣的。

教学模式，又称"教学结构"，简单地说，就是在一定教学思想指导下建立的比较典型的、稳定的教学程序或阶段。它是人们在长期的教学实践中不断总结、改良教学而逐步形成的，它源于教学实践，又对教学实践具有反哺作用，是影响教学的重要因素。因此，了解教学模式、运用教学模式，对于开展有效教学、提高教学质量具有十分重要的现实意义。

教学模式是在一定的教育理论或教学思想的指导下，通过教学实践抽象概括而形成的教学活动相对稳定的基本范型。它既不同于纯粹的教学理论，也不同于具体的教学方法，而是理论与实践的一个中介。有学者在进行有效教学的文献研究中，得出"有效教学进入大众视野以来，策略与方法的研究备受瞩目与青睐"[2]这一结论，而教学策略改进的一个重要途径就是要开拓多样化的教学模式，故探究有效的教学模式应是我们教育工作者永恒的研究课题。

美国学者乔伊斯（Bruce Joyce）和韦尔（Marsha Well）等概括了如下四种教学模式：

---

[1] 陈晓端，孙渊，何同舟. 我国有效教学研究的历史回顾与未来展望：基于30年（1986—2016）研究的知识图谱分析[J]. 课程·教材·教法，2017（7）：24-30.

[2] 刘万海，陆佳佳. 我国有效教学研究20年的成就、问题与趋向[J]. 教学与管理，2020（5）：5-8.

① 侧重于信息加工的教学模式，主要有布鲁纳（Bruner）的发现教学模式、塔巴（H. Taba）的归纳思维模式、萨奇曼（Richard Suchman）的探究训练模式、奥苏伯尔（David Pawl Ausubel）的先行组织者模式、施瓦布（Schwab）的生物科学探究模式等。

② 侧重于行为修正的教学模式，如斯金纳（Skinner）的程序教学模式、布鲁姆（B. S. Bloom）的掌握学习模式、塔雷济娜的程序学习模式等。

③ 侧重于人格发展的教学模式，如罗杰斯（Rogers）的非指导性模式、戈登（W. Gordon）的创造工学模式等。

④ 侧重于社会交往的教学模式，如西伦（Theron）的群体调查研究模式、谢夫特（F. Shaftel）的角色扮演模式、贝尼斯（W. G. Bennis）的T聚会模式等。[1]

我国学者张璐也列举了国内外五个著名的有效教育模式：

一是认知指导教学模式。这是一种小学数学教学模式，强调运用数学语言、各种教学活动，提高学生解决实际数学问题的能力。

二是认知复杂性教学模式。以开展认知挑战活动为主要特征，活动分小组进行，需要多种认知能力，活动形式多种多样。

三是真实性教学模式。运用学科探究帮助学生建构（把学生先前的知识与当前教学材料联系起来），同时重视利用背景化教学渗透教学价值观与教学主题。

四是交互式教学模式。以小组讨论为基础，教学生阅读，学生的讨论是应时性的，强调运用遇到难题时求助、不断地总结、阅读预测等策略。

五是一致性教学模式。综合科学教育与文学教育，突出教学背景化、语言与文学素养的发展及挑战性教学。[2]

从上述各种教学模式中不难看到，学生学习中的社会与文化因素在教与学的理论中受到了足够的重视，社会文化理论与动机理论也进一步拓展了教与学的定义，而学习则是以师生间的互动、班级的社会结构及学校机构为基础的积极、互动的知识建构过程。

---

[1] Bruce Joyce, Marsha Well, Emily Calhoun. 教学模式［M］. 8版. 兰英, 译. 北京：中国人民大学出版社, 2014.

[2] 张璐. 略论有效教学的标准［J］. 教育理论与实践, 2000（11）：37-40.

当然，我们在选择教学模式时，不能为模式而模式，或套用某种教学模式而一成不变，这样就走入了教学模式的"死胡同"。我们认为，教学模式不等于教学公式，任何一种模式的教学都是一个开放的和不断更新的动态系统。学科不同、学段不同、学生不同、教学内容不同，其教学的模式也不尽相同。任何教学模式都在一定的范围内具有代表性和示范性。这里指的是"一定范围"，而不是放之四海而皆准的。因此，实施教学模式不能过于统一，模式而不能模式化，谨防一"化"就"僵"、一"统"就"死"的现象发生。[1] 应在领会各种教学模式的实质基础上，灵活地加以选用。

针对"新时代苏州有效教学研究"项目，张家港市合兴小学的教师陈刚围绕"立德树人视域下的'适合'教育"这一主题，在构建内涵丰富的"适合生长"课程体系的基础上，实施了优质高效的"适合生长"课堂教学，提出了四种教学的基本主张，某种意义上来说，也可称为四种基本教学模式。

党的十八大提出，教育的根本任务是立德树人，"立德"是核心，"树人"是目标，在培养人才的同时更要培养"人"。学校基于自主、合作与互动的"适合生长"的课堂文化建设，在课堂中融入立德树人理念、提高学生的学习能力和知识应用能力。

1. 激发学生自主性的教学

"适合生长"的教育表现在课堂上首先是自主性教学，这也是学生内源性生长最真切的表达形式。其应凸显两个主要环节，即自主研学和合作互学。自主研学体现从预学到研学（以自学为主）。预学走向研学更具有明确的目标（"学什么"），更注重方法的渗透（"怎么学"），还有学科思维的引领（"为什么这样学"）。自主研学包括三个层面：一是课前的预学性研学，整体感知、质疑问难等；二是课中互学性研学，教师提炼、整合核心问题，在教师点拨下进一步自主研学；三是课后的拓展性研学，让学习向问题、主题、生活打开。合作互学主要体现从独学到群学（以互学为主）。教师依据研学识、判学情，及时把握学习差异，理解关键点和价值生长点，找到未知学习的

---

[1] 孙朝仁. "三案·六环节"教学模式的研究与探索［J］. 教育研究与评论（中学教育教学版），2009（12）：19-23.

"慧根"（已知与未知的连接点），撩起独学的冲动，在"愤悱"状态下进入群学。这里也应关注三个层面：一是自主研学后的初始交流；二是教师进一步引导后的再度合作；三是课后的主题性的、综合性的线下互学。这里在关注客观的"学科素养"的同时，更注重主观的"学习素养"（学习习惯、学习能力、学习品质、学习关系）的全面提升。例如，在语文课《彭德怀和他的大黑骡子》课前预学时，学生对文中的时代背景——长征知之甚少。因此，我让学生课余自主查阅资料，搜集长征路上的小故事，查看长征路线，并结合书中《七律·长征》《清平乐·六盘山》《四渡赤水出奇兵》等诗歌的学习，加深对背景知识的了解，继而预学课文，从而自主提出本课的核心问题"彭德怀如此深爱着大黑骡子，为什么还要杀大黑骡子？"。在第二环节小组互学中，学生各抒己见，在彼此的交流、思维的碰撞中，彭德怀的侠骨柔情深入学生心田。第三环节，教师点学。在我的引领下，学生聚焦对话，学会发现：在对话描写中，人物的情感的变化，以及为了凸显这种情感，对话中提示语的变化。学生在分角色朗读中感悟，在教师的点拨下深入，发现文本表达的秘密。最后一个环节，学生迁移悟学：补白想象，练写对话，"在草地的篝火旁，老饲养员、警卫员、战士们会怎么劝说和安慰彭德怀？彭德怀又会和他们有一番怎样的对话呢？写一写，注意提示语的位置、内容和'说'字的变化"。整堂课学生始终处于第一位，自主质疑，合作解疑；教师则在关键处、疑惑处适时地点拨，引导学生走向深入，最终学会表达，提高素养。

2. 呵护学生独特性的教学

每个学生的"生长"都是独特的，"适合生长"的教学也必定是独特性教学。如何将蕴含在学生身上的独特性充分彰显出来，是"适合生长"的课堂最主要的目标与任务。为此，在课堂教学的整体安排与具体活动设计上，都应充分照顾到学生的个性与独特性，开展"三个具体"的教学，即以每个具体的学生为主体，以每门具体学科的学习为本位，以每个学生的具体的学习素养和学科素养为核心，追求"适合生长"的学习氛围，打造"适合生长"的教学模式与教学机制。同时，充分利用现代化的教育手段，针对每门学科的特点，设计出课堂上的"个性模式""个性环节""个性过程""个性方法""个性空间"等,丰富学生的个性想象力、独特的创造力、完善的个性人格,全方位、多层次、宽领域地为学生提供个性化学习的机会与平台。利用不同时空,线上线下相统一,构建"线上交互""线下关系"的学习生态。例如,在品德与社会课《让我们来寻根》中,教师着力探讨该用哪种合适的方式来呈现炎黄二帝的丰功伟绩,从最初的讨论、交流、汇报到小品表演再到最后的模拟角色现场采访,经历了一个反复选择、取舍的过程。讨论交流太单一,小品表演耗费的精力和人力成本太大,因此,教师最后选择了第三种"模拟角色现场采访"的个性方式。教师让两名学生戴上简单的头饰,模拟炎帝、黄帝,其他学生进行采访,既减轻了时间、物力成本,又能走进炎黄二帝的内心,让学生对炎黄二帝产生亲近感和崇敬感,唤醒自己内心深处的创新意识,落实了品德学科素养的培养目标。具有独特性的生长性课堂聚焦的是每个学生的"学力发展",关注的是学科素养和学习素养的提升,通过教学上的独立、独有、独创之"独"来实现特色、特性、特效之"特"的效果,最终实现每个学生的独特性的适合性生长。

3. 尊重学生差异性的教学

全体学生的共同性生长并不排斥每个学生成长与发展的差异性,差异本就是人的社会性常态。故学校教育不能一味求"同",更要求"异",根据学生的真实情况,着眼于学生的真正成长,通过关照不同学生的不同目标,实现不同的教学效果。差异性教学既考虑"差",结合每个学生实际学习情况进行针对性教学,使每个学生都经历"真学会",还考虑"异",让更多的学生实现"在学习","在不同的学习"。例如,在信息技术课《银球飞舞》Scratch教学中,教师以乒乓颠球为主线,分层次展开教学。首先,让球动起来,请基础弱的学生进行乒乓颠球体验,请学生根据颠球说明提炼关键词,并结合小组讨论:需用Scratch中的哪些命令?接着请学生深层挖掘,将动画与生活情境进行对比,最后引入讨论,引导学生将球的方向进行改变。此时,程序的搭建并未结束,而是继续引发思考,如还可以设计怎样的游戏,为学有余力的学生留下提升空间。一节课下来,学生在自主探究中理清思路,在讨论中碰撞思维,无论是简单作品,还是创意空间,不同层次的学生都有收获。这样的差异性教学既考虑"分",实行"分层教学",照顾到课堂中的每个不同的群体;更注重"合",

通过"合作"达到普遍提升与全体生长的效果，从而让所有的学生体味到差异的幸福与快乐，不因差异而受到歧视，达致乐群、乐学、合学的成效。

4. 引领学生发展可能性的教学

生物学研究表明，人是一个未完成的动物。在人的身上充满了无数个未知数，人永远是一个有无限解的函数。小学生的生长对于其未来的成长尤为重要，心理学的研究也表明，人的心理诸多特征早在儿童时期就已基本形成，而这些心理特征对于儿童以后的发展具有重要甚至是决定性的影响。适合生长的课堂教学立足于儿童的心理年龄特点，以未来的成长为目标，通过教学内容、环节、程序、方法、评价等设计，处处体现面对学生的未来发展的考量，为学生的未来发展与成长负责。例如，在数学课《钉子板上的多边形》的教学中，教师首先向学生介绍"今天我们研究的规律，是数学上著名的皮克定理"，接着向学生简单介绍何为皮克定理，最后向有进一步学习需要的学生推荐著名数学家闵嗣鹤的著作《格点和面积》，这样就让学生的这方面学习得到更多理论支撑，使得实践和理论相结合，形成认知体系。教师的教学设计、学生的自主学习以挖掘隐藏于学生身上的无限潜力为前提，发现与创造更多的"最近发展区"，由近及远，逐一实现，促进每个学生都获得长足发展。

（苏州张家港市合兴小学　陈刚）

习近平总书记在十九大报告中提出，中国特色社会主义进入了新时代，教育也必将迎来新时代。《国家中长期教育改革和发展规划纲要（2010—2020年）》中指出，要关心每个学生，促进每个学生主动地、生动活泼地发展，尊重教育规律和学生的身心发展规律，为每个学生提供适合的教育。合兴小学的"适合教育"正是适应了时代的潮流，其提出的四种教学的基本主张，也是有效的课堂教学可行的操作方式。

毋庸置疑，课堂是实施有效教学的主阵地，研究有效教学在课堂教学中的操作应是非常必要的，也是必需的。

有学者从教师的有效教学角度对教师的课堂教学提出了3条要求[1]：

---

[1]　谌业锋. 有效教学的理念与策略[EB/OL]. (2002-06-22) [2020-07-03]. http://www.doc88.com/p-7478790472778.html.

一是引起学生学习的意向，即教师首先需要激发学生的学习动机，教学是在学生"想学"的心理基础上展开的。

二是指明学生所要达到的目标和所学的内容，即教师要让学生知道学到什么程度及学什么，学生只有知道了自己学什么或学到什么程度，才会有意识地主动参与。

三是采用易于学生理解的方式，即教学语言有自己的独特性，要让学生听清楚、听明白，因此，需要借助一些技巧，如重复、深入浅出、抑扬顿挫等。如果教师在讲课时不具备这些条件，那么即使教师教得十分辛苦，也不能称之为真正的有效教学。

同时，该学者还从理论的角度提出了课堂教学中的四个关注点：有效教学关注学生的进步或发展，有效教学关注教学效益，有效教学更多地关注可测性或量化，有效教学需要教师具备一种反思的意识。应该说，这四个关注点，对广大教师来说具有一定的借鉴作用。

前文提到的德化县龙门滩中学课题实验组，则从课堂教学的操作程序上给出了更为具体的说明，他们认为，有效的课堂教学操作程序应有如下八个方面：① 创设情境，激发动机，导入新课；② 揭示学习目标，概览学习内容；③ 复习与所学新知识相关的旧知识，注重知识的衔接；④ 突出以自学为基础，培养学生的阅读素质，让学生学会学习；⑤ 着眼于对知识的理解，培养学生的思维能力，让学生主动地去发现问题、研究问题、探寻知识，在程序式的学习过程中加深对知识的理解；⑥ 使用尝试性应用练习，辅以形成性评价反馈；⑦ 进行巩固性应用练习和迁移性应用练习，注重知识的灵活运用；⑧ 注重课堂小结的作用，通过教师小结或学生小结，把所学的知识进行分类整理、比较掌握，把握知识的重难点。

应该说，这八个方面是一般课堂教学必经的环节，但我们认为，不必课课都严格按照这八个方面来做，而应根据课题、内容、学科的特点及要培养的不同目标等诸因素来确定课堂教学的环节。

作为"新时代苏州有效教学研究"项目学校之一的江苏省苏州中学园区校，该校的教师马莉莹通过对初中数学教学的探索与实践，提出了"数学实验项目式能动课堂教学模式"。该模式体现了以人为本的教育思想，学生通过主动"做"或"实验"等探究过程，掌握数学知识，积累基本活动经验，发展数学核心素养，养成独立思考、合作交流、反思质疑的学习习惯，形成爱科学的精神、实事求是的人生态度，提升创新意识和审美意识，不失为有效的课堂教学方面进行的一种积极而有意义的探索。

下面将马老师的课例《基于落实立德树人的数学实验项目式能动课堂建构——以"三角形的中位线"的教学为例》呈现给读者，希望能对我们一线教师有所启发。

一、课标解读

立德树人是教育的根本任务。数学教师应重视课程的育人功能，充分发挥课堂教学的主渠道作用，将中小学德育内容细化并落实到教学目标之中，融入教育教学全过程。《义务教育数学课程标准（2011年版）》指出，数学课程不仅要考虑数学自身的特点，还应遵循学生学习数学的心理规律，从学生已有的经验出发，使学生在"做"与"思考"的过程中积累数学活动经验，使学生得到全面的发展。

夏雪梅认为，项目化学习是指学生在一段时间内对与学科或跨学科有关的驱动性问题进行深入持续的探索，在调动所有知识、能力、品质等创造性地解决新问题，形成公开成果中，形成对核心知识和学习历程的深刻理解，能够在新情境中进行迁移。董林伟在《初中数学实验的理论与实践研究》一书中指出，数学实验是动手动脑"做"数学的一种数学学习活动，是学生运用有关工具（纸张、剪刀、模型、测量工具、作图工具及计算机等），在数学思维活动的参与下进行的一种以人人参与的实际操作为特征的数学验证或探究活动。

数学实验项目式能动课堂是一种将项目式学习与数学实验相结合的新型课堂教学模式（图1）。通过将数学实验项目化，学生经历主动"做"或"实验"等探究过程，积累基本活动经验，养成独立思考、合作交流、反思质疑的学习习惯，形成爱科学的精神、实事求是的人生态度，提升创新意识和审美意识。

数学中不少几何图形的性质及定理证明、代数运算法则，如平行四边形的性质、勾股定理的证明、因式分解的法则等内容均可以以数学实验为载体进行教学。下面，我将结合八年级学生的认知特点，对"三角形的中位线"教材内容进行适当改造，从"两条主线""一个载体"方面设计教学方案。表1为我设计的小组成员分工表，将需要完成的事情进行分解，落实到小组成员身上，从而提高教学效率。

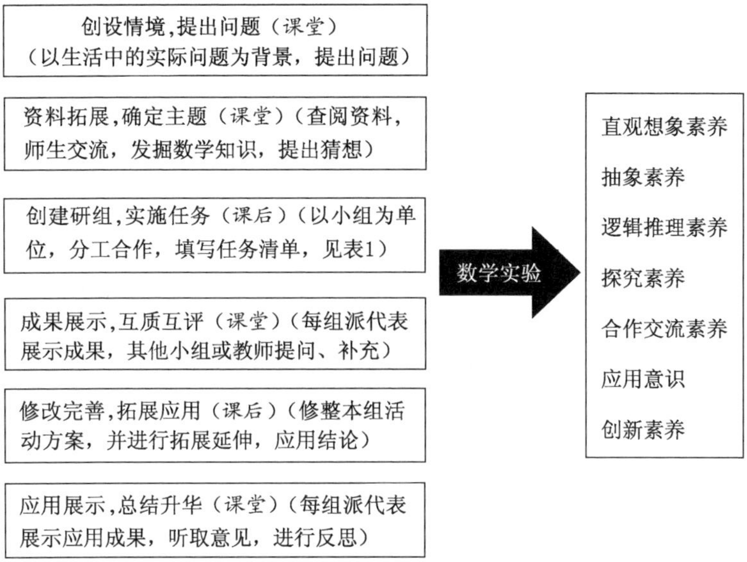

创设情境,提出问题(课堂)
(以生活中的实际问题为背景,提出问题)

资料拓展,确定主题(课堂)(查阅资料,
师生交流,发掘数学知识,提出猜想)

创建研组,实施任务(课后)(以小组为单
位,分工合作,填写任务清单,见表1)

成果展示,互质互评(课堂)(每组派代表
展示成果,其他小组或教师提问、补充)

修改完善,拓展应用(课后)(修整本组活
动方案,并进行拓展延伸,应用结论)

应用展示,总结升华(课堂)(每组派代表
展示应用成果,听取意见,进行反思)

→ 数学实验 →

直观想象素养
抽象素养
逻辑推理素养
探究素养
合作交流素养
应用意识
创新素养

图 1

表 1 小组成员分工表

需要完成的事情	完成方法	所需时间	参与人员	负责人
实验验证(动手操作直观验证)				
推理论证(严格推理论证)				
解决问题(将结果用于问题情境)				
制作课件、准备汇报材料				

二、课程目标

① 能运用多种实验方式验证三角形中位线的性质,并能证明三角形中位线定理;

② 能灵活运用三角形中位线的性质解决问题;

③ 经历探索三角形中位线定理的过程,引导学生多角度思考问题,感受转化等数学思想,培养学生的发散性思维,发展学生的合情推理及演绎推理能力;

④ 通过项目式能动课堂的教学,学生养成独立思考、合作交流、反思质疑的学习习惯,形成实事求是的人生态度,发展探究素养、创

新精神及审美意识。

三、过程设计

环节一：创设情境，提出问题（课堂上进行）

问题情境1：苏州中学园区校四季如画。湿地文化小组为进一步了解湿地中睡莲的增长速度，事前用皮尺测量出某片湿地A、B两端点之间的距离（图2）。若直接进行测量，难度较大，你们能想出办法帮助他们吗？

问题情境2：在苏州中学教学楼前竖立着范仲淹塑像（图3），它展现着苏中学府浓厚的历史文化底蕴。雕塑底座的横截面可以近似看作一个长方形。在不破坏雕塑的前提下，你能测出底座横截面（长方形）对角线的长度吗？

图2　　　　　　　　　　　图3

环节二：资料拓展，确定主题（课堂上进行）

针对情境中出现的问题，学生利用学过的知识，给出了一些方法，如利用三角形全等、勾股定理等。首先，我引导学生观察、构造全等三角形解决问题情境1时（图4），需要测量的线段较多，并且还要确保B、C、B'三点共线，以及A、C、A'三点共线，难度较大。接着我提出：全等的本质是1∶1真实还原，我们能否2∶1缩小，先测出它一半的长度，然后再乘以2？随后我让学生自己讨论，给出方案。不少学生取了BC、AC的中点E、F（图5），猜想$EF \parallel AB$，$AB=2EF$。此时，我顺势给出三角形中位线的定义，并激发学生探究上述猜想的合理性，要求学生做实验验证，并严格论证，明确此次数学实验项目的主题。

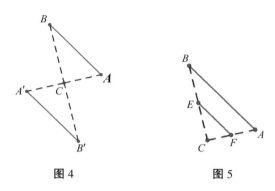

图4　　　　　　　图5

环节三：创建研学组，实施任务（课后进行）

学习共同体是项目式能动课堂开展研学活动的基本单元。组建共同体后，各小组会根据本组需要，创建任务清单（图6是某小组的任务清单）。一般情况下，实验类探究过程需经历"观察→猜想→验证→论证"这几个环节。沿着这样的研究主线层层深入，观察、猜想是基础，验证是手段，论证是目标，为形成学生会看、会想、会用的数学素养打下坚实基础。

梦之翼 小组 任务清单

待完成工作	所需材料	所需时间	完成方式	参与人员	课定责人
操作验证	10个三角形纸片、剪刀、直尺、胶水、量角器	大课间(30分钟)	折叠、剪贴、度量、几何画板等	张子青 杨嘉宇	张子青
推理论证	数学书、参考资料	午自习(30分钟)	逻辑推理	朱含 沈恩铭	朱含
问题解决	直尺 白纸	晚自习(30分钟)	文字语言、画图符号语言	刘美君 马婧翼	马婧翼
制作课件 准备汇报材料	电脑、PPT、白纸	晚自习(40分钟)	课件展示 操作展示	孙亦婧 朱文楷	孙亦婧

图6

环节四：成果展示，互质互评（课堂上进行，需要1—2节课，每组不超过15分钟）

在课堂上，各小组选择代表汇报本组的实施过程、研究成果、成果运用、心得体会等。其他同学或教师可对该组汇报中出现的问题和闪光点，进行及时的评析和追问，引发深入思考。课堂中，学生的成果让我们惊讶。

陆珺仪小组的亮点在于采用多种方式验证了三角形中位线的性质。他们不仅采用了直尺和量角器直接度量的方式，为了增加度量的可信度，他们还借助几何画板进行了度量验证，通过不断拉动三角形的顶点，改变三角形的形状，观察数据的变化（图7、图8）。

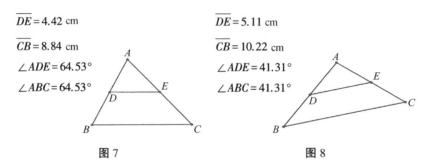

图7　　　　　　　　图8

沈洁小组的亮点在于使用折叠、剪拼的方式进行了实验验证。如图9，沿虚线向内翻折，得到矩形 DEHG；如图10，沿线段 AH、DE 剪开，拼成矩形 GRCB。这样的实验方式为接下来的推理论证提供了可行的思路。

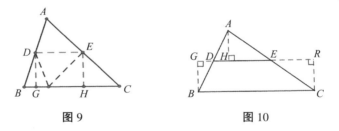

图9　　　　　　　　图10

整个成果展示过程中，亮点很多，这里不再一一举例。对于展示过程中出现的问题，如如何说明若干点是否共线、怎样添加辅助线等，教师须加以强调，让学生的认知不留漏洞。

最后，每个小组还利用探究出的结论对一开始我给出的问题进行了解答，部分小组以投影的方式向大家展示。图11是其中的部分成果展示。

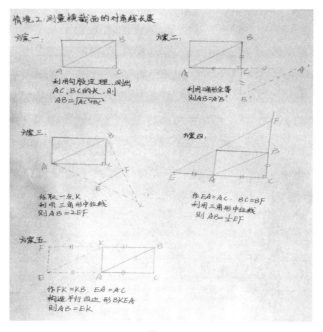

图 11

环节五：修改完善，拓展应用（课后进行）

课后学生通过对其他小组成果的借鉴，对本组成果进行进一步修改完善。随后，组内成员引申联想，力争从不同角度看待问题，将所得结论进行拓展应用，实现数学知识、技能的灵活迁移，促进学生在变形的过程中不断思考、分析、归类，提高思维能力和思考方法。

环节六：应用展示，总结升华（课堂上进行，需要1—2节课，每组不超过15分钟）

该环节中，同样出现了让我们欣喜的发现。

祝子涵小组成员引申联想，提出：三角形有中位线，那梯形是否也有中位线呢？梯形的中位线又有怎样的性质呢？他们小组通过剪拼、旋转、折叠、分割等实验操作（图12、图13、图14、图15）得到了梯形的中位线定理。

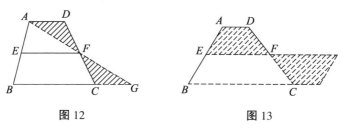

图 12　　　　　　　　图 13

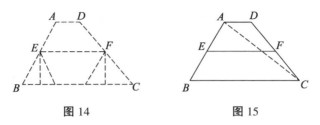

图 14　　　　　　　图 15

在该小组的汇报过程中，其他小组对于验证及论证方式给予了补充，如图16、图17、图18所示。

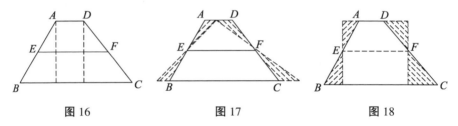

图 16　　　　　　图 17　　　　　　图 18

我又追问："对于两组对边都不平行的四边形，若点 E、F 分别是四边形 ABCD 中 AB、CD 两对边的中点（图19），则线段 EF 与线段 AD、BC 又有怎样的关系？"各小组交流讨论，最终利用三角形中位线性质 $EF < \frac{1}{2}(BC+AD)$ 及三角形的三边关系得到了结论（辅助线参见图20、图21）。

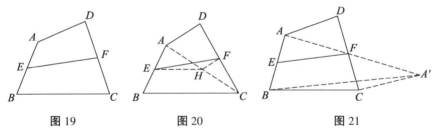

图 19　　　　　　图 20　　　　　　图 21

彭梓轩小组成员提出："若把四边形每条边的中点都顺次联结起来（图22），会得到什么样的图形呢？若改变原四边形的形状，中点四边形会有怎样的变化？"（学生讨论交流）

我追问："中点四边形的形状究竟由什么决

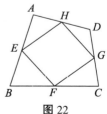

图 22

定?"随后，我制作几何画板，请学生上台拉动图形进行验证（图23、图24、图25），并请多位学生开展严谨的推理论证，最终得到了确定中点四边形形状的是原四边形的对角线这一结论。教师不断追问，揭示确定中点四边形形状的本质因素，有利于学生养成追根求源、深入思考的良好习惯。

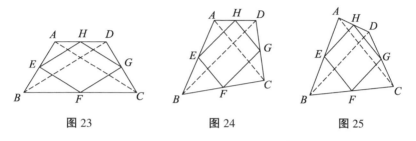

图23　　　　　图24　　　　　图25

此外，还有不少小组利用三角形中位线定理解决了生活中的一些实际问题，如怎样才能将一个三明治平均分成面积相等且形状也相同的四个部分？怎样测量滑滑梯的高度？怎样设计镜子的高度使人恰好在镜前看到自己的全身？等等。

最后，结合各组的应用成果，师生共同进行总结，体会探究过程中所用的数学方法和数学思想，鼓励每组撰写出相关的应用论文、研究性论文或相关的活动报告。

四、成果评价

该项目式能动课堂评价主要包括课堂新知生成评价、纸笔评价和实践性成果评价三种方式。

进行课堂新知生成评价时，教师须结合学生实验验证的科学性、推理论证的严密性、回答问题的清晰性、问题掌握的程度等，给出具体的分值（详细的评分细则参见表2），以此减少学生学习活动中的盲目性、冲动性、不合理性，提高学习的效率。纸笔评价主要结合学生课堂作业、家庭作业的完成情况及在笔试测验中取得的成绩等。实践性成果评价主要看学生能否灵活运用所学知识去探索或研究新的问题，能否运用相关结论去解决现实生活中遇到的真实问题，能否写出切合主题的具有一定水准的研究性论文或应用性论文，等等。

表2 课堂新知生成评价细则

标准	3分	2分	1分	评价与反馈
实验验证方式、种类				
推理论证过程严密性、多样性				
在难点、易错点处的把握与讲解情况				
语言表达流畅、清晰				
汇报展示方式				
小组人员参与度				
总分				

五、项目反思

数学实验项目式能动课堂教学使学生的认知方式、认知途径有所变化。每个学生都可以自由地、大胆地猜想和实验验证，享受数学发现的喜悦，感知数学思想形成的生命历程，实现从"学数学"到"做数学"再到"玩数学"、从被动学习到主动学习再到创造性学习的飞跃。教师在进行数学实验项目式能动课堂教学时，还须注意以下几点：

1. 教师要善于引导，并适时精讲点拨

在数学实验项目式能动课堂教学中，教师须树立以人为本的教学理念，时刻关注学生的主体地位，关注学生的情感态度。但这并不意味着教师要完全放手，任由学生自由发展。事实上，教师合理的宏观调控是使得项目式学习活动能按既定目标顺利开展的重要保障。教师须善于捕捉学生在互动探究过程中遇到的难点、易错点、困惑点，在关键时刻给予学生科学的引导，合理地开展精讲点拨，并通过恰当的追问与反问，将学生的思维引向纵深处，进而引导学生看清问题的本质，养成勤于思考、善于总结的良好学习习惯。

2. 教师要敢于发现，并挖掘身边素材

教师须敢于挖掘数学教材中具有实验操作意义和探究价值的核心知识，敢于从学生熟悉的生活场景及感兴趣的事物中发现便于学生研究的实验素材，结合实际问题，让学生从已有的经验出发，经历观察、猜测、操作实验、交流、论证、总结、反思等活动，进一步感知数学知识之间的内在联系，体验数学的实际价值。例如，我抓住了

"三角形中位线"这一核心知识,从学生熟悉的校园场景出发,提出了两个具有探讨价值的问题,引发学生思考,随后引导学生动手操作,利用折纸、剪拼、度量等方式,感受数学的直观性,最后再由浅入深、由表及里、由具体到抽象,发展学生的逻辑推理能力。

3. 教师要巧于激发,并重视思维提升

课堂教学中,教师应激发学生多角度、深层次看待问题,鼓励各个小组采用多种方式验证、论证结论,培养学生的发散性思维;教师应关注学生在整个项目式能动课堂中基本活动经验的获取和积累,引导学生积极主动地参与,增强主体意识与探究能力;教师应有意识地不断向学生渗透数学基本思想,让学生在知识的生成过程中、在知识的变化迁移中体验数学思想方法;教师还应及时捕捉师生互动过程中产生的有探究价值的新问题,重视课堂中学生的意外"生成",不断激发学生的批判思维,使学生的思维品质在对思维结果的修正与重构中不断发展。

4. 教师要勤于关注,并注重素养发展

在该数学实验项目式能动课堂下,学生的直观想象素养、抽象素养在折叠、剪拼、旋转、平移、度量等活动中得到了增强;学生的探究素养、逻辑推理素养在多角度、深层次的严谨论证中得到了提升;学生的应用意识及创新精神在问题的不断变化、拓展、迁移中得到了培养;学生的合作交流素养也在自己的积极参与及自我的反观中得到了极大的发展。

(苏州中学园区校 马莉莹)

这是本土化实践探索的一个案例,虽然谈的是一节课,但也可"窥一斑而见全豹"。纵观目前对于有效教学的研究,大多在宏观层面进行了一些理论探索。然而,若想推动基础教育课程改革的持续深化,有效教学的研究就不能停留在新课改背景的宏观论述上,而"需要从理论走向实践"[1]。本书第二章将结合学生核心素养发展和学科核心素养形成的中观与微观层面进行深入实践与探索,以此彰显有效教学的生命力。

---

[1] 陈晓端,孙渊,何同舟. 我国有效教学研究的历史回顾与未来展望:基于 30 年(1986—2016)研究的知识图谱分析[J]. 课程·教材·教法,2017(7):24-30.

第二章

教学目标：聚焦核心素养

教育质量是社会各界广泛关注的、永不过时的主题，而且是常说常新的话题。《国家中长期教育改革和发展规划纲要（2010—2020年）》中，"质量"一词出现了50余次，可谓是"高频词"。在某种意义上来说，从国家层面就高度重视教育质量。特别是进入新时代，"高质量发展"已经成为时代的"主旋律"。

"质量"与"有效"可以说是相伴而生，高质量的教学一定是有效甚至高效的教学。自20世纪90年代引入"有效教学"的概念以来，从开始对国外研究成果的引介与借鉴，到逐步深入到对有效教学的本体性理论的构建与阐释，再到理论奠基下的实践创生，这一发展历程充满了崎岖与挑战。[1] 在国家基础教育课程改革向纵深推进、核心素养时代全面到来的今天，有效教学的目标需要也应当聚焦到核心素养的培育上来。

进入"核心素养"主导的课程改革时代，这表明教学的有效性与"核心素养"已经建立了内在联系。因此，进入新时代的有效教学的探索与实践，要更多地关注核心素养如何落地的问题，关注学科核心素养如何在课堂教学层面得以有效培育的问题，从而达成从学科教学转向学科育人的目标。为此，在"核心素养"的内涵理解中，我们需要也更有必要对"什么是有效"这个问题有更进一步的认识并做出更全面与精确的回答。因而，有效教学研究需要就"核心素养"与"有效教学"是否仅存在实践层面的"目的"与"路径"关系进行深入的探讨，以此揭示新时代有效教学的本质。

---

[1] 刘万海，陆佳佳. 我国有效教学研究20年的成就、问题与趋向［J］. 教学与管理，2020（5）：5-8.

第一节　教学目标的有效设计

教学目标（包括学习目标）是学校教育目的范畴的一个具体概念，它既是教学的出发点，也是归宿。或者说，教学目标是教学的灵魂，它支配着教学的全过程，并规定教与学的方向。[1] 因此，教师在准备教学时，首先必须搞清楚学生将获得什么、为什么要教这些内容、这些内容教到什么程度，也就是说教学必须弄清楚目标问题。有效教学必须首先考虑进行有效的教学目标设计问题。

一般来说，教学必须考虑三个问题：一是"教什么"；二是"怎么教"；三是"为什么这样教"。在这三个问题中，教师最为关注的是"怎么教"的问题，而最容易忽视最基本的"教什么"的问题。教师备课时常出现"目标"不清楚而整天琢磨着"怎么教"的现象。究其原因，现在的教师都处于信息爆炸的时代，网络上海量的教学设计"唾手可得"，教师在收集大量设计案例的基础上，整合、加工成自己可用的"怎么教"的技术路线，至于如何吃透课程标准、如何结合任教班级的实际情况来确定"教什么"则基本无从顾及。

我们曾经做过一个问卷调查，其中有一个题目是"您进行教学设计时，通常的做法是：① 借鉴网上教案；② 借鉴同事教案；③ 根据实际自己编；④ 其他"。调查结果显示，小学、初中、高中"借鉴网上教案"分别占比36.3%、32.5%、34.2%，"借鉴同事教案"分别占比11.8%、15.3%、20.6%，"根据实际自己编"分别占比47.9%、44.3%、34.2%。从中可以看出，自己独立进行教学设计均不到一半。而在"您对任教学科的课程标准"研究情况的调查中，小学、初中、高中"多次阅读研究过"分别占比37.8%、48.2%、52.6%，"集中学习过"分别占比46.2%、33.7%、39.3%，"自学过一遍"分别占比14.3%、13.3%、6.6%，"没有通读过"分别占比1.7%、4.7%、1.4%。应该说，课程标准是教师上课的主要依据，也是教学目标设计的重要依据，多次研读课程标准的教师也仅有高中才达到一半。在对教师教学的主要载体——教材的问题"您对所教学

---

[1] 崔允漷. 有效教学[M]. 上海：华东师范大学出版社，2009：110-111.

科的全套教材"通读情况的调查中,小学、初中、高中"通读10遍以上"分别占比19.1%、37.6%、24.2%,"通读6—10遍"分别占比29.6%、32.5%、18%,"通读1—5遍"分别占比43.3%、27.8%、56.9%,"没有通读过"分别占比8%、2%、0.9%。俗话说,"读书百遍,其义自见",教材通读10遍以上的教师占比还是比较少的。或者说,教师在教学设计之前,对于"教什么"这个问题重视得还是不够的。

同样一份调查问卷中,还有一道指向教学目标的题,即"您对一节课教学目标有效性的理解是(　　)"。调查结果显示:小学、初中、高中认为"宏观表述,兼顾三维目标"占比分别为26.4%、29%、26.3%,认为"具体明确,符合实际学情"分别占比37.8%、47.8%、38.3%,认为"指向合理,使教学活动更具目的性"分别占比27.6%、12.2%、21.1%,认为"表述完整,指向教学效果"分别占比8.2%、11%、14.4%。当然,这里对于教学目标有效性的理解没有对和错,只是调查教师对于教学目标设计的倾向性认识问题。但我们从中可以看出,教师对于教学目标的理解和认识还是有差异的,因此,有必要探讨教学目标的有效设计问题。

《中共中央、国务院关于深化教育教学改革全面提高义务教育质量的意见》中明确指出,要充分发挥教师的主导作用,引导教师深入理解学科特点、知识结构、思想方法,科学把握学生的认知规律,上好每堂课。对于广大一线教师,学科教学目标是其备课时首先要考虑的,因为它是上好每节课的前提。

学科教学目标是教与学双方须通过一系列的教学活动奋力达到的目标,同时,也是检查、评定教学活动效果的参照物。换言之,学科教学目标的设计对学科教学有重要的意义。因此,有人这样形容,"教学目标如同罗盘对于茫茫大海中的航船,如果罗盘偏离了航向,航船就很难准确抵达目的地"。

有效的教学目标设计首先要聚焦核心素养,帮助学生成为独立、自律的学习者。教育的终极目标是帮助学生成为独立、自律的学习者。[1] 这一目标并不否认其他教育目标,以这一目标为中心,在其之下可以设定所有其他目标和教师的活动。这一基本观点存在两个潜在的假设:一是当代

---

[1] 理查德·I.阿伦兹.学会教学[M].9版.丛立新,马力克·阿不力孜,张建桥,等译.北京:中国人民大学出版社,2016:19.

的观点，即认为知识不完全是固定可传递的，而是一种所有个体（学生和成人）通过个人和社会经验积极建构的；二是相信学生应该学习的最重要内容就是如何学习。事实上，无论是积极建构还是学会学习，都是指向学习知识的"人"的，不是指向学习的"知识"，这正是核心素养指向的本质。如果在教学目标设计中，偏向知识与技能的获取和形成，显然就偏离了有效教学的本质。

有效的教学目标设计还应该是多元的，要使学生得到全面、和谐、持续的发展。在一个复杂多变的社会中，教育目标必然是多样化的，教学目标的设计也必然是多元的。因此，课堂教学的本质就是要使学生得到全面、和谐、持续的发展，这也是新课程背景下的课堂教学与传统的课堂教学一个区别比较明显的地方。在学科的教学过程中，在学生获得知识、形成技能的过程当中，发展学生的过程性目标，比如，思考能力、解决问题的能力，引导学生养成良好的个性心理品质，形成一种积极向上的情感与态度、一个健全的人格，树立正确的价值观念，等等。所有这些，仍然是指向核心素养培育的。当然，从某种意义上来说，知识技能的学习必须以有利于其他目标的实现为前提。

有效的教学目标设计还需要具体化，是通过学生的学习能达成、可测量的。教师确定教学目标的主要依据是课程标准，但对于一线教师而言，课程标准是上位目标。因此，教师需要学会分解课程标准，即如何根据课程标准、教材、学生与教学资源等具体情况，将课程标准特别是内容标准部分分解成具体的、可操作的、能评价的教学目标。换言之，教学目标是一种现实；是指在具体情境下，学生行为变化的结果，着眼于学生的学；是以学生为主体进行描述的；是可观察、可测量、可评价的；教学目标是具体的，是学生必须达到的要求，也是教学目的的具体化。

教学目标的具体化表述需要关注四个要素：

一是行为主体。行为主体必须是学生而不是教师，因为判断教学有没有效益的直接依据是学生有没有获得具体的进步，而不是教师有没有完成任务。如"拓宽学生的知识面""通过教学活动，培养学生的概括能力与争辩能力"等，这些写法都是不规范的，因为目标行为的主体是教师，而不是学生。

二是行为动词。行为动词必须是可测量、可评价、具体而明确的，否则就无法操作和评价。如"学生明了……"，施教后，学生究竟明了还是不明了，无法测量。类似这样的动词还有"了解""认识""学习""欣赏"等。这些动词，都是比较笼统和含糊的，是抽象的内在感觉，不具备可观察、可测量的特性，故不宜用来表述具体的行为，应避免使用这类动词。而"说出、提出、写出、找出、解释、复述、读准、默写、背诵、划分、使用"等行为动词，对学习结果能做出明确具体的规定，可操作性强，便于观察和测量，应该在课堂教学目标的陈述中多加使用。

三是行为条件。行为条件是指影响学生产生学习结果的特定的限制或范围，为评价提供参照的依据。如"能正确解答已知反应物求生成物和已知生成物求反应物的简单计算题"；"学完本节之后，学生能从提供的圆柱和球形物体及非圆柱和球形物体中，识别出圆柱形和球形物体"；"能用气温曲线图和降水量柱状图判断热带气候类型"；"根据地图，指出我国的首都北京"；"通过这节课的学习，学生了解'环境保护要从我做起'的道理"；"在10分钟内，学生能完成15道简单计算题"；等等。

四是表现程度。表现程度指学生学习后预期达到的最低表现水准，用以评量学习表现或学习结果所达到的程度。如"就提供的一道应用题，学生至少能写出三种解题方案"；"通过这一堂课的学习，学生至少能记住四个单词"；等等。目标表述的是基本的、共同的、可达到的教学标准，而不是无法实现的最高要求。

综上所述，教学目标具有学科性、全面性、层次性、具体性、针对性、可测性等基本特征。

教学目标设计要指向教学设计。教学设计就是针对一定的实际教学目标，激发学习者自主学习和生命发展的需要，开发和运用各种产品形态的媒体和技术，共同设计、加工处理具体的教学内容，在一种特定的情境中解决结构不良问题的非确定性的最优化教学方法和过程。

苏州市第三中学校的教师林坤认为，发展学生核心素养应成为各科教学的主要内容。他以"布雷顿森林体系的建立"为例，探讨了历史核心素养下的价值观教育。从下面的教学设计中我们不难看出，他在教学中既重知识，也重能力，更强调态度的重要性；突出教学立意，更重视价值观的引导。同时，他还将教育与现实生活相关联，学以致用，值得教师借鉴。

　　本课主要讲的是二战后世界经济如何从无序走向有序，走向体系化和制度化的过程。在这个过程中逐步形成了以美国为主导的资本主义世界经济体系，为二战后世界经济全球化的发展奠定了制度和体制的基础。《普通高中历史课程标准（2017年版2020年修订）》中提出，通过了解冷战结束后世界多极化、经济全球化、社会信息化、文化多样化的发展特点，以及出现的全球性问题，认识人类社会面临的机遇与挑战，理解和平、发展、合作、共赢成为时代潮流；牢固树立构建人类命运共同体意识，共同担当，同舟共济，共促全球的和平与发展。新课标更注重将历史知识与现实问题相结合，更注重学生在运用历史知识解决现实问题的基础上形成正确的价值认识。因此，本课试图从两个角度进行立意：一是国际规则的制定要"协商协调树公正"；二是成员国之间要"合作独立促共赢"。如此，学生能理解国际经济秩序是因时因势不断变化的，只有在协商对话和互赢互惠的基础上形成的国际规则才是健康和稳定持久的。

一、美日贸易战（导入）——了解金融战的特点

20世纪80年代是日本崛起的年代，日本以电子、家电、轿车等优质价低的产品迅速占领国际市场。巨额贸易逆差为日本积累了大量的外汇，其商品最大的进口国是美国。美日贸易中，美国处于逆差。美国不会坐视日本的壮大，于是在汇率上做文章。美国采用以下方法：① 大量收购日元，使日元在市场上稀缺；② 开动印钞机加印美元，增加美元的供给。最终的结局是国际市场上美元贬值、日元升值。美元同日元的汇率发生了变化，100日元比1美元变为90日元比1美元。因此，同样一件100日元的商品用美元购买就要多花九分之一美元。日本产品在美国价格提高，竞争性下降。美元贬值，美国产品的竞争性提高。美日贸易战最终美国获胜。

设问1：什么是汇率？汇率的变化是如何影响一国的对外贸易的？

设计意图：本课内容涉及较多金融学知识，较为抽象。在讲解的过程中必然会涉及"汇率""货币战""货币升值与贬值"等许多货币金融领域的概念，而教材也并未对这些基本的金融概念进行解释，这与学生的生活经验脱节，学生难以形成认知。通过这个事件，学生理解了汇率是一国货币的外币价格，以及汇率的变化直接影响进出口贸易的定价。有利于学生从感性到理性深入地理解金融是如何影响贸易的，从而为接下来的学习奠定理论基础。

二、以英镑为核心的金本位制的瓦解——布雷顿森林体系的背景

布雷顿森林体系建立之前的货币是金本位制。各国以立法手段规定黄金纸币价格,在此基础上形成各国货币之间的汇率关系。19世纪下半期,由于英国强大的经济实力,英镑成为最硬的通货,基本取代了黄金。当时90%的国际支付由英镑进行。古典金本位是以英国经济实力的强大为前提的,但20世纪初英国的衰弱使其失去了存在的基础。特别是第一次世界大战之后,很多国家放弃了金本位制,实施货币贬值。1929—1933年又爆发了世界性的金融危机,古典金本位体系崩溃。一时间,货币战和贸易战交互影响,各国要么提高关税,要么货币贬值,国际金融体系的这种无序状态一直持续到了二战后。

设问2:结合图26回答,金本位制对世界金融起到怎样的作用?布雷顿森林体系建立的背景是怎样的?

图26

设计意图:传统的教学一开始就以二战后布雷顿森林体系的背景作为讲解的开端,教材也是这样设计的,强调的是布雷顿森林体系是美国依靠强大的经济实力试图建立以美元为中心的国际货币体系,体现了美国在金融领域的霸权主义思想,但事实并非我们所认为的那样绝对。通过补充金本位制的内容,学生了解到在布雷顿森林体系建立之前很长一段时间是以英镑为中心的金本位的货币体系,这是以一种强大经济实力支撑的货币来稳定的国际货币体系,并非布雷顿森林体系的首创,而是一种国际惯例,对于稳定汇率和国际贸易起到了积极的作用。当金本位制崩溃后,国际货币体系处于割据混战的状态,集团与集团之间壁垒森严,货币战接连不断,从而严重地阻碍了国际贸易的发展。二战后,建立统一的国际经济秩序已迫在眉睫。美国拥有的强大经济实力已预示着美元即将取代英镑充当国际货币。也许从动机来说美国确为争霸,但从实际的操作来看,只有美元有这个实力。

这样可以让学生理解、辨析动机与效果之间的区别,让学生明白以一种强大经济实力支撑的货币来稳定的国际货币体系不仅是美国,也是所有国家的共同需求。同时,补充金本位制的知识点,有利于学生从纵向理解国际金融体系的发展历程,为建构新的知识点提供支撑,有利于培养时空观念的核心素养。

三、以美元为主导的国际货币体系——布雷顿森林体系的建立

1944年在布雷顿森林召开会议时,出现了两个方案:美国的怀特计划和英国的凯恩斯计划。最终美国以强大的政治经济实力,使得怀特计划成为最终的选择方案。

设问3:怀特计划中的金融秩序是怎样构建的呢?它有怎样的特点?包含哪些机构,以及这些机构的职责和作用分别是什么?这些都属于基础知识,学生可通过图片(图27、图28、图29)结合书本知识归纳并回答出以上问题。

美元与黄金直接挂钩:1盎司黄金=35美元
其他会员国货币与美元挂钩,同美元保持固定汇率关系。

图27

图28　　　　　图29

体系的积极作用是不容忽视的。但布雷顿森林体系的内容和规则远远多于书本所罗列的,特别是有些规则和制度的实施因时因势,具有灵活性,对此内容不进行一些适当的补充讲解,学生很难真正地理解布雷顿森林体系之所以能建立是因为什么。

材料一:44个国家签署布雷顿森林协定具有重要意义。它标志着国际货币关系告别各自为政与自由放任的混乱局面,开始步入有规

则竞争和制度化合作的新阶段。美国财政部部长摩根索认为它"向世界表明，44国能够相聚一堂，消除分歧，并决定他们将如何在战后货币事务方面实行合作"。加拿大代表将其誉为"一个重大的历史性成就"。法国代表在回顾了历史上大量货币与经济会议的失败后指出，此次会议在"这些会议的历史上开创了一个新时代"。

——王在帮《布雷顿森林体系的兴衰》

材料二：布雷顿森林体系尽管是美、英两国立场的妥协结果，但基本上反映了美国的利益。首先，作为一种国际金汇兑本位制度，凯恩斯计划力图降低黄金在未来国际金融体系中的作用，怀特计划则主张未来世界货币与黄金之间的可兑换性。其结果是确立了1盎司黄金=35美元的平价，但同时黄金与美元之间只能在中央银行层次上自由兑换。英国的这种要求客观上也符合了美国的利益。其次，与国际金本位制的汇率决定机制不同，在布雷顿森林体系中，美元与黄金挂钩，其他货币与美元挂钩保持固定汇率。同时，为照顾英国的利益，协议规定了在"未具体说明的条件下"，成员国可以调整汇率，从而形成了"可调整的"固定汇率机制。最后，与此相联系的是第三种妥协，英国要求对货币可兑换加以控制，美国则要求货币完全可自由兑换，协议结果是：成员国资本项目下货币兑换可以加以控制，但经常项目下必须保持可自由兑换。

设问4：结合材料一和所学知识评价布雷顿森林体系。从材料二中找出布雷顿森林体系的三种妥协。从中你得到怎样的认识？

设计意图：布雷顿森林体系一方面是美、英两国试图争夺在金融领域的霸权主义，双方都试图建立的符合本国利益的货币体系。另一方面也是美、英双方在建立体系过程中相互妥协的体现，没有双方的妥协与让步就没有布雷顿森林体系的建立。在国际规则的制定中为了达成成员国共同的利益，牺牲局部的或者个体的一些利益是必须的。一个长久的国际规则，必然是在最大范围内符合大多数成员的利益，或者能够解决大多数成员共同面临的问题和需求。通过史料补充的教学设计，学生能明白在国际规则的制定中既有斗争也有妥协，只有最大限度上接近满足成员的共同利益方可达成。协商、协调和对话是建立公正国际规则的基本准则。

四、牙买加体系的建立——布雷顿森林体系的崩溃

1971年12月，国际货币基金组织（IMF）执行董事会和10国集团代表在美国华盛顿史密斯协会大厦达成协议，史称史密斯协议。协议规定：美元贬值10%，其他货币则不同程度地升值。史密斯协议构成西方国际货币体系新旧交替过程的重要标志。事实上，这已经标志着布雷顿森林体系的解体。那么，布雷顿森林体系崩溃的原因是什么呢？

材料三：布雷顿森林体系是以美国经济在全球经济中的霸主地位为基础的，其自身存在着难以持续的问题。这就是著名的"特里芬难题"。按照特里芬的说法，如果美元与黄金要保持固定官价，其他货币与美元保持固定汇率机制，美国的经常账户就必须保持顺差或维持平衡，否则人们对美元的信心就会丧失。同时，为了维持全球经济与贸易的扩张，把美元输送到世界各地，满足世界对美元的需求，美国的经常账户又必须是逆差。这种两难困境决定了布雷顿森林体系是不可持续的。

设问5：根据材料三回答，特里芬认为布雷顿森林体系下存在怎样的两难。

根据图30、图31、图32并结合所学知识分析20世纪70年代美元国际化受到冲击的原因有哪些。

图33与图30、图31、图32存在怎样的关系？对中国的经济发展有怎样的启示？

图30

图31

图32

图33

设计意图：通过材料与图片的方式探究布雷顿森林体系崩溃的原因，外部原因主要是西欧、日本等资本主义国家经济的崛起，不结盟运动的兴起使得世界政治格局多极化趋势加强，冲击了美国的国际地位。同时，20世纪70年代美国经济面临"滞胀"。经济基础决定上层建筑，经济上的发展必然引发各国在国际中谋求更多的发言权和自主权，引起国际规则的变更。挑战美国霸主地位的方式之一就是在国际货币领域与美元争夺权益。内部原因是布雷顿森林体系本身无法克服的内在矛盾，也就是"特里芬难题"。在内外因素的相互作用之下，布雷顿森林体系崩溃成为必然。通过这样的讲解，学生能理解经济与政治之间的相互关系，政治格局的多极化正是各国各地区经济崛起的体现。同时，学生也能明白国家只有经济强大才能真正提高国际地位。稳定与发展仍然是我们现今的主要任务。

1976年1月，国际货币基金组织理事会国际货币制度临时委员会在牙买加首都金斯敦举行会议，讨论国际货币基金协定的条款，经过激烈的争论，签订达成了"牙买加协议"，从而形成了新的国际货币体系。

材料四：布雷顿森林体系崩溃。牙买加体系建立，各国货币不再规定含金量，黄金也不再用于官方结算，黄金的货币使命终结。……而当前美元仍然占各国外汇储备的65%左右、国际外汇交易的40%以上、国际贸易结算的50%以上……现行国际货币体系是一种浮动汇率体系。……弹性化、多样化的汇率制度符合国际经济一体化、资本流动量剧增、各国发展特色化的客观要求，外围国家尤其是发展中国家在经济开发、资本项目自由兑换化的过程中，汇率制度的弹性化为其保持货币政策的相对独立性提供基础前提。

——朱丰根、朱延福《现行国际货币体系基本特征与问题分析》

材料五：牙买加体系下，与经济全球化和区域金融一体化迅猛发展同时引起世人关注的就是货币与金融危机的频发。特别是20世纪90年代之后，其发生频率之高、影响范围之广、持续时间之长，都远远超过以往。从墨西哥金融危机、巴西货币危机、俄罗斯金融危机，到拉美债务危机、东亚金融危机、欧洲主权债务危机，再到源自美国次贷危机而影响一直持续至今的国际金融危机，从一国内部到一个国际区域再到殃及全球，可以说，每次货币与金融危机的发生既标志着此前货币协调的不利,又考量着此后国际协调机制的改革,同时也推动着国际货币协调走向积极、主动、规则和长效。

设问6:根据材料四、五回答,牙买加体系与布雷顿森林体系在货币形态和汇率机制上的变化,并指出该体系对国际货币危机的影响。

设问7:概述牙买加体系下的国际货币体系的积极和消极作用,给你怎样的启示?

设计意图:牙买加体系是在试图克服布雷顿森林体系弊端的基础上建立的,使黄金非货币化。它改变了传统的单一的货币体系和固定的汇率,使世界货币体系逐步由单一的一元化走向多元化和多样化,适应了不同发展水平国家的需求,其灵活性、多样性的特点使国际收支能够得到更为及时有效的调整。但是,它没有从根本上改变布雷顿森林体系的弊端,旧有的问题得到了缓和,但新的问题又产生了。在多元化国际储备下,缺乏统一稳定的货币标准,增加了国际金融的不稳定性。如果说在布雷顿森林体系下,国际金融危机是偶然的、局部的,那么在牙买加体系下,国际金融危机就成为经常的、全面的和影响深远的。通过这段材料的分析,学生明白了任何国际规则或体系都不可能是完美无缺的,从"金本位体制"到"布雷顿森林体系"再到"牙买加体系"都需要不断地完善和调整以适应新的形势,因此,需要成员国加强协商、协调、沟通对话,只有这样才能使国际协调机制走向稳定,为各国的经济发展保驾护航。协商、协调与对话是推动国际规则制定的最合理有效的途径。

五、中美贸易战——现实的思考

北京时间2018年3月23日凌晨,美国总统特朗普宣布,将对中国价值高达500亿美元(约合人民币3 165亿元)的商品征收惩罚性关税,这意味着中美贸易战打响了。中美贸易战与当年的美日贸易战相比有更为复杂的政治和经济因素,无论其发展进程如何,作为我们更应当关注的是在当今的国际局势之下,在国际经济领域有一定影响力的中国在发挥自己作用时应遵循怎样的原则。于是,我提出问题,结合本课所学知识,当中、美遇到贸易冲突时,中国应当采用何种方式来处理?(学生通过小组讨论的方式来回答。)

设计意图:历史教学的最终目的就是以史为鉴,培养学生利用历史的知识与经验教训来分析和解决现实问题。通过联系一些与所学相关的现实问题来引导学生思考并提出理性的观点是培养学生形成正确的价值观的有效途径,也是历史教学的终极目标。中国和美国作为世界经济大国,面对历史与现实的各种复杂因素,必然面临经济利益甚至是国家利益的冲突,如何处理中美贸易冲突是与高中生的现实生活距离较远的问题,即使是中美问题专家也很难得出完美的方案。但我们可以以此培养学生理解国际规则制定的复杂性与妥协性、面对冲突时应采用的正确态度和方式、面对对方的强硬与不妥协时的应对方式等。这一系列问题的思考会使学生处理现实问题更为理性和成熟。本题的答案是比较开放的。教师也可给出关键词"合作、独立、互赢"。学生可围绕这些关键词分组讨论,互补完善。

(苏州市第三中学校　林坤)

"有效教学"是没有规律可循的,是与时俱进的,但都有一个共性,就是和现实生活、现实世界紧密相连,聚焦核心素养的培育,为学生解决现实问题提供理论、技术、理念、策略、方法等方面的有力支撑。

第二节　核心素养的课堂培育

2014年教育部印发的《关于全面深化课程改革落实立德树人根本任务的意见》提出,教育部将组织研究提出各学段学生发展核心素养体系,明确学生应具备的适应终身发展和社会发展需要的必备品格和关键能力。2016年9月13日,《中国学生发展核心素养》研究成果正式发布。核心素养以培养全面发展的人为核心,分为文化基础、自主发展、社会参与3个方面,综合表现为人文底蕴、科学精神、学会学习、健康生活、责任担当、实践创新6大素养,具体细化为国家认同等18个基本要点。后续在"必备品格"和"关键能力"的基础上,增加了"正确价值观"。

在核心素养课题组研究期间,就有研究者认为,"时下,核心素养跃升为我国基础教育界的新热点,成为大家眼中借以深化基础教育课程改革、落实素质教育目标的关键要素"[1]。更有学者认为,"变革的时代也

---

[1] 李艺,钟柏昌. 谈"核心素养"[J]. 教育研究, 2015 (9): 17-23.

是迷惘的时代。在这个迷惘的教育世界中倡导基于核心素养的课程发展具有划时代的意义"[1]。核心素养是当前和未来我国基础教育改革的新着力点所在,而有效教学的研究范围也将进一步拓展,其内涵不断丰富,也将使有效教学研究的重点转向新领域——聚焦核心素养。

学生发展核心素养的培育主阵地是课堂,其主要载体是学科教材,其培育的主要路径是课堂教学。因此,课堂教学中培育和发展学生的核心素养,需要关注教师的教学理念、学生的学习态度、学校的课程改革及教学评价机制等多方面。[2]

实施有效教学,聚焦核心素养培育,需要教师更新教学理念。教育家加里宁曾经说过,教师的世界观、品行、生活,以及他对每一现象的态度都这样或那样地影响着学生。[3] 教师是学生发展核心素养培育的关键力量,其自身学科素养的高低直接影响学生核心素养培育的质量。因此,教师应该真正从内心深处接受和认同核心素养培育的理念,并通过不断提高自身的素养去影响学生。在课堂教学中,教师要引导学生全面掌握学科的专业性知识和综合性知识,坚持使用科学、规范、正确的学科专业语言,增强学生的学科认知,激发和保护学生的想象力、好奇心和求知欲,提高学生的学习热情,重点培养学生运用所学知识发现问题、提出问题、分析问题和解决问题的能力。

实施有效教学,聚焦核心素养培育,需要引导学生端正学习态度。学习态度是学生在学习活动过程中所习得的一部分状态,是由认知、情感和意志三种因素组成的一种互有关联的统一体。学生是教育教学的主体,其参与和配合的程度直接影响核心素养培育的实施效果。为此,在课堂教学中培育学生核心素养,需要做到:一方面,要引导学生提高自我认知水平;另一方面,要引导学生培养对学习活动的情感偏好与恰当表现的行为方式。当然,引导学生端正学习态度需要建立在关注学生需求的基础之上。因为,有效教学的理念是以关注学生需求为核心的。而关注的心理基础则是尊重,尊重是人文平等的具体体现,是社会交往中的素质要求,也是诚信、关爱、协作等品质的形成基础。

---

[1] 钟启泉. 基于核心素养的课程发展:挑战与课题 [J]. 全球教育展望, 2016 (1): 3-25.
[2] 吴芳, 杨蕾. "立德树人"视阈下思想政治学科核心素养培育研究 [J]. 教育教学论坛, 2021 (14): 5-8.
[3] 加里宁. 论共产主义教育 [M]. 北京:中国青年出版社, 1979: 26.

实施有效教学，聚焦核心素养培育，需要关注课程标准的变化。课程改革的关键在于学校和教师。因此，一方面，学校要积极转变以往的课程观，树立科学的课程意识，转变传统的应试观念，实现从"学科教学"转向"学科育人"；另一方面，教师要时刻关注课程标准的变化并系统研究其修订过程。目前来看，高中课程标准修订版已于2017年正式颁布，学科核心素养也已非常明确，教师需要系统研究；义务教育课程标准尚在修订中，教师需要认真学习有关参与标准修订的专家报告，提前做好课堂渗透的准备。此外，教学活动设计要与学科内容高度融合，既要承载学科内容，又要力求其系统性和结构性。在教学活动的开展过程中，要解放学生的头脑、手脚等，培养学生形成敢于探索、勇于创新、坚持真理、求真务实的品质。

实施有效教学，聚焦核心素养培育，需要逐步完善教学评价机制。学科核心素养视域中，课程评价的最终标准是学生行为，即核心素养培育如何内化为学生内在品质，并外现为现实行为。[1] 中共中央、国务院印发的《深化新时代教育评价改革总体方案》强调，"系统推进教育评价改革"，"坚持科学有效，改进结果评价，强化过程评价，探索增值评价，健全综合评价"，并强调"改革学生评价，促进德智体美劳全面发展"，"坚持以德为先、能力为重、全面发展"，等等，是教育界和全社会明确"培养什么人、怎样培养人、为谁培养人"的风向标。其实，"学生评价"是古今中外关注的话题，也是个天大的难题。[2] 教育部等六部门印发的《义务教育质量评价指南》中，对学生发展质量的评价主要包括学生品德发展、学业发展、身心发展、审美素养、劳动与社会实践等五个方面重点内容，旨在促进学生德、智、体、美、劳全面发展，培养适应终身发展和社会发展需要的正确价值观、必备品格和关键能力。因此，教学评价的核心内容应该是对学生素养的评价，学校要改变以往过分注重单一纸笔测验的评价方式，加大对学生学习情况的形成性评价力度。

对于一线教师来说，探索和实践课堂教学中培育核心素养的路径是一个重要议题。"新时代苏州有效教学研究"项目学校的教师围绕这一话题，

---

[1] 李超民，张彩玲. 高中思想政治学科核心素养培育路径研究 [J]. 青海师范大学学报（哲学社会科学版），2019（1）：142-149.

[2] 李迅. 评价学生要听懂学生的心声 [N]. 中国教育报，2021-06-17（08）.

进行了卓有成效的探索，形成了一些诸如"大单元教学""整体教学"等培育核心素养的典型经验。

如苏州常熟市崇文小学的教师周敏，围绕"单元视野，让课堂教学与素养目标有效对接"这一话题，提出了核心素养有效落地的单元教学路径。

随着教学改革的不断深入，学科教学正逐渐向基于单元的整体性和结构性转向。为此，开展指向学科核心素养的单元整体教学设计，依据课程标准、教材、学情确定大单元，设计大单元的学习方案，在大单元学习中介入真实情境与任务，体现指向核心素养的学习评价，正成为一线教师探索课堂教学与素养目标有效对接的路径之一。下面，以苏教版小学数学三年级上册"两、三位数除以一位数"的单元教学为例，谈谈我们的教学实践与思考。

一、瞻前顾后：梳理单元内容，让教学线索在整体建构中有序

数学教学一直是关注知识的前后联系的，这是由知识编排与呈现决定的。一个知识点首次出现和再次出现有何区别和联系？如何促进同一知识点的螺旋式学习，让前面的知识支持新的知识，新知识又反过来加强和深化原先的知识？这种意识和能力，需要依托具体的教学内容进行分析和探索，以不断提升教师的单元视野。

1. 理清年段内容与要求，凸显教学线索的承接

在四则运算教学中，除法竖式的计算相对比较复杂。为了分散学习难点，苏教版教材通过3个年级5个单元的教学，让学生逐步掌握整数除法的笔算方法，具体编排见表3。

表3 各年段除法竖式的学习编排表

编排	年级	内容	笔算教学目标	关键线索	教材地位
第一阶段	二上	表内乘除法（一）（二）	理解除法的意义，熟练乘法口诀	口诀求商	基础
	二下	有余数的除法	初步认识竖式的结构及书写格式	首次认识除法竖式	过渡
第二阶段	三上	两、三位数除以一位数	掌握分层书写的格式，理解每一层竖式表示的意义	构建笔算的计算法则	承上启下
第三阶段	四上	除数是两位数的除法	试商、调商	完善算法，熟练计算技能	阶段完成

通过以上梳理，我们可以明确以下线索：学生在学习除数是一位数的笔算除法之前，已经掌握了用乘法口诀求商的方法，初步学会了除法竖式的写法，但局限在一次分物上。在此基础上，本单元学习两、三位数除以一位数的除法，探索的是两次或两次以上的分物过程；而四年级是整数除法算法教学完成、计算技能进一步提升的阶段。作为一名数学教师，必须了解每个知识点在整个知识系统中的位置，以及与前后知识的联系，明确每个阶段的教学内容、教学要求和教材地位，这样才能抓住整体结构或主要矛盾，教学才能高瞻远瞩。

2. 理清知识包组成，凸显核心概念

马立平在其著作《小学数学的掌握和教学》一书中指出，把知识"打包"，一组一组地看数学课堂，而不是一点一点地看，是思考的一种方式。在教一个知识点的时候，应该把知识看作一个包，而且要知道当前的知识在知识包中的作用，还要知道所教的这个知识受到哪些概念或过程的支持，所以教学要依赖、强化并详细描述这些概念的学习。当在教那些将会支持其他过程的重要概念的时候，教师应该要特别花力气以确保学生能够很好地理解这些概念，并能熟练地执行这些过程。据此，我们尝试梳理出"两、三位数除以一位数的除法知识包"（图34）。"除数是一位的整数除法"位于整个知识包的中心位置，它是小学阶段构建笔算除法法则的关键点，而支撑这一算法的核心概念有除法的意义、平均分概念和位置值原则。可见，知识之间是紧密联系的，即使是计算教学，其知识背后也蕴含复杂的算理，即每步都是在平均分计数单位的个数，同时竖式中的每个数字都体现了位置值的思想。

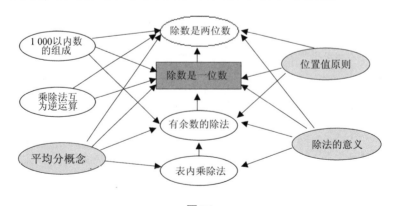

图34

3. 理清单元序列，突出教学实施的关键课时

除数是一位数的笔算除法，往往是教师眼中的"累活"、学生眼中的"烦活"。究其原因：第一，学生没有体会到用竖式计算的价值；第二，竖式的书写格式和步骤比较抽象、复杂；第三，学生不理解竖式每步背后的道理，导致操作与竖式书写不同步、不勾连，对要分的、分走的、剩下的分辨不清。如何通过梳理，明确每道例题的教学意图，在算理理解和算法形成的关键课时上下功夫？我们又聚焦三年级上册的除法计算单元，梳理关键课时，为后续设计有价值的数学活动提供依据。

通过对本单元10个例题的分析（表4），"两、三位数除以一位数"的单元主体知识链跃然纸上。如何通过教学，既实现笔算法则的一致性和递进性，又落实各自的教学侧重点？我们将关键课时锁定在"46÷2""312÷4""432÷4"这三个课时上，以期带领学生逐渐领悟除法竖式的数学本质。

表4 "两、三位数除以一位数"单位的10个例题分析表

序号	单元例题	教学内容	算法构建点
1	60÷3，600÷3	整十、整百数除以一位数的口算（首位能整除）	表内口算除法的迁移与拓展
2	120÷3	整十、整百数除以一位数的口算（首位不能整除）	
3	46÷2，246÷2	笔算两、三位数除以一位数（首位能整除）	高位算起，除到哪一位，商就写在那一位 （第一次探索分层书写格式）
4	36÷3，65÷3	除法的验算	除法笔算的验算方法
5	52÷2	笔算两位数除以一位数（首位不能整除）	余数要比除数小，十位上有余数，要和个位上的数合起来继续除
6	738÷2	笔算三位数除以一位数（首位不能整除）	百位上有余数，要和十位上的数合起来继续除
7	312÷4	笔算三位数除以一位数（首位不够除）	首位不够，多看一位，从被除数的前两位算起

续表

序号	单元例题	教学内容	算法构建点
8	0÷3，0÷4……	商中间、商末尾有0的除法（1）	0除以任何不是0的数都得0
9	306÷3		
10	432÷4	商中间、商末尾有0的除法（2）	除到哪一位，不够商1要补商0

二、削枝强干：紧扣核心问题，让算理在课堂讨论中明晰

理解算理、掌握算法是计算教学的核心要素之一，理解算理是掌握算法的基础。张丹在《再谈"整体把握"数的计算教学》一文中指出，有的教师在引导学生理解算理的时候蜻蜓点水，很快开始介绍计算程序，然后就是熟练程序，算理成为可有可无的事情。课堂一旦离开对算理的讨论与理解，就会陷入"碎碎念"的尴尬境地，问题太多、过碎，切换过于频繁，导致学生处于一个个具体问题的包围之中被动应答，而不能跳出问题去进行更深入、更全面的思考。如何走出这一普遍存在的困境，为学生理解算理而教？我们认为，除了要通盘考虑，"居高临下"地把握教学内容的线索以外，还要以"根本、简单、开放"的原则提炼核心问题，充分依靠学生原有的经验和潜能，将课时设计做"空"，给学生的思维发展预留更多空间，这样抓大放小，实现计算教学的大情怀。

核心问题1：新在哪？——通过有效对比，感悟计算特点

现代教学论研究指出，产生学习的根本原因是问题，没有问题就难以诱发和激起求知欲。感觉不到问题的存在，学生就不会深入地去思考，学习也就只能停留在表层和形式上。在本单元的课堂教学中，我们将单元核心问题首先锁定在"新在哪？"，通过这个核心问题统摄整个单元，引发学生主动对比、联系沟通，逐渐理解笔算除法的算理所在。

比如，"笔算两、三位数除以一位数（首位能整除）"这一课时，可以看作整个单元构建笔算除法的种子课。和上学期有余数除法的竖式相比，"46÷2"的竖式计算新在哪？教学紧紧围绕这个问题展开，聚焦"分层书写格式"的必要性和合理性，我们将"学具操作、口算和笔算"三位一体进行勾连：通过把竖式与口算连接，学生体会

了位置值的意义；通过把竖式与操作连接，学生体会除法的意义及竖式每一步的内涵。这样，学生就对"首位以后每一步要移下来再除"的分层结构有了深刻的认识。在理解算理的基础上，抽象算法"笔算除法从高位除起，除到哪一位，商就写在那一位上"也就水到渠成了。

再比如，"笔算三位数除以一位数（首位不够除）"这一课时，是构建笔算除法的关键课时。我们还是利用"在计算312÷4时，你遇到了什么新问题？"这一核心问题来统领整节课。一是因为通过之前的学习，学生对这个问题已经非常敏感了，有思考经验可供迁移；二是可以激发学生调动经验尝试解决新问题的积极性。教学时，围绕"首位不够除，怎么办？"，我们先组织学生尝试并展开讨论，然后利用直观模型对算理进行解释明晰，最后抽象出算法。

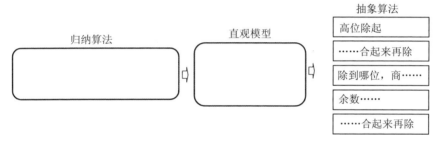

围绕核心问题"新在哪？"，学生对"除法竖式为什么与加、减、乘三种运算不同？""为什么会出现分层？""每一层的运算分别表达了怎样的运算意义？"等问题有了自己的理解和感悟，而探寻适合除法特点的竖式书写形式的过程，也就成了理解除法笔算算理的重要步骤。

核心问题2：你是怎么解决的？——通过开放教学，理解计算本质

如果说核心问题1抓住了知识这一头，那么紧接着的核心问题2"你是怎么解决的？"则将教学直接引向学生。教学中，我们重视学生自主探索计算方法的过程，因为这种探索往往体现了学生对于算理的初步理解。在此基础上，教师组织学生对各种方法进行比较，凸显其中蕴含的算理，同时，鼓励学生运用自己的语言有条理地表达自己的思考，体会数的运算也是讲道理的，而不是按照程序机械运行，由此感

受计算教学的魅力所在。例如,"商中间、商末尾有0的除法(2)"的教学片段。

师:尝试计算416÷2,你遇到了什么新问题?

生:除到416的十位后,1除以2不够除了!

师:你是怎么解决这个新问题的?

展示与讨论:

```
   方法①        方法②        方法③
     28           28          208
   ┌────       ┌────       ┌────
  2)416       2)416       2)416
    4            4            4
   ───          ───           ─
    16           16           1
    16           16           0
    ──           ──          ──
     0            0           16
                              16
                              ──
                               0
```

师:先整体看一看,这些方法有什么相同?

生:十位不够除了,可以把十位上的"1"和个位上的"6"合起来,变成"16÷2"就够了。

师:的确,利用之前的计算经验,我们可以解决"不够除"这个问题了。可为什么大家尝试计算时得到的商又不一样呢?

接下来的讨论聚焦到用"0"占位的合理性上。

以上教学环节,上课教师紧紧扣住"你是怎么解决这个新问题的?"展开算法的交流、比较和优化,这样就牢牢地抓住了教学的重点和难点,学生就不能仅靠简单的判断给出回答,而是需要调动已有的知识储备,通过观察、分析、推理、想象、概括等方式深入思考。因此,有了核心问题的统领,就能够避免教师过多引导而导致的学生的被动思维,也就能够基于学习目标,从问题的全局出发整体进行思考,使得学生的思维不再琐碎,也不会停留在浅表层面,因而能促进学习的不断深入。

三、突出本质:注重勾连统整,让算法在单元滚动中完善

计算教学中,算理和算法是不可分割的一个整体,在明晰算理的同时,还需要逐步领悟和概括计算法则。以"两、三位数除以一位数"为例,它不仅是表内乘除法的自然延伸,同时也是除数是两位数

乃至多位数除法的基础。苏教版教材在探索这部分笔算方法时，先教学基本的计算方法，再教学商中间或商末尾有0的除法。在基本计算方法的教学中，先教学两位数除以一位数的笔算，再教学三位数除以一位数的笔算；先教学首位能整除的笔算，再教学首位不能整除的笔算；先教学首位够除的笔算，再教学首位不够除的笔算。这样安排，既有利于勾连计算方法内在的一致性，实现算法的自主迁移，也有利于算法不断地滚动整合，便于更好地进行抽象和提炼。

例如，本单元的教学中，我们在算法滚动上，带领学生经历了三个阶段。第一阶段：在笔算第一课时的教学后，我们结合具体例子，引导学生领悟计算法则（图35），如"从高位除起，一位一位往下除""除到哪一位，商就写在那一位上面""每次余下的数要和被除数的下一位合起来继续除"。但所有这些都只是渗透，并不进行理性的提炼。那是因为，我们期望除法计算的方法不是教师的灌输，而是伴随着学生计算经验的积累，在后面的学习中成为学生自然而然的感悟与体会，扎根于心。第二阶段：教学至例7"312÷4"完成，我们通过引导学生对以往的例题进行比较和回顾，对已经获得的两、三位数除以一位数的计算经验进行补充和总结，初步概括和总结出计算方法。第三阶段：在探索基本计算方法完成后，通过教学"商中间、商末尾有0的除法"，进一步滚动算法，在巩固一般方法的基础上，进一步对特殊情况的计算方法进行补充说明。至此，通过三个阶段的算法滚动，促进了学生对计算法则的内化和概括。

图35

《义务教育数学课程标准（2011年版）》指出，运算能力主要是指能够根据法则和运算规律正确地进行运算的能力。可见，培养和发展学生的运算能力，必须关注计算法则的归纳，并根据法则正确地进行运算。如果能在某个阶段就帮助学生建立这个过程结构，那么在后一个阶段，学生应用这个结构去主动探究一些新的运算就变得有可能。

（苏州常熟市崇文小学　周敏）

以上基于单元视角的梳理、设计与实施，让我们打破了单一知识点的设计方式，通过从平行推进转变为滚动递进，帮助学生从更为广泛的角度去认识各个概念（和知识）之间的联系，使得新旧知识得以在多角度、多侧面共通，实现具体向一般的转化。单元视野，为课堂教学与素养目标有效对接提供了一条行之有效的路径，在提升课堂教学品质的同时，也更好地发展了学生的思维，彰显出核心素养落地的教学价值。

常熟市世茂实验小学的教师张燕霜基于学科核心素养，打破教材原有单元壁垒，构建了古诗词整体学习单元。张老师按照"主题确定—目标研制—策略选择—评价思路"的流程，对古诗词单元学习做整体规划与实施，丰富了学生的古诗词积累，培养了古诗词阅读与欣赏能力，较好地实现了古诗阅读与创作的转化与迁移，不仅提高了学生的学力，而且有效促进了学生学科核心素养的提升。

古诗词在小学语文教材中占有一定比例，是语文教学的重要组成部分。学习古诗词，不仅能丰富学生的文学知识，发展学生的思维能力，而且能提高学生的欣赏品位及审美情趣，更能培养学生的文化自信。古诗词分布在每册教材的各个单元，很多教师教学时也往往以单篇单首进行，但学科知识具有逻辑性、连续性、系统性，以课时为单位的教学势必导致学生所获知识的零散与单一，影响了学生语文能力及素养的形成。

钟启泉教授认为，一个单元就是一个指向素养的、相对独立的、体现完整教学过程的课程细胞。教师若以单元视域对一个学习阶段的教与学活动做整体规划，必能系统地丰富学生的学科知识，发展学生的能力，提高学生的学科核心素养。

尽管每册教材中古诗词的内容不同、学习要求不同，但阅读方法是相通的，诗词素养间也存在连续性、系统性，我尝试打破教材原有单元的壁垒，以苏教版语文五年级上册古诗词为学习内容，构建了立足学科核心素养的古诗词单元，通过单元学习的整体设计，整合目

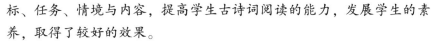

标、任务、情境与内容，提高学生古诗词阅读的能力，发展学生的素养，取得了较好的效果。

一、单元学习主题确定：重组提炼

"主题"是学生通过学习能掌握的学习意义。确定单元主题，就是根据文本的学习价值明确学生获得语言文字运用能力提升的要义。苏教版语文五年级上册的古诗词内容比较多，形式也很丰富，有传统类课文《古诗两首》，包含《寻隐者不遇》《所见》两首描写儿童的古诗；有创编类课文《黄鹤楼送别》，以"文包诗"的形式想象还原了《黄鹤楼送孟浩然之广陵》的创作过程；有辛弃疾的词《清平乐·村居》，这是苏教版教材中首次出现的词。这些文本虽然形式不一，但都和古诗词有关。在实际教学中，我将这些内容重组、整合成一个古诗词单元，引导学生进行整体学习。

首先，根据这些诗词的特点及高年级古诗词课程目标，并结合学生的语文学习经验进行主题提炼。鉴于古诗词文化内涵丰富的特点，确定本单元学习主题为"古诗词欣赏与创编"，试图通过本单元古诗词的整体学习，让学生对古诗词进行初步的审美鉴赏，并能运用"文包诗"的形式研读创作。其次，确定围绕主题的学习次序，根据文本间的联系，依次学习《古诗两首》《清平乐·村居》《黄鹤楼送别》。这样的安排由学生熟悉的诗迁移到词的学习，由一般的诗词文体到特殊的文包诗文体，了解诗词创作的方式，体会诗词创作的严谨，由诗词到诗人，由作品到创作，由浅入深，引领学生感悟古诗词内涵的丰富。这样的学习次序，充分建立在学生已知经验的基础上，引导学生逐步走进"最近发展区"，符合学生学习的认知规律及心理规律。

二、单元学习目标研制：指向素养

运用单元教学设计的最大意图是提高阅读教学的效率，培养学生的语文学科核心素养。在研制单元整体学习目标时，要综合分析课程标准、学情和教材，围绕语文学科核心素养设计。《义务教育语文课程标准（2011年版）》对小学第三学段古诗词的教学提出了以下目标：阅读诗歌，大体把握诗意，想象诗歌描述的情境，体会作品的情感。诵读优秀诗文，注意通过语调、韵律、节奏等体味作品的内容和情感。背诵优秀诗文60篇（段）。高年级的学生已经接触过不少古诗词，对诗有基本的认识，积累了阅读古诗的一般方法。鉴于以上诗词文本的特点，我将本单元学生的学习目标确定为以下几个方面。

① 在品读诗词的大情境中，采用多种方法，自主学习生字，理解生字组成的词语。积累表示看的词语，结合语境辨析近义词。

② 能背诵诗词，体会诗词的节奏与押韵。与诗对比，认识词的一般特点。

③ 通过诵读想象诗词意境，体会诗人对儿童的喜爱、对悠闲田园生活的向往，以及对朋友的依依惜别。

④ 学习品读诗词的方法，能运用朗读、想象、链接资料等方法学习古诗词，能将诗中描绘的情境描述出来。

⑤ 学习欣赏古诗词的音律美、画面美、情感美。

⑥ 拓展阅读相同主题的诗词，能运用本单元积累的学习方法研读古诗，尝试描绘诗中的画面或创编故事。

以美国著名心理学家布鲁姆的认知目标分类学为理论框架做整体分析，我们不难发现，以上学习目标有记忆类目标，如生字词学习、背诵古诗词、认识词的一般特点等；有理解类目标，如想象诗词的意境、体会诗人的情感等；有运用类目标，如将画面描述出来、运用方法学习古诗词等；有分析、评价类目标，如欣赏古诗词、拓展研读古诗等；还有创造类目标，如研读古诗描绘画面、创编故事等。这些单元学习目标围绕单元学习主题"古诗词欣赏与创编"，从语文听、说、读、写的核心知识整体设计，既相对独立又紧密联系，指向了语文学科语言建构与运用、思维发展与提升、审美鉴赏与创造、文化传承与理解四大方面的素养。

单元整体学习目标要细化落实到每一首诗词，并有所侧重，逐步深入。以《古诗两首》与《清平乐·村居》为例，呈现学习目标之间的联系（表5）。

表5 《古诗两首》与《清平乐·村居》学习目标联系表

《古诗两首》	《清平乐·村居》
1. 自主学习生字，理解生字组成的词语	1. 自主学习生字，理解生字组成的词语
2. 有感情地背诵诗，体会诗人对儿童的喜爱、对隐者的尊重	2. 有感情地背诵词，感悟词的音律美，抓住"词眼"，体会词人对田园生活的向往之情

续表

《古诗两首》	《清平乐·村居》
3. 想象诗中的画面，感悟儿童的天真可爱，能选择其中一首描绘出来	3. 运用古诗的学习方法学习词，通过比较，认识词的一般特点
4. 搜集、研读写儿童的诗，用图画或语言展现诗中的儿童形象	4. 想象词中的画面，运用补白的方式具体生动地描绘出来
	5. 自主阅读辛弃疾的词《西江月·夜行黄沙道中》，体会情感

这样的学习目标，明确了两篇课文在本单元内的位置。《古诗两首》是对过去四年古诗学习的复习，也是《清平乐·村居》学习的桥梁。通过比对目标，我发现两课相同的学习目标之间明显有要求的提高、水平的提升，同时还有阅读方法的迁移运用。学生在这种螺旋上升式的学习过程中，丰富诗词积累，发展思维方法，并通过课内与课外的融合、阅读与写作的结合，实现言意的转换与迁移，发展学生的语文能力，提升语文素养。

三、单元学习策略选择：联结与比较

钟启泉教授说过：无论学科核心素养是什么，都不是教师教出来的，而是在问题情境中借助实践培育出来的。在本单元的整体学习中，我通过创设"古诗词欣赏与创编"情境，整合古诗词相关知识，引导学生经历相对完整的真实学习过程，创生知识，发展素养。

按一定主题重新建构的单元文本之间存在联系，因此，选择联结与比较的学习策略，更能彰显单元整体学习的特点，促进学生的深度学习。

(一) 联结：促进新旧知识的双向建构

建构主义认为，学习是对原有经验改造和重组的过程，简言之，学习就是在原有经验基础上生长出新的知识经验。联结，可以帮助学习者在众多信息资源中，自主地整合、串联，找寻彼此之间的逻辑联系和内在关联，在促进学习和理解新单元知识的同时，完成新旧知识经验的双向建构。单元整体学习可以依托单元特点，通过单元内文本间的联结及单元外文本间的联结，帮助学生在巩固原有知识的同时加深对新单元知识的学习与理解。

1. 单元内文本间的联结

《寻隐者不遇》《所见》两首诗都描写了儿童，学习《所见》一诗，引导学生联结《寻隐者不遇》中天真的儿童，以"诗中的儿童给你留下怎样的印象"为话题品读、赏析，学生紧扣"骑黄牛""振林樾""闭口立"等体会到儿童的天真、活泼，理解难度自然降低。学习《清平乐·村居》时，引导学生将古诗的品读方法迁移到词的阅读中。学生根据诗的诵读方法学习词，运用古诗"解诗意、想画面、悟诗情"的三步法自主学习词，凸显自主学习。可见，联结既能提高学生对古诗词的理解能力，也能提高学生的学习能力。

2. 单元外文本间的联结

古诗词学习的难点在于想象诗词意境，体会诗人情感。在学生具有一定诗词积累量的前提下，也可以通过文本间的联结，加深对诗词意境及情感的体验，初步感受诗词表达的魅力。如学习《清平乐·村居》，让学生找出最能表达诗人对田园生活向往的一个字，很多学生自然而然找到了"醉"，因为辛弃疾沉醉于和谐幸福中。这是整首词的"词眼"，蕴藏着词人无限的向往之情。在此基础上，引导学生联结以往学过的《枫桥夜泊》《江雪》《九月九日忆山东兄弟》等诗，通过找"诗眼"的方式，让学生重温诗词意境与情感，同时感受到诗词运用"诗眼"表达情感基调的独特魅力。这样，既巩固了旧知识，又加深了对新知识的理解，初步培养了学生对诗词的鉴赏能力。

由此可见，在单元整体学习中，教师要引导学生将单元内文本联结或与单元外文本联结，在不同维度中增加阅读体验与迁移，提高古诗词学习的效率。

(二) 比较：促进学生文本间的深度对话

比较，是指对比几种同类事物的异同、高下。在本单元整体学习中，教师引导学生将彼此相互联系又相互区别的诗词进行组合，通过比较、比照、类比等积极地比较阅读，促进学生与文本间的深度对话，从而深刻理解所学诗词，发展思维，培养学科核心素养。

1. 利用资源比较

同文体文本构建的单元，为单元学习中的比较阅读提供了丰富的资源。如在学完《黄鹤楼送别》后，教师可以让学生将课文与《寻隐者不遇》《所见》《清平乐·村居》进行比较，学生自然而然发现

《黄鹤楼送别》不仅有诗，还讲述了作者创作这首诗的故事，是典型的文包诗课文。然后，教师引导学生结合课文讨论文包诗创作的方法：根据诗意，描绘画面；结合背景，想象场景。在此基础上，教师可以让学生从三首古诗词中选择一首编一个诗人创作的故事，在语用实践中体现对诗词的深入解读。学生从比较中发现，在想象中表达，培养与提升了学科素养。

2. 引入资源比较

在单元整体学习中，教师还可以联系可利用的课外资源，构建大语文的主题阅读框架，促进学生的深度阅读。学习《清平乐·村居》时，基于学生第一次接触词这一文体，我将课文与高鼎的诗《村居》组合出示，指导学生进行比较。学生发现了词与诗在形式上的不同，我相机总结出与词相关的"长短句""上下阕""词牌名"等知识点。在这一过程中，学生经历了观察、对比、发现、分析，概括总结出诗词知识点之间的异同，与文本的深度对话使思维得到了发展与提高。

四、单元学习评价思路：时空综合

指向学科核心素养发展的单元整体学习评价要打破时空的限制，采用多种方式对学生达成学习目标的状况进行过程性评价。首先，评价要贯穿在学生整个单元学习过程中，对单元整体学习前、中、后各阶段学习状况分别进行自主评价、同伴互评、教师评价、家长评价等，综合评价学生的整体学习状况。其次，要运用综合性学习活动替代练习评价，丰富评价的方式，同时拓展学生古诗词学习的广度，将单元整体学习引向深度。如单元整体学习结束后，我组织学生利用两周时间开展综合实践活动。活动一：搜集、抄录描写儿童或田园的古诗，运用"三步法"认真研读后给诗配上画或者用一段话描写诗中的画面；活动二：搜集、抄录送别诗一首，运用"三步法"认真研读后模仿《黄鹤楼送别》，写写作者创作的小故事。两项活动在时间的安排上呈现弹性化特征，学习成果呈现个性化特征，能充分激发学生学习古诗词的兴趣，通过理解、分析、欣赏、想象、创作等一系列学习活动，培养学生的综合学习能力，提高学生的学科核心素养。

(苏州常熟市世茂实验小学　张燕霜)

这里利用教材资源构建古诗词单元整体学习情境，基于语文核心素养研制学习目标，引导学生通过联结、比较等策略在自主探究的活动中深入学习古诗词，初步欣赏古诗词。应该说，在习得和运用语言的同时形成了能力、提升了素养，值得教师学习与借鉴。

来自苏州市金阊实验小学校的教师杨建英则提出了小学语文"创意教学"的主张。她以培养语文学科核心素养的四大能力为目标，提出了小学语文创意教学需通过提炼大观念、培育任务群、组合知识群、强调问题解决学习的途径，实施整合教学，让学生在获得知识的同时逐步发展学科核心素养。

《普通高中课程标准（2017年版）》就"学科核心素养"有了明确的命题，认为学科核心素养是学科育人价值的集中体现，是学生通过学科学习而逐步形成的正确价值观、必备品格和关键能力。语文学科核心素养"是学生在语文学习中获得的语言知识与语言能力，思维方法与思维品质，情感、态度与价值观的综合体现"。小学语文教学重在打下基础的同时，应为学生未来可持续发展做好准备。

强调小学语文创意教学，旨在以"创"促改，以"创"促新。放弃语文学习死记硬背，杜绝语文知识生搬硬套，减少语文训练机械重复，以学习者为中心，以核心素养为本，实施大观念、大任务、大情境、大问题的教学。教师借助文本，又超脱文本，在不断创新教法、突破模式化教学的过程中，培养学生分析、理解、体会、比较、整合、运用等语文高阶学习能力，提高感悟语言的敏锐度，激发共鸣，形成以阅读丰润内涵的自我提升机制。

一、传承与理解文化，以语文学科核心素养为指引，创意教学需提炼大观念

语文创意教学以传承祖国悠久文化为己任，旨在培养学生热爱祖国语言文字、运用母语表情达意、陶冶情操的能力。这是语文学习的终极目标，是一个人行走一生、自我阅读、自我修养的必需。这是聚焦语文核心素养的大观念，能引领教师透视所学习的散点内容，将目光聚焦于学习的真实意义，由此组织更具广阔性的探究主题。这样的大观念，至少具有以下特质。

1. 有超越内容的教学

虽然语文教学以单元选编教材为主要学习内容，并实施流程式教学，但并不意味着仅仅以文本为主要学习内容。将大观念的教学思想居于学科中心，探讨文本内容与学科素养之间的关系，设计过程突出探究理念，设计主题指向学生的言语建构和运用，并通过具有一定开放性的评价手段来考量教学效果，着力在能力上而非个别知识或者教材内容上。

2. 有简约教学的思路

对语文教学内容的取舍一直是困扰教师进行教学设计的主要问题。将呈现在眼前的文本浓缩成教学流程中的每一项具体内容，关键在于如何抓住语文学习的本质。用大观念统领知识呈现的过程，就能引领教师不单纯依靠记忆和理解来完成教学任务，感悟和思维将成为语文教学的主要突破点。

3. 有迁移学习的过程

大观念要求学习有"很大的迁移价值"，只有习得的知识可以在实际发生的情境或者类似的情境中被自然而然运用时，知识才算真正获得。所以，在语文教学中，教师常常需要瞻前顾后，基于课程标准，通篇或者整合单元内容，设计主题，前后关联，以期设计出可以反复迁移的学习内容。或者选择可以读写运用的点进行连接，让事实、信息、经验与技能更具意义的广度。

二、鉴赏与创造审美，以语文学科核心素养为指引，创意教学须培育任务群

人对美的鉴赏与创造，体现了个人运用知识与技能的综合能力。在个人知识的框架中，除了知识体系外，还有获取知识的能力及对待知识的情感、态度、价值观，整合起来，具有丰富的内涵与意蕴。语文学科核心素养是学生在积极的语言实践活动中积累与构建起来的，这一行为不仅有知识本身的体现，还有逐步转化的智慧、能力、美德与品质，这样的转化过程具有创造审美的力量。

小学语文创意教学注重创设真实的语言运用情境，让学生在群体的学习氛围中，打破传统的教学模式，形成语文学习的多项目标，集结成促进学生主动进行言语实践与思维的任务群，即所谓的项目化学习。

1. 任务聚焦

语文核心素养对于审美的整体追求，决定了其不可能在单一的学习状态下去孤立获得。记忆、理解、感悟、辨别、鉴赏等能力需要在适当的情境中被同时训练，虽然未必同比成长。例如，在进行说理文的教学中，将学习任务聚焦在培养学生以概括的语言进行例证这一任务上，并不等于就只是学习一篇例文的论据，弄懂例证这一文体知识，而是将论点作为一个情境任务的主题，集结多个事例，唤醒获得的事迹经验，由扶到放地完成学习任务，实现知识的学习、巩固和创新能力的培养。

2. 群文阅读

在一个持续的时间内，围绕一个或若干个主题，组织学生阅读多种文本的方法，已经为广大教师所接受。群文阅读是创意语文教学的重要策略之一，在具体实施过程中，要预防盲目补充或者放任自流的做法，因为不切合学生学习实际的群文阅读会在无形中增加学生的学习负担。其一，要进行基于审美目标的梳理、筛选、整合；其二，要与当前的语文知识学习有一定的拓展联系；其三，阅读指导要加强。设置合理的阅读任务群，选择探究主题，适当采用比较差异的方法，引领学生运用正确的阅读方式，逐步形成自己的阅读品位与审美取向。

3. 情境学习

教师注重过程的引导，通过特定的情境，调动学生多种感官参与，学生体验语言描述情境的同时，感悟、再现、想象、整合等高阶思维能力同步得到提升。例如，在教学《绿色的和灰色的》这首儿童诗时，设计了童话剧表演。于是，无论是表演前师生一起朗读课文、理解内容、涵泳文字，还是使用道具、朗读配乐、生动演绎、讨论评价等，都围绕帮助学生合作完成童话剧表演这一任务展开。以情境任务完成的流畅度和达标度作为结果标志，清晰的主线和再现的情境，让直觉感知一目了然，让概念化的知识得以内化，也让信息处理与自主表达得以实现。

三、建构与运用语言，以语文核心素养为指引，创意教学需组合知识群

核心素养离不开知识学习。但是，仅仅为了知识实施的教学是培养不出核心素养的。要以语文核心素养为指引，将语文创意教学的目标指向建构与运用语言这一核心知识教学。什么是核心知识？核心知识是指在学科知识体系中,具有核心地位、能广泛运用迁移性强的基础知识。将核心知识作为语文创意教学的重点或者难点,就能集中教师的智慧,引导教师跳出单一思维的框架,提炼出知识群,实现核心知识在大脑中的结构优化与融会贯通。

1. 实现基于核心知识的整合设计

当前的知识教学普遍存在三种状态:第一,知识教学窄化为具体知识的教学;第二,知识教学蜕变为符号形式的教学;第三,知识教学拘泥于知识本身的教学。要改变这种固化的、僵化的、贴标签的知识学习,就要教师转变知识教学时的思维结构与思维方式,做到整合学科内容,让知识教学形成前后关联;活化学科内容,让学生在实践体验中内化所学知识;迁移学科知识,让学生在解决问题或项目学习中激发知识质变;给予时间与空间资源,让学生自主建构、自主表达,持续发展自己的知识结构。

2. 再现基于生成样态的知识教学过程

要想方设法让知识学习的途径多样化,有效触发学生内在的学习动机,增效学习成果。知识具有情境性,需要教师创设具体的学习情境,让学生有解决问题的可能;知识具有建构性,需要教师梳理知识的结构,将细碎的散点知识整合成模块,达成知识传递的原理;知识具有默会性,需要教师构建符合学生心理特点的学习秩序,逐步提高自我反思的学习能力;知识具有实践性,需要教师重视实践性知识的运用,寻找教学内容与真实生活之间的联系,启发学生运用所学参与生活、经历生活,激发动力。

3. 落实具有知识图谱的学情诊断系统

信息技术手段的广泛运用,为个性化推送知识学习提供了技术支撑。教师要在整体理解课程标准的基础上,集团队力量,抓住知识的主干部分,编写适合学生的知识点题集,并运用学情诊断系统再现学科知识图谱,使学生能及时从系统中得到适量的知识的题集,及时弥补知识缺失。这样,学生对于获取知识就有了更大信心,更有积极性。

四、发展与提升思维,以语文核心素养为指引,创意教学需强调问题解决学习

解决问题是语文学科落实核心素养目标、引导学生习得和建构核心知识的主要手段。问题质量的好坏，体现在引导和提升思维诸多品质的本质不同上。教师需要思考如何设计问题，指向高阶思维的运用和发展，从而让学生高质量地建构和获得核心知识。同时，教师自身的思维品质与解决问题的方式，也会在一定程度上影响学生的思维品质和解决问题的效度。

1. 整合问题，指向语文学科本质

当前语文教学中的碎问碎答，大多是由缺乏学习的中心造成的。学习的中心是什么？一是学科的本质。语文学科的本质是学生学习和运用祖国语言文字的最广泛、最强有力的普遍规律，即学科思想、方法和知识。二是学生。学生居于学习的中心，其获得学科本质规律的层级架构，体现了不同年龄阶段的"最近发展区"。语文创意教学要求教师把握学科本质，将学科内容进行有效整合，以精当的大问题作为统领，产生具有逻辑性的子问题群，逐步递进，向核心知识纵深发展。

2. 有效设计，创设问题解决场景

整合出来的问题最好能在合适的问题解决场景中加以展开。这样的场景在语文学科中唾手可得。因为文本所描述的内容多以情境状态呈现，教师要善于做到：与生活经验相结合，唤醒学生已有体验，与文本形成契合的感悟场；组织解决问题的活动教学，启迪学生运用默会知识，进行个性化的介入活动。在合适的场景中，知识的还原活动、探究时的建构活动、反思中的概括提高，都让学生的思维品质和自我成长能力得到了锤炼。

3. 强化序列，突出问题群逻辑

子问题群是核心问题的层级性具化，其中必然具备一定的逻辑关系。文本内容的逻辑、学习心理的顺序、教学对话的规律，都是语文创意教学需要注意的问题。实施问题解决的整合性教学时，要对活动进行序列化设计，保持核心素养内容、知识内容、活动内容三者同构，即目标的内容化、内容的问题化、问题的序列化、问题的活动化，四者适切转化，能优化教与学的过程，最终引导学生在解决问题的活动过程中发展学科核心素养。

（苏州市金阊实验小学校　杨建英）

苏州高新区第一中学的教师周银锋则进行了"地理实践教学中促进地理实践力素养培育的策略"研究，提出了研学旅行中培育地理实践力素养的五条策略。

在研学旅行中培育地理实践力，应着眼于将实践经验与理论知识进行深度融合，提升地理信息技术等的应用能力，提升地理野外考察与调查的能力，进而提升探究层次，关注学生创新思维能力、元认知能力的发展，从而进一步引导学生学会自我规划与管理，培养其较强的公民意识与高尚的人格品质。

研学旅行中培育地理实践力的有效途径，一般可围绕研学目标制定、实施过程控制、评价机制确立这三方面进行方法与策略研究，这三方面相互依托，如图36所示。

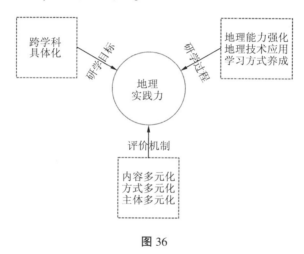

图 36

在现行的高中地理课程标准下，我认为，研学旅行中培育地理实践力的策略，具体可从以下五个方面着手。

1. 确定跨学科、具体化的研学目标

国家教育咨询委员会委员张民生认为，基于核心素养的课程教学的一个重要特色，即在大学科课程和跨学科课程中进行跨学科学习，在学科课程里面也可以进行跨学科学习。这就要求在研学旅行活动中，教师整体把握地理及相关学科共通的知识、理论，关注学科之间的课程研讨与课程整合，对不同学科的基础有一定的了解。

首先，研学旅行本身就是一门综合性的实践活动课程。在研学旅行中培育地理实践力，教师应研究跨学科共通概念，可以侧重研究地理与生物、物理、历史、政治等有相似学力诉求的学科之间的整合，以"人地关系"为主线，厘清知识间的横向关系和纵向联系，逐步构建知识体系框架，形成知识网络图。

其次，新课程关注的核心素养体现了三维目标的整合、有机统一。研学目标应将其具体化呈现，力求细化课程教学所要达到的目标，明确要培养地理实践力的哪些能力及期望达到的水平层面。目标制定时需要明确通过研学旅行学生可习得的地理能力等，以及可达到的水平层次，应体验到的动机、思想、情感等，凸显地理学科的人文价值。

最后，目标应表现为不同层次要求，体现教学的形成性、针对性及阶段性。对中小学不同学段或同学段不同水平的学生提出差异化的目标，同时避免终结性目标。此外，目标的表述方式应具体描述期望学生达到的思想及行为等方面的变化。

2. 深化地理信息技术或其他技术的应用

地理信息技术是认识地理环境的主要手段。运用地理信息技术或其他技术，认识生存环境，并应用自然资源服务于生产生活，这是地理实践力培养的基本要求。随着3S、虚拟现实（VR）、增强现实（AR）、混合现实（MR）等技术日渐成熟，手机App或平板应用类功能的开发愈加多样化，界面、操作也更加简洁，可以将一些地理事物、规律与原理进行可视化诠释、呈现，在研学旅行实践探究中的辅助作用也日渐突出。例如，研学旅行中若需要识别植物、了解习性等，学生只需手机拍照，借助具备人工智能（AI技术）的App进行分析、比对后，能直接呈现植物的形态特征、产地生长环境、生长习性、繁殖方式、药用价值等，不再需要携带大量动植物标本、图录等进行考察。

再比如，在学习"工业区位布局"时，可以在组织学生到附近企业进行调查研究的同时，结合地理信息技术及地图等，进行知识迁移，拓展研究性学习的广度与深度。在"工业区位布局"一课教学中，为分析不同类型企业的布局，我选择了本地昶虹电子、仙合家纺、大有食品、腾辉电子等企业，调查这些企业的区位条件，组织学生进行实地考察研究。

研学活动案例1：

苏州万枫家园小区业主反映，附近的腾辉电子长期排放废气，时间一长，不少居民出现了头晕和眼睛疼痛等不良反应。结合生活中的腾辉电子污染事件，我展开了如下设计：

① 实地走访，结合苏州地图、Google Earth 等，实现地形图等多图叠加功能，制作腾辉电子、万枫家园住宅区及周边简易手绘地图。

② 查询本地风频图，思考：什么季节对小区的空气状况影响程度更严重？不考虑其他因素，应将该电子厂往哪个方向搬迁？

研学活动案例2：

我所在学校附近的昶虹电子分厂主要从事U盘零部件组装，该厂于2012年整体搬迁。通过实地调查昶虹电子，结合地理信息技术、地图及思维导图等认知工具，可进行如下设计：

① 实地调查昶虹电子旧厂建厂的条件、搬迁的地理原因。

② 利用地理信息技术或其他工具，查询2000年至今昶虹电子在国内的几次区位变化，该厂陆续在台湾、苏州、烟台等地迁址或开设分厂，从经济效益出发，分析2000年至今，昶虹电子几次区位选择发生变化的原因。

③ 实地调查2012年新的昶虹自动化（苏州）有限公司在本地重新创立，新厂涵盖业务主要有哪些，新厂的创立得益于哪些区位条件。

3. 强化地理工具运用、地理野外考察及调查的能力

研学旅行通过拓展学生的课程资源与学习场域，强化地理工具等运用，培养学生终身学习所需的经验、技能，培养学生的探究能力、批判性思维及创造性思维能力，进而促进深度探究。例如，在讲解岩石、地貌知识时，可选取苏州灵岩山、天平山作为研学旅行基地，合理设计研学路线。苏州花岗岩，又称灵岩花岗岩，是国内闻名的花岗岩之一，主要分布于苏州高新区（苏州市西南部），以灵岩山、天平山尤为集中，周边狮子山、横山、金山、华山、天池山、高景山等均有分布，出露面积约11平方千米，岩体总面积约63.5平方千米（图37）。

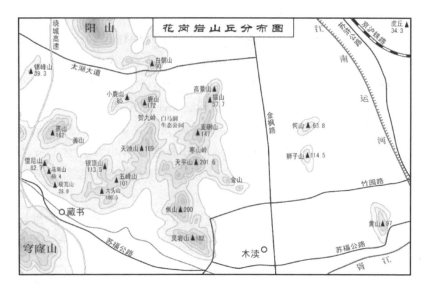

图37

例如，在苏州天平山石桌景区，教师可引导学生使用地理工具测量断层线产状、分析石桌的成因；从附近的灵岩山山麓出发，可肉眼观察到明显的花岗岩与二叠纪围岩的接触交界带；海拔升高，依次可见花岗岩风化地貌醉僧石和龟背石等奇石、观音洞景区内的几处明显的"捕房体"、山顶灵岩山寺中著名的吴王井与智积井……这些地理事物与现象，剖析其成因，无一不隐含着丰富的地理知识、原理。研学旅行及其他相关实践活动的实施，有利于提高学生的地理野外考察和调查能力，有利于培育学生的地理实践力。

研学活动案例3：

以矿物为研究对象，小组分工、合作完成以下任务：

① 利用苏州地图等地理信息技术或其他工具，展示本地的矿产分布图，选择一地进行实地观察，共同设计研学旅行路线、方案等。

② 运用地理锤采集岩石标本；结合摩氏硬度参照表（表6），运用玻璃、工具刀、砂纸等估测硬度；根据条痕色、光泽肉眼判断透明度；描述矿物特征，包括颜色深浅、层理、化石、硬度、重量等；判断矿物类型，完成记录表（表7）。

表6　摩氏硬度参照表

1	2	3	4	5	6	7	8	9	10
滑石	石膏	方解石	萤石	磷灰石	长石	石英	黄玉	刚玉	金刚石

表7　矿物标本记录表（范例）

标本1	矿物特征	矿物类型、判断依据
（图例展示）	层理：_____ 化石：_____ 硬度：_____ 重量：_____ 颜色：_____	
日期：_____	记录人：_____	

③ 以图片、PPT演示、小论文等形式，汇报展示成果。

4. 转变学习方式，提倡项目式学习、小组合作学习等

不同的学生学习同样的课程，最终所习得的学科核心素养也是层次不同的。因此，在研学旅行中，教师宜采用项目式学习、小组合作学习等方式开展活动，一方面，能充分调动学生的主观能动性，培养学生的交流能力，体现了差异教学思想，利于人格培养及核心素养形成；另一方面，实践过程同时实现了师生、同伴之间的深度对话，体现了对学生人格的尊重。在研学旅行中培育地理实践力，以项目式学习为例，其基本流程是以学生活动为主线，在教师辅助下进行的，整个过程中师生、生生之间可实现深度对话，如图38所示。

项目式学习一般是指由学生运用数学、物理及地理等科学原理与方法，尝试以设计方案或制作产品作为学习成果的学习方式。其实施过程可概括为以下四个方面：① 明确任务，形成实施方案；② 以独立或小组形式分步实施；③ 形成项目成果；④ 分享成果，评价反馈。例如，以植被为主题，针对具体研究方向，艺术、地理、生物等学科的教师与学生之间可进行跨学科研讨，一起集体研制出一个有关植被主题的案例，确定跨学科的研学目标、实施方案、探究活动和反馈方式。

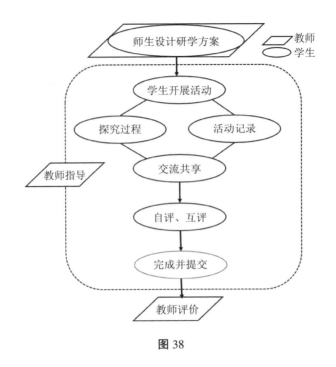

图 38

研学活动案例 4：

教师提供备选植被，如向日葵、椰子树、香樟、猴面包树、橄榄树、沙柳等，可去苏州大阳山植物园实地考察，要求学生在探究本地气候、了解植被习性及影响植被生长的因素的基础上，尝试在本地为它设计一个温室。

对"植被"项目学习任务分解如下：

① "细枝末节"（领会枝叶特征及功能）；
② "生长习性"（知道植被习性、生长环境与种植维护法）；
③ "植物的自述"（探究植被相应特征的成因）；
④ "为它建温室"（体验温室建设流程、绘制简易示意图）；
⑤ "交流共享"（以PPT、海报等形式展示，以小组为单位）。

5. 注重评价内容、方式等的多元化

目前，对于研学旅行活动后的评价与反思，学界仍不够重视乃至缺乏。对研学目标达成度的终结性评价，大多以知识竞赛、成果汇报等单一方式进行；而对活动过程中学生行为表现这一方面，评价体系的构建尚处于探索阶段，研究较缺乏。我认为，评价应以过程性评价为主，以终结性评价为辅，采用多元化的评价主体，即教师、教育学者、同伴、自我均可参与评价，评价方式宜采用质性评价与量化评估相结合，具体可采用视频行为采集、过程记录表、实践与在线学习行为记录等多样化方式进行，应关注学生的主体性和个性差异，重视学生的学习过程和认知方式的独特性，重视对学生参与学习过程的积极性、主动性、创造性等的评价。

对研学旅行中培育地理实践力的评价，评价内容除了关注知识维度外，更应从学生能力及情感的培养角度出发，关注学生在地理实践过程中的参与状态、学习方式、思维方式，以及学生在活动中表现出来的学习主动性、创造性、动机、情感、积极表达和交流能力等，从而体现对学生生命发展质量及终身发展素养的关注。不同学生的智力、能力、兴趣等都存在差异，因此，评价体系的构建应体现评价指标的层次性、针对性，评分细则应具体、清晰，易于操作，适用于学生自评、小组互评和教师评价等。

（苏州高新区第一中学　周银锋）

简而言之，有效教学就是在符合时代和个体积极价值建构的前提下，其效率在一定时空内不低于平均水准的教学。苏州市新时代有效教学研究的联盟学校积极探索"不低于"平均水准的课堂教学，其形成的经验或路径不止于上述几个，限于篇幅，不再赘述。

第三节　一节好课的基本特征

基础教育课程改革已走过 20 年。借用成尚荣先生的话来说，20 年间我们逐步达成一个共识——"课改必须改课"。这是因为课程改革的主阵地在课堂，课程改革的理念、目标和要求，最终要通过课堂教学去落实和体现。

聚焦核心素养培育的有效教学，最终需要在课堂教学中得以落实。因此，真正成熟的教师需要很长时间来"学会教学"，需要用"学会教学是一辈子的事"的态度来激励自己。[1] 有教师以"苏式"代表人物为样

---

[1] 理查德·I. 阿伦兹. 学会教学[M]. 9版. 丛立新，马力克·阿不力孜，张建桥，等译. 北京：中国人民大学出版社，2016：29.

本，梳理出苏式教学具有"精致而自然，清简而丰厚"的秀美风格，就像陈年老酒，具有鲜明的苏州文化韵味。诚然，有些教师确实像陈年的老酒，任教时间越久就越优秀。相反，也有的教师虽然经过数年的教育教学实践，但教学技能并没有多少提升，甚至"原地踏步"。

为什么有些教师不仅善于钻研教学艺术而且善于反思？为什么这些教师有创新精神、开放心态，并且乐意让自己和学生接受挑战，而另一些教师所展现的却是截然相反的状态？事实证明，只要三年时间，教师之间就可能出现上述差异。究其原因，后者每一天的兢兢业业都是在盲目而麻木地工作，他表面上工作了三年，其实只工作了一天，因为他每天都在重复昨天的事；而前者则的的确确工作了三年，他每一天都带着一颗思考的大脑在工作。

因此，了解课堂教学的基本要求，是不断反思教学实践，这样才能逐渐接近有效教学的本质。为此，我们的课堂教学需要时刻注意以下问题。[1]

一是关注学生的进步和发展。首先，要求教师有"对象"意识。教学不是唱独角戏，离开"学"，就无所谓"教"。因此，教师必须确立学生的主体地位，树立"一切为了学生的发展"的思想。其次，聚焦核心素养的课堂教学，要求教师有"全人"的概念。学生发展是全面的发展，而不是某一方面或某一学科的发展。教师千万不能过高地估计自己所教学科的价值，而且也不能仅把学科价值定位在本学科上，而应定位在对一个完整的人的发展上。

二是关注教学效益，要求教师要有时间与效益的观念。教师在教学时既不能跟着感觉走，也不能简单地把"效益"理解为"花最少的时间教最多的内容"，这里涉及"教学容量""教学信息量"的概念问题。教学效益不是取决于教师教多少内容，而是取决于对单位时间内学生的学习结果与学习过程综合考虑的结果。

三是关注可测性和量化。如教学目标应尽可能明确与具体，以便检测教师的工作效益。但是，并不能简单地说量化就是好的、科学的，而应该做到定量与定性、过程与结果的结合，全面地反映学生的学业成就与教师

---

[1] 钟启泉，崔允漷，张华. 为了中华民族的复兴，为了每位学生的发展：《基础教育课程改革纲要（试行）》解读 [M]. 上海：华东师范大学出版社，2001.

的工作表现。因此，有效教学既要反对拒绝量化，又要反对过于量化，需要把握好"度"的问题。

四是教师要具备一种反思的意识。每一位教师都要不断地反思自己的日常教学行为，如"我的教学有效吗？""什么样的教学才是有效的？""有没有比我更有效的教学？"等问题。这里的反思，不仅仅是"想"，而且是一种教育的状态，就是不断调整、改进、提升自己教育教学品质的行为。

五是有效教学也是一套策略。要求教师掌握有关的策略性知识，以便自己面对具体的情境时做出决策，并不要求教师掌握每一项技能。

其实，有效教学作为一种教学理念的兴起可以追溯到 20 世纪上半叶西方发起的教学科学化运动。随着西方教育研究者对此领域的重视与推广，有效教学研究于 20 世纪 90 年代在我国开始受到学者与一线教师的关注，并在第八轮新课程改革的助推下获得快速发展。[1] 我们可以看看国外教师进行有效教学的一些观点和教学感悟，也许从中可以获得一些启示。

（1）黛安娜·卡鲁索（Diane Caruso），马萨诸塞州塞勒姆市，索顿斯托尔中学，四、五年级

很多年来，有效教学与最佳教学实践一直是我追求的目标，是对我自己的教学，以及同事的教学、教学研究的反思，一直是促使我不断成长的重要因素。在我辅导新教师时，我总是强调，尽管有效教学的一些特点和有效教学的部分技能总是固定不变的，但为了学生的幸福和成长，为了实现我们的目标，为了消除天天面对的挫折，我们必须成为终身的学习者。

若对指导我教学长达 25 年之久的教育观进行反思的话，我想有效教师应具备一些特定的品质和技能，例如奉献、敏感、善于质疑、知识渊博、有条理等。我依然坚持着这样一种信念，即所有的孩子都可以学习，并且能够在迈向目标的过程中体验到成功，认识到自我价值。我相信一位好老师总能真诚地努力与学生、家长、管理者及教育专家进行很好的沟通。他们同样致力于为他们的学生尽可能地提供有价值

---

[1] 刘来兵，邓道君. 21 世纪以来我国有效教学研究的知识图谱分析［J］. 教育与教学研究，2020（1）：43-51.

的教育。

总而言之，我所建议的有效教学的策略为：① 坚信每个孩子都能够学习，都能够体验成功。② 通过职业培训与终身学习保持对新思想和新技术的开放心态。③ 与所有人有效地沟通。或许最重要的是，教师必须乐意向学生学习。学习他们是谁，他们有什么样的个性和文化，他们需要什么，以及什么刺激了他们对知识的渴望。

(2) 特雷莎·卡特（Theresa Carter），十年级

如果让我在一堂方法课上介绍我对于有效教学的看法，我会强调两个重要的问题：对所教授学科的热情和专业知识；与学生沟通的能力。大体上说，我对学生的学习持建构主义的观点，也就是说，仅仅向学生讲授知识，让他们做笔记，之后通过测验来反馈，对我来说是不够的。我要我的学生建立和发展他们自己的知识和意义体系。这就要求我充分地了解我任教的学科，直到我能理解这一领域各种精确细微的东西。只有这样，我才能教一堂能够将新知识同学生已有经验相结合的课。同样，我必须对学生提出的问题进行认真的回答，并且以一种他们能够理解的方式给出解释。

我想，有效教师必须同样向学生表明，教师非常关注作为独立个体的学生，对学生的工作有很高的期望。同时，有效教师必须花费时间为每一位学生提供深入的、建设性的反馈，在课堂之外对学生生活中的行为予以关注和关心。[1]

从国内来看，众多学者是基于研究好课的标准来揭示有效教学的本质的。华东师范大学教授、博士生导师叶澜认为，下列五种课都属于好课：① 有意义的课，即扎实的课；② 有效率的课，即充实的课；③ 有生成性的课，即丰实的课；④ 常态下的课，即平实的课；⑤ 有待完善的课，即真实的课。[2] 华东师范大学教授崔允漷将所谓的"好课"归纳为"教得有效、学得愉快、考得满意"这12字。而天津师范大学教授王光明、北京师范大学教育学院博士生导师张春莉则从建构主义理论出发，认为评价

---

[1] 理查德·I.阿伦兹.学会教学［M］.9版.丛立新，马力克·阿不力孜，张建桥，等译.北京：中国人民大学出版社，2016：35.

[2] 叶澜.扎实、充实、丰实、平实、真实：什么样的课算一堂好课［J］.基础教育（沪），2004（7）：15-18.

一堂"好课"的标准应主要考察：① 学生主动参与学习；② 师生、生生之间保持有效互动；③ 学习材料、时间和空间得到充分保障；④ 学生形成对知识真正的理解；⑤ 学生的自我监控和反思能力得到培养；⑥ 学生获得积极的情感体验等六个方面。北京教育科学研究院副院长文喆则认为，评价课堂教学质量的根本标准是学习者能否进行积极有效的学习。为此，他提出评价"好课"的五项标准，即学习内容要适切、学习环境应力求宽松、学习形式应多样、学习组织过程要科学、学习活动评价应有较强的包容性。

纵观上述各位学者的观点，尽管评价标准不同，但不难看出，都把课堂教学的"有效性"作为衡量一节好课的关键要素，这里所说的有效性表现在三个方面，即"教学效果"是指教学活动的结果，它考察的重点是学生的具体学习进步与教学发展；"教学效益"是指教学效果或结果与教学目标相吻合，满足了社会和个人的教育要求；"教学效率"是指单位教学投入所获得的教学产出。

从"教学"的内涵看，有效教学是教师教的活动及教学过程的有效性。而从"有效"的内涵来看，有效教学表现为教学有效果、有效益和有效率。用《大教学论》上的一句话来通俗地说，就是"寻找一种教学的方法，使得教员因此可以少教，但是学生可以多学"[1]。

具体来说，有效的课堂教学表现在以下几个方面：

一是应引导学生积极、主动地参与学习；

二是应使教师与学生、学生与学生之间保持有效互动的过程；

三是应为学生的主动建构提供学习材料、时间及空间上的保障；

四是旨在使学习者形成对知识真正的理解；

五是必须关注学习者对自己及他人学习的反思；

六是应使学生获得对该学科学习的积极体验与情感。

当然，判断一节好课并无放之四海而皆准的标准，正如江苏省著名特级教师马明所言，好课的标准随个人的喜好而不同，其差异性也较大，用所谓的"标准"来衡量还不足以说明好课的"好"。马明还强调，尽管好课的标准无法确定，但作为好课必须具备两个基本的特征：一是要能够给学生提供自主探索的空间，创设适合学生发展的宽松的学习氛围，课堂上

---

[1] 夸美纽斯.大教学论［M］.傅任敢，译.北京：人民教育出版社，1957：2.

不能只看到教师的聪明才智，更要看到学生的聪明才智；二是课堂教学既要关注学生的学习结果，更要关注学生在学习过程中的变化与发展，如学生的参与度、学习的自信心培养、合作交流意识的形成、独立思维习惯的养成等。

诚如马老所言，在"两新"（新课程、新教材）背景下，评价一节课的课堂教学，应该从教师组织学生活动的角度去观察，从引导教师关注活动的直接效果——学生是否能够实现有效学习，有多少学生在多大程度上实现有效学习的角度去设计活动、组织教学，这样才会充分发挥课堂教学的积极导向作用，也才能促进课堂教学评价自身的健康发展。

实际上，由于评价者自身观念的滞后，加之课堂评价标准存在某种偏差，课堂教学评价给实际教学工作带来误导的现象并不少见。因此，在研究制定好课标准时，必须坚持现代教育的基本理念——坚持以学生发展为本的思想，坚持聚焦核心素养，坚持以发展的观点评价发展中的教学过程的态度，使我们所倡导的好课标准不是悬在师生头上束缚其主动精神发挥的"一把利剑"，而是帮助教师提高自身业务水平、引导师生提高课堂教学效益的"有效武器"。

课堂教学的本质既然是教师有目的、有计划地组织学生进行有效学习的活动过程，评价课堂教学就应该从观察学生学习活动的角度来进行。观察的重点是活动过程，是学生在教师组织下的活动过程，这些组织工作的唯一目的是让学生实现有效学习。所以，教师的组织活动不是观察、考评的重点。只有在教师的活动引发了学生的活动以后，只有把教师的活动与学生活动联系在一起的情况下，测量、评价教师的活动才对评价课堂质量有意义。否则，不论教师讲解得如何生动，不论教师展示了多少教育资源，只要它们没有激起学生的有效学习，都是不必要甚至无价值的。正如四川省凉山州教育科学研究所谌业锋主任所言，"在度量、评价课堂教学时，应把观察重点从教师的作为转到学生的作为上，把教师的作为联系到学生的活动上来加以评价，反映了我们对课堂教学本质的新认识"[1]。

苏州市对于有效教学的研究已经有不少年头了，也取得了丰硕的成果。如苏州市善耕实验小学校的教师张苾菁的《落实立德树人的有效教

---

[1] 谌业锋. 有效教学的理念与策略 [EB/OL]. （2002-06-22）[2020-07-03]. http://www.doc88.com/p-74787904727 78.html.

学——"通"与"联"视角下的小学数学教学的实践与研究》一文，是张老师主持的苏州市教科院"十三五"规划课题《"通联"视角下学科课堂教学的实践与研究》的代表成果。张老师基于数学知识修养、数学思维涵育、数学价值追求等三大维度，构筑"数与形""点与网""异与同""言与意""境与理""情与智"等六条"通"与"联"的路径，以彰显"凸显核心内容""融汇活动体验""促进迁移创生"的教学主张。

当前，核心素养已经成为基础教育课程改革的顶层设计理念和指导方向。小学数学教学要实现发展学生核心素养的目标，需要对教学内容、教学方式、教学评价等方面进行新的探索。特别是，教师要通过学科教学，培养学生以整体的、联系的眼光来进行学习与思考，促进学科内与学科间的联结、融通与整合，在此基础上实现关键能力与必备品格的发展，以达成立德树人的整体教育目标。

调查发现，尽管教师在理念上认同发展学生核心素养，但在实践中还缺乏深入的思考和有效的行动策略。就教学内容而言，教师关注单个知识点的教学多于关注对知识层级、主次关系的梳理，知识间的相互联系未能充分地揭示，不利于学生认知结构的建立；就教学方式而言，教师研究如何"教得顺"多于研究学生如何"思得深"，已知的经验与未知的新知之间如何有效转化在课堂中意识还不清晰；就教学效果而言，教师对学科知识的关注远超对学生学习兴趣、方法与能力的重视，学科价值尚未得到充分的彰显；等等。2017年3月以来，我校数学教研组以苏州市教科院"十三五"规划课题《"通联"视角下学科课堂教学的实践与研究》为抓手，以发展学生核心素养为目标，努力探索具有校本特色的数学教学方式。

一、"通"与"联"的数学教学内涵与价值

数学知识之间总有千丝万缕的联系。这种或紧密或疏松的联系使得人们在认识过程中采用的获取与理解、记忆与储存的方式都不尽相同。寻找、发现并利用这些联系，对数学知识加以梳理与融通，在此基础上获得对数学知识的深度理解进而融会贯通，在此过程中形成积极学习的情感，是学生发展思维、形成能力、生成智慧的必要路径。

"通"与"联"作为课题的两个关键字，"通"本意是通达，没

有障碍，引申为互相连接无阻断，还可引申为"普遍适用的，贯通的意思"；"联"本意表示连接，引申指"互相结合"。"通"的本身有"联"的意味，"联"的过程会产生"通"的变化，两者相辅相成、相互促进，且循环递进。运用这样的词语释义来考量数学教学的"通"与"联"，可以有两方面的解读：一是作为表达过程的动词，倡导以"通"与"联"的行为来展开数学教学活动，从而使教学的深度和广度都有所拓展；二是作为表达结果的形容词，关注以"通"与"联"的效果来评价数学教学目标的达成度，使教学的过程和结果呈现更高的质量。"通"与"联"，实际上是促进学生带着积极的情感主动建构属于自己的知识地图、能力地图、素养地图。

1. "通"与"联"是使数学教学走向深度理解的必要途径

数学教学的重要目标之一是帮助学生理解数学知识的本质，而这些知识是以一定的逻辑关系组成的一个有机整体。数学知识的这一特点决定了数学教学需要呈现"在关联中的知识"，以帮助学生从整体上把握学科及其核心内容，从而实现对学科知识内容的深度理解。在此过程中，联结—转换—融通是必不可少的关键环节。因为没有主动的联结，便不可能了解知识间内在的组织结构；没有巧妙的转换，便不可能实现新知的内化与生长；没有适当的融通，便不可能有举一反三的创意与灵感。因此，倡导数学教学的"通"与"联"，其目的就是帮助学生发现数学关系，建立新的数学结构，即以建构的方式学习结构中的知识，使"知识内在的秩序"与"学生认知的顺序"得到良好的对接，从而使"客观静态的知识"转化为"动态生成的知识"、使"书本的知识"转化为"学生自己的知识"。

2. "通"与"联"是学生发展数学核心素养的必然要求

数学教育以发展学生数学核心素养为目标。成尚荣先生曾鲜明地指出："重要的不是知识学习，最为重要的是基于知识，寻找知识的源泉，把握学习、获取知识的方法，培养创造知识的能力，让知识成为人精神生活的因素，变为人的意义生活。"因此，通过数学教学使学生情与智得到和谐共生是数学教育期待的景象。而普遍的整合性、强大的实践力、广泛的迁移力、高度的个性化是学科核心素养的基本特性。因此，学生核心素养的发展离不开学生的主动联结、积极建构、灵活实践、自觉反思。一方面，学生在学习新知时，能主动运用已有的知识经验去尝试联结转化，自觉建立起个体与正在学习的新知之间的紧密联系，找到相关的切入点，体现出一种积极的学习心向和理性的思考路径，表现出"要学习"并"会学习"的状态；另一方面，学生将内在的思考与体验、洞察与发现等通过交流对话、实验操作等方式外显出来，表现出较强的应对挑战和解决问题的能力，体现在学生"真学习"和"深度学习"的过程中。当学生个体的学、思、悟、行成为一个紧密联系、不可分割的整体时，他们的数学素养必然能得到全方位的提升。

数学教学的"通"与"联"着眼于学生数学素养的提升，关注影响数学素养形成的各要素之间的内在联系，充分挖掘知识背后的工具价值、认知价值和文化价值，通过适切的学习资源的提供、学习活动的组织、学习结果的评价，以整体的视角、结构的方法帮助学生实现多重意义的建构，促进学生思维品质、关键能力、情感态度与价值观的和谐发展。

二、"通"与"联"的数学教学主张

1. 凸显核心内容

布鲁纳指出，任何学科教学都必须将学科中那些最广泛、最强有力的适应性观念教给学生。这里提到的"最广泛、最强有力的适应性观念"便是数学核心内容。所谓数学核心内容，是指能构成数学学科基本框架，并足以组织与解释大量的数量关系和空间形式，反映学科内在结构关联，有较强迁移和思维训练价值的内容。核心内容是获得学科素养的重要载体，也是开展有意义学习的切入点。一方面，数学教学要体现学科的核心内容，从而实现学科教学内容的"纲举目张"，使教学内容删繁就简，避免在价值不大的内容上反复纠缠；另一方面，要强化知识间的内在结构和有机联系，将认识、发现知识间的联系并建立良好的通路作为重要的学习内容，帮助学生从整体结构上把握和理解数学知识的意义与本质。梳理数学教学的核心内容并进行整体化的设计，能居高临下地把握学科教学的主体对象，使教学活动精准发力。例如，小学阶段计算的学习占了很大的比重。以加减法为例，涉及整数、小数、分数加减法，虽然这些知识点分布在不同的学段，但这些内容在教学中应该把握：① 相同计数单位才能直接相加减；② 满十进一或退一作十。如果教师在教学中能抓住这两个内核，学生关于计算技能的学习体验必然指向集中，不拘泥于学期、单元、课时的进程安排，学习过程也会删繁就简。

2. 融汇活动体验

数学素养是主体在经历数学活动中产生的，它难以通过传授与习得来获得，其生成依赖主体对数学的体验、感悟、反思和表现。体验是通过自身实践所获得的经验和情感，是个体不可替代的形成意义的方式。这两句话说明了核心素养的发展既离不开外力的影响，也离不开学习主体的内在体验。学生需要在学习活动中融入深度思考，形成对数学的感性认识和理性认识，产生个性化的情感体验，从而促进学科核心素养的达成。"通"与"联"视角下的数学活动，特别强调从认知、人际、自我三个方面来丰富学生的体验：第一种体验是基于对数学知识的认知体验。既要有源于生活、始于操作的感性认识，又要有经历思辨、提炼归纳后的理性认识。当然，正如章建跃教授所认为的那样，数学育人的核心是发展学生的理性思维，因此，应把理性思维置于数学素养的核心地位。在教学中，教师要从学生认知心理的角度，从数学知识的本质出发，帮助学生联结自身经验，主动思考前因后果，主动寻求证据支持，从而养成思考有序、推理有据的思维习惯。第二种体验是基于与他人合作交流、对话所产生的体验。联结主义认为，凭借我们与他人的联结而得到的知识与内在于我们头脑中的信息有同等价值，因此，个体在群体中学习与生活的体验就显得尤为重要。在通过与同学、老师等多向交流的基础上，不断修正原有的观点、看法，生成新的认识，并学会反思自己的学习历程的得失，认识自我的思考状态，这是活动所期许的第三种体验。这些体验的融通与相互作用，是帮助学生形成数学核心素养的关键要素。

3. 促进迁移创生

有意义的学习本身就是一种知识与经验的有机统整过程。这种统整是学生主动将知识、能力、方法、体验进行联结与转化、迁移与创生的结果。"通"与"联"视角下的数学教学认为，学生的学习活动是一种积极主动、目标明确的问题解决过程，学生从明晰问题开始，运用观察、比较、分析、综合、归纳、反思等方式，将已有的经验与未知的问题建立一定关联，从而打开新知与已有经验之间的通道，建构属于自己的认知结构。当然，这个打开和联结的过程并不是一个单循环过程，还应在迁移和应用中得到检验和升华。迁移是对经验的扩展、联结和提升，应用是对知识的输出、外显和操作。这个过程，一方面，更加凸显由"内在的知识联结"走向"外在的问题解决"的学习本质，使得知识、能力、素养之间能实现相互转化；另一方面，也彰显了以多向联结、融会贯通为特征的数学学习价值，并以此来评价与衡量学生学科素养的高低。

以小数除以小数的教学为例，苏教版教材安排在小数乘小数之后，让学生先体验用积的变化规律尝试解决小数乘法的问题，让学生理解小数乘小数可以先将小数转化为整数算出积，然后再根据积的变化规律在积里点上小数点，体验转化这一数学思想在具体计算中的运用。教师在课的最后引导学生总结和思考：既然应用积的变化规律可以计算小数乘法，你还能联想到什么问题吗？启发学生根据类似的经验去合理猜想，引出利用商不变的规律可以计算除数是小数的除法。这样的设计，既体现了前后知识学习的关联，更使学生计算方面的经验与策略得到了融通，充分体验和感悟转化的思想。所以，前后"通""联"的数学学习，能够促进学生良好思维习惯的养成、思维经验的积累和思维策略的发展。

三、"通"与"联"的教学实施路径

为实现数学教学过程中的"通"与"联"，我们基于数学知识修养、数学思维涵育、数学价值追求等三个维度，构筑了"数与形""点与网""异与同""言与意""境与理""情与智"等六条"通""联"路径（图39）。

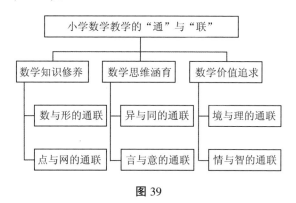

图 39

以下就数学知识修养、数学思维涵育、数学价值追求三个维度，各选取一个方面进行阐述。

1. 数学知识修养层面：数与形的"通""联"

从学科知识的角度来讲，数学教学就是要通过合适的方式帮助学生理解关于数与形的基本知识、概念及其相互关系的过程。因此，在教学时如果能注重数形结合，在数与形的关联中学习，不仅能体现学科教学的特点，同时也能帮助学生更好地从形式和内涵等多个角度触及知识的本质，获得对知识多维度的表征和理解。

以"小数的初步认识"为例，对于三年级学生而言，小数是一个比较抽象的概念，尤其是在初步认识小数的过程中，需要结合直观的形使抽象的数看得见。在教学的第一个环节，教师让学生在正方形纸上用自己喜欢的方式表示0.1元。学生利用元与角之间的关系想到，只要将正方形纸平均分成10份，其中的1份就表示0.1，与每一份是什么形状无关。学生将自己的经验以直观的方式呈现出来，自主建构起一位小数与十进分数的关系。在帮助学生梳理认识一位小数的阶段，又在正方形图上动态呈现不同的小数，体会可以通过计数单位的累加获得一个个新的小数，如0.3就是3个0.1，零点几就是几个0.1组成的，一位小数的计数单位得到了凸显。而0.9和1.1的直观比较，也恰到好处地帮助学生理解小数相邻数位之间满十进一的关系。接着，学习在数直线上标记小数的位置（图40），使学生通过观察发现：每个小数都能在数直线上找到相对应的点；在数直线上，位置越靠右，小数就越大；位置越靠左，小数就越小……

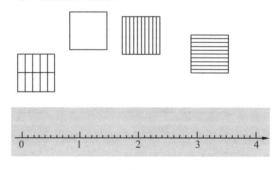

图40

当然，沟通起数与形的关系，可以是"以形助数"，也可以是

"以数助形"。例如，在"长方体、正方体的认识"一课中，教师注意让学生认识到，长方体的顶点、棱、面的特征决定了它一般的形状，但是每一个长方体的形状、大小，需要通过长、宽、高的数量来刻画（图41）。借助数据，学生就能对长方体的形状和大小有较为准确的感知，对不同长方体之间的关系也能进行推理和判断。

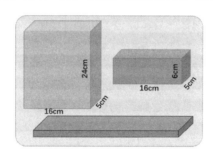

图41

数与形的"通""联"，我们关注的是帮助学生在直观和抽象的来回穿梭中理解数学知识的本质，发展学生的思维。

2. 数学思维涵育层面：异与同的"通""联"

很多数学知识表面上看起来很相似，但本质不同。也有很多知识表面上看起来关联不大，但实际上却有相似的本质。学生能否发现这种联系与区别是认知能力的表现。数学教学的重点是让学生在比较中发现它们的关联与不同，辨析各自的特点，并获得知识的意义。在具体实施中，根据需要，有些内容要在关注其相同的基础上放大其差异，便于学生发现其内在本质；而有些内容则需要突出其不同中的相同部分，便于学生在沟通的基础上归纳梳理、发现共性。更值得关注的是，异与同的比较不仅仅局限在知识层面，还应该关注思维策略。

以"长方体、正方体的认识"教学为例（图42），作为几何图形，长方体、正方体与长方形、正方形既有联系又有区别。欧几里得在《几何原本》中有如下的描述："凡论几何先从一点起，自点引之为线，线展为面，面积为体。"这番话体现了点与线、线与面、面与体之间的内在联系。为了帮助学生更好地体验这种关联，教师采用"同中求异"的方式，先创设情境，使长方形运动形成长方体，然后，让学生找到长方体中长方形的面，帮助学生借助原有的经验认识长方体的特征。因为从平面图形发展到了立体图形，所以相应的各个部分名称与原来相比发生了变化，做到"联而不混"。

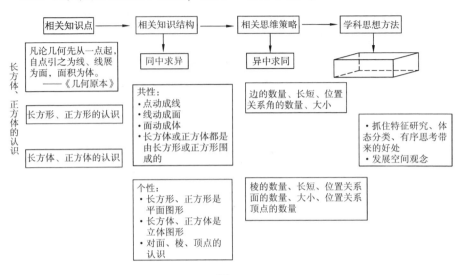

图 42

就思维策略而言，教师注意引导学生"异中求同"。在学习长方形、正方形时，学生初步学会从边、角的数量和关系来研究特征，所以在学习长方体、正方体的特征时，类似的经验可以迁移运用。教师可以启发学生从长方体的面、棱、顶点的数量和关系来研究。

再如，学生借助对分数的认识来理解小数。分数和小数既有共性，又有个性。共性在于：小数和分数都是为了表示小于单位"1"的量而引入的，都是对一个单位进行平均分后得到的，分母为10、100、1 000……的一类特殊分数可以直接改写成小数。个性在于：小数和整数一样，采用"满十进一"的十进制计数法，而分数不是。所以在教学"小数的意义"时，教师采取的策略是"求同存异"，从把一个计量单位平均分成10份的已有知识经验引入，认识小数与十进分数之间的内在联系，进而认识小数的数位，突出相邻计数单位的进率是10的计数法（图43）。

就思维策略而言，采用的方式也是"异中求同"，在学习分数的时候，往往是借助具体的实际操作，通过丰富的对象抽象概括分数的意义。学习小数的意义，同样需要经历对具体实例的感知和抽象概括的过程。

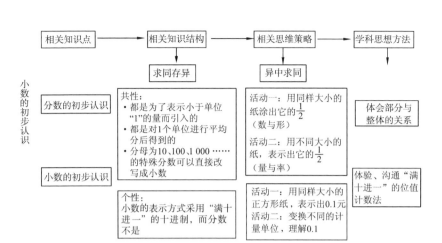

图 43

上面两个课例尽管内容不同,但是我们会发现,在教学策略上有明显的相似之处,那就是重视沟通知识之间的异与同,突出思维策略的异与同。数学教学中异与同的"通""联",有助于学生不断建构合理的认知结构,在不同的知识背景下体会数学思维策略的普遍价值。

3. 数学价值追求层面:境与理的"通""联"

数学教学讲究让学生在丰富的情境与相关知识概念之间建立联系。任何问题的发现、探究都是在情境中产生并得以解决的,继而产生新的思考。有时不同的"境"指向相同的"理"。例如,认识负数时,用"气温的高低"和"海拔高度"这两个不同情境指向同样的理——以什么为标准,有哪两组相反意义的量。有时同一个"境"蕴含不同的"理",例如,有2个书架,共有224本书,每个书架有4层,平均每个书架每层有多少本书?不同的学生会选择不同的条件而形成不同的数量关系,产生不同的计算方法,其"理"就会有差异。对于学生而言,"境"与"理"之间需要运用观察、比较、抽象、推理、建模等数学思维活动去实现对接。

更重要的是,情境能还原数学问题发生、形成的背景,将学生的思维卷入发现知识的过程,蕴含在情境中的"理"是学生积极思维、自主探索的结果。在这个过程中,学生获得的是"活的知识",是具有多重价值体验的知识。伴随着对学习过程的反思,学生一方面能意识到运用数学思维方法分析问题的价值,另一方面也可能体会到个人理解的局限和科学结论的精妙,激发探索数学问题的求知欲。

从数学情境走向数学探究,是数学学科活动的本质,体现了学科的独特性,而从"境的体验"走向"理的感悟",则进一步彰显了由"学科教学"走向"学科教育"的价值所在,这个理可以是数学的规则、道理,更是数学探究的理性精神与科学态度。因此,数学教学需要注重协调知识与情境之间的关系,生成情境体验,以达成情境体验与知识深度理解之间的平衡与整合,推动知识、技能和态度重构,使之整合为学生的数学素养。

综上所述,"通"与"联"视角下的数学教学是为了解决真实问题、发展学生核心素养的重要途径。数与形的"通""联"侧重解决数学知识内部的问题;异与同的"通""联"则关注通过数学知识与思维的结构化,促进学生良好思维品质的形成;而境与理的"通""联",则指向数学与现实或其他学科的联结、融通与整合。

在这样的视角下,知识学习不是孤立地进行操练,而是与先前的知识以灵活的方式联结在一起,形成一个有意义的知识群。知识由点状到网状的"通""联"也在这一过程中悄然发生并逐步产生质变。同时,学生也会在这一过程中习得数学语言,表征数学意义,言意"联""通";既获得数学知识,提高数学能力,也能形成积极的数学学习情感,实现情智和谐共生。

四、"通"与"联"的教学实施要点

1. 创设情境,经验联结

合适的问题情境能使学生了解知识产生的背景及适用的范围,唤醒已有的知识经验,产生强烈的情感共鸣。在教学的不同阶段,教师都应积极创设问题情境,利用丰富的情境让学生不断地在感性与理性之间来回穿梭,获得深度体验,促进学生对数学知识的理解由"外在形式"走向"内在实质",进而获得愉悦的心理体验。

2. 意义转换,分析思考

意义转换,实际上是一个知识"同化"的心理过程。在教学中,我们强调充分利用学生认知结构中原有的知识与新知识之间的内在联系,从而明晰新知识的本质,沟通新旧知识之间的联系。一个新的知识,如果它以与已有知识相异的姿态出现,那么教师在教学的时候就

要重视激活这一知识与其他相关知识之间相同的部分；如果它以与已有知识相同的姿态出现，那么教师就要激活它与其他相关知识之间相异的部分。这样，"异"与"同"便在相互作用下转换，点状的知识在网状的结构中重新定位，其实质就是学生认知结构不断实现重组与优化。

3. 变式循环，促进理解

学生的数学学习实现"通"与"联"，需要经历循序渐进、螺旋上升的过程。在这个过程中，应特别重视变式的运用。变式，就是在学习过程中创造进行异同比较的条件，通过概念变式，帮助学生理解知识的本质；通过过程变式，帮助学生掌握思维方法，提升思维品质。这样的变式体现在一节课中，学生对某一知识的认识逐步深入；体现在一个阶段的学习中，学生的认知水平会逐步提升。通过对学习对象进行深度加工的方式，学生能够更好地理解数学知识的本质，发展数学思维。

4. 融通创生，探究实践

杜威认为，个体要获得真知，就必须在活动中主动去体验、尝试、改造，就必须去"做"，因为经验都是"做"出来的。在数学教学中，教师要特别关注学生以"做中学"的方式来探究与实践。教师应创造有利于迁移发生的情境和条件，重视将教学的任务转化成学生的活动，将学生的问题提炼为核心问题，促使学生在理解的基础上，对新知形成个性化的联结和融通，并通过具体的实践进一步产生新的感悟、反思，乃至创新。

从上面我们可以看出，以"创设情境，经验联结——意义转换，分析思考——变式循环，促进理解——融通创生，探究实践"为特征的"通"与"联"的实施要点指向的是数学教学的核心。上述过程是一个持续推进、相互推演、相融相生的过程，最终服务于学生数学素养的发展。

英国数学家、哲学家怀特海说："教育所要传授的是对思想的力量、思想的美、思想的条理的一种深刻的认识，这种知识与知识掌握者的生活有着特殊的关系。"我们希望基于"通"与"联"的数学教学实践，能够实现发展学生核心素养的课程目标，使数学成为人精神生活的因素，进而转化为人终身发展的力量源泉，使学生形成在未来社会中幸福生活的能力。

（苏州市善耕实验小学校　张苾菁）

当然，一节好课的基本特征也不尽如上述所讲的，一堂好课也无放之四海而皆准的标准，所处的岗位不同、所站的视角不同，对于好课或者有效教学的认识也是不一样的。有的说一堂好课需要"有感知——有感悟——有感动"，也有的说一堂好课需要"内容好——思想到——激情高"，等等，都给我们一些有益的启示。

我们也尝试给出一节好课的六条标准：

一是好课之好，好在教学目标有机融合；

二是好课之好，好在情境创设指向合理；

三是好课之好，好在教师引导作用明显；

四是好课之好，好在学生得到充分发展；

五是好课之好，好在双基训练扎实有效；

六是好课之好，好在情感交流渠道畅通。

如果说，标准有点"严肃"的话，我们还可以换一个角度来加以认识和理解，即用一些描述性的，有时甚至有一种"只可意会，不可言传"的感觉来表达，达到"不同的人在有效教学的认识上有不同的理解"之目的，这样对于有效教学的研究无疑是放大了"空间"。比如，找准学生"最近发展区"；制定清晰可测的教学目标；让评价贯穿整个教学过程；让学生的思维可视化；让学生始终充满挑战性欲望；引导学生具身认知；基于证据的教与学的改进……所有这些，也可以说是"碎片化"的"随思"，但愿对读者有所启发。

上述的研究视角，基本都是从教师的教学行为的改进谈有效教学的。通过具体的教师行为，我们可以对有效教学的特征进行直观理解和具体把握，这对有效教学实践有重要的指导意义。然而，教学是教师教和学生学共同组成的双边活动，若仅仅着眼于教师特征或教师行为，那么不但忽略了学生的主体地位，也未能考虑教学的情境性和复杂性。因此，未来的有效教学研究视角需要从教师视角转向学生视角，关注学生的学习过程及学习情境，让有效教学的研究从抽象的共性策略转向具体的个性策略，只有这样才能使得有效教学的研究在真正意义上聚焦核心素养，指向"人"的发展。

第三章

教学内容：优化课程教材

如何创造性地使用教材，也就是探讨如何优化课程、进行教材研究，这一问题直接关乎教学内容的有效性。作为教学最为重要的物质载体和文本表现形式，同时也作为教学结构（教师、学生和教材）三要素之一，课程教材无疑是"教学三角模型"中的重要一维[1]，是学生学习的重要课程资源，同时也因其内隐课程理念而被视为课程目标实现的载体和课程实施的依托。在教学三角模型中，教师对学生产生直接影响，或通过课程教材对学生施加间接影响，学生在教师的影响之下，通过对课程教材的习得来建构一定的知识，形成一定的能力和技能，课程教材都是其中至关重要的要素，体现了三者之间的张力关系和互动关系。从一定意义上讲，对课程教材的界定、价值、功能、评价及处理方式等的认识，从根本上影响甚至决定着教师的课堂教学方式乃至教学活动的展开与进行。[2] 由此，如何优化课程教材，也就成了教育者特别是教师进行教育和教学研究的永恒主题之一。

第一节 优化课程教材的本质特征

作为我国最新一轮基础教育课程改革倡导的"坚持统一性和多样性相统一，落实教学目标、课程设置、教材使用、教学管理等方面的统一要求，又因地制宜、因时制宜、因材施教"的衍生，"优化课程教材"作为

---

[1] 钟启泉. "优化教材"：教师专业成长的标尺 [J]. 中小学教育，2008（6）：62-64.
[2] 盛双霞. 论对外汉语教材的优化处理 [J]. 语言文字应用，2006（A2）：112-115.

新名词，在国外的相关文献中没有出现过，但是有与之类似的概念和表述。

20世纪20年代以约翰·富兰克林·博比特（John Franklin Bobbitt）和韦瑞特·查特斯（Werrett Wallace Charters）为代表人物的课程开发理论最先在美国比较完整地确立起来。他们第一次把课程开发过程本身确认为一个独立的研究领域，并将该领域研究的科学水平提升到他们那个时代所允许的程度。他们提出：课程目标是课程开发的基本依据；课程目标的选择与教育计划的制订是一个科学化的过程，必须遵循科学分析与实验验证的基本规范，有组织的、系统的知识领域和日常生活的实际需要之间关系的问题是课程开发要解决的重要问题。[1] 虽然现在看来，这种课程教材开发的科学化水平很低，但在当时他们的贡献是卓越的。

20世纪30—40年代，以"泰勒模式"为代表的现代课程开发范式受技术理性支配，把课程决策、开发与实施分离，教材内容代替课程内容，忽略了教学情景的丰富多样性，把专家开发的教材作为"产品"交付教师使用。教师成了被动接受"产品"的消费者。[2] 泰勒原理的技术理性把课程开发过程变成一种普适、划一的模式，课程开发中的创造性被抹杀，特殊性被忽视，教师和学生的主体性、创造性受到压抑。这种"教材中心"教学受到杜威的抨击。英国课程论专家劳伦斯·斯腾豪斯（L. Stenhouse）在1975年出版的《课程研究与开发导论》（An Introduction to Curriculum Research and Development）中，对目标模式（Objective Model）的课程理论进行了分析批判，并以此为基础，提出了课程编制的"过程模式"（Process Model），并倡导"过程原则""教师作为研究者"等概念，其本质含义主要在于鼓励教师对课程实践的反思批判和发挥创造。[3] 过程模式冲破了目标模式的"技术理性"樊篱，把课程开发建立在实际的教育情景基础上，对优化课程教材起到了很好的借鉴作用。在斯腾豪斯看来，课程改革是人的改革，课程发展是人的发展，没有教师的发展就没有课程的发展。"教师是教室的负责人，从实验主义者的角度来看，教师正好是检验教育理论的理想的实验室。对那些钟情于自然观察的研究者而言，教师

---

[1] 张华. 课程与教学论 [M]. 上海：上海教育出版社，2000.
[2] 俞红珍. 教材的"二次开发"：以英语学科为例 [D]. 上海：华东师范大学，2006.
[3] 张华. 课程与教学论 [M]. 上海：上海教育出版社，2000.

是当之无愧的有效的实际观察者。无论从何种角度来理解教育研究，都不得不承认教师充满了丰富的研究机会。同时，仅仅强调教师的参与是不够的，课程也应该是学生实现机遇中生成和创造的过程。"[1] 斯腾豪斯认为，教师是一线的工作人员，是最了解学生情况和实际教学的人，教师的教学需要结合实际的经验来实施，而不只是停留在理论上，教师是课程建设的核心人物，学生也是必不可少的条件。

20世纪70年代后，课程内涵发生了重要变化，课程从强调学科内容到强调学习者的经验和体验，从强调目标、计划到强调过程本身的价值，从强调教材单一因素到强调教师、学生、教材、环境四因素的整合。这其中以美国著名课程论专家约瑟夫·施瓦布（Joseph Schwab）为代表，他针对以理论模式（Theoretical Model）和目标模式为代表的传统课程理论提出了"实践性课程"理论。在施瓦布看来，课程由教师、学生、教材、环境四要素组成，并构成一个有机的"生态系统"，形成动态平衡的关系。[2] 实践模式打破了泰勒目标模式的僵化形式，将活跃的元素加入课程中去，提升了学生的地位，教师一反在课程面前的被动地位，成为能选择、创造课程的人。教师是课程的主要设计者，在课程编制中起主导作用，并且在实施课程的实践中完全有权根据特定的情境发挥自己的创造性，对课程内容予以合理的取舍和批判。

20世纪80年代，后现代课程理论代表人物威廉·F.派纳（William F. Pinar）认为，课程不是一种"包裹"，而是一种过程，是以局部情景中特定的相互作用或交互作用为基础的对话和转变的过程。课程的意义不是单方面呈现或传输，而是通过对话性交互作用所创造的。[3] 可见，他对课程的认识：重视过程而不是结果。他提出，"存在经验课程"是"具体存在的个体"的"生活经验"的解释，认为教学和课程是教师与学生之间、学生与学生之间的"对话"过程。"文本"是一种纯粹的手段和工具，绝对服从于主体的生成、自我的超越和个体的解放，它本身没有真正的独立性。[4] 由此可知，对话教学课程本质应是师生基于一定话题，交流互动以不断扩展经验的过程。派纳的课程主张对我们理解优化课程教材

---

[1] 斯腾豪斯. 课程研究与开发导论 [M]. 北京：文化教育出版社，1975：67.
[2] 施瓦布. 实践：课程的语言 [M]. 北京：文化教育出版社，1970：98.
[3] 蔡铁权. 三维目标的课程观诠释 [J]. 全球教育展望，2006（3）：57-61.
[4] 张华，石伟平，马庆发. 课程流派研究 [M]. 济南：山东教育出版社，1998.

中的对话教学有着重要的启示和借鉴。

国内关于"优化课程教材"的理论和策略的系统研究并不多见。但是，若从课程和教材的开发角度入手，对于"优化课程教材"或许能得到些许启发。叶圣陶曾指出，教材是用以开发无限宝藏的锁钥，教材即使编得非常详尽，也不过是某一学科的提要，加上一些必要的范例罢了。因此，教材只能作为教课的依据，要教得好，使学生受到实益，还靠老师的善于运用。他主张教学要采用教材但不拘泥于教材，教师对教材要善于运用，即善于对教材进行"二次开发"。陶行知先生不主张传统的那种纯粹依赖教材、教教材的模式，即"先生讲解，学生静听，而不引人去做"。陶行知认为，读书一定要一种课本，并且要从头一本头一课教起，这也是一种成见。"先生是活的，书本到处有，只要活用他就有办法。""教材应从丰富中求精华，教科书以外求课外的东西，并且要从学校以外到大自然、大社会中求得活的教材。"[1] 他要求我们要灵活地、创造性地使用教材。使用者应该把教材当作参考材料，培养创新的意识。对于过去教材的统一化、呆板化的弊端，他还建议应该赋予使用者有自主选择教材的权力。陶行知先生说，"教的目的是为了实现不教"。也就是要改变传统单纯的"授—受"模式，使之转变为"引导—思考—探究—发现"的教学模式，给学生提供广阔的自主空间，培养学生创新的意识。这就是教学改革所要达到的效果，也是"优化课程教材"的最终目标。

华东师范大学终身教授、课程与教学研究所名誉所长钟启泉认为，从历史学、文献学、社会学、教育学、心理学、语言学、技术学和文化学等研究角度认识教材的本质和教材发展的历史轨迹及未来走势，有助于改进教材编写，达到优化教材的目的。而通过实践研究维度观察，可以发现教育学归根结底是教育实践学或临床教育学，关注的是教学或教育现场的具体的、活生生的、情境化的教育事实和经验，体现的是教育现场的实践性、问题性和批判性。优化教材或对教材进行研究应当属于临床教学和实践教学的范畴，这种研究可以帮助教师处理好"教教材"和"用教材教"的关系，最终实现有效教学。[2] 杭州师范大学张华教授认为，在特定的教育情景中，每位教师和学生对给定的课程内容和意义都有其自身的理

---

[1] 陶行知. 陶行知全集：第4卷 [M]. 成都：四川教育出版社，1991：725.
[2] 钟启泉. "优化教材"：教师专业成长的标尺 [J]. 上海教育科研，2008（1）：7-9.

解。教学是教师和学生在具体教育情境中对内容做出根本变革的过程，即创造内容与建构意义的过程。教学不再是忠实、有效地传递内容的过程，而是课程开发的过程，是教师和学生共同"创生"课程的过程，这是一个动态的过程，在这个过程中，课程内容持续生成与转化、课程意义不断建构与提升。[1]

截至 2021 年 7 月，在中国学术期刊全文数据库（CNKI）中键入关键词"优化课程教材"，几乎没有发现以此为专题展开的研究。散见于学术著作、报纸杂志中的相关研究多以"创造性使用教材""合理使用教材""教材的取舍与调整"为名（图 44），虽然它们从不同的角度、用不同的术语阐述了"优化课程教材"应有的内涵，却无法囊括"优化课程教材"所表达的全部内涵。因此，"优化课程教材"是个具有较强包容性的概念。

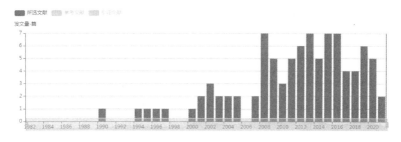

图 44

可以看到，伴随着"教教材"的观念逐步为"用教材教"的观念所取代，教材的权威地位日渐式微。在过去很长一段时间内，教材具有至高无上的绝对权威，接受着人们的"顶礼膜拜"，教师和学生只有崇拜和服从，不敢越"雷池"一步。在教材的专横"统治"下，教师沦落为"教书匠"，教学如同"戴着镣铐跳舞"的教书行为，无任何创造性可言。然而，时代的发展、教育观念的更新，使教材传统的绝对权威地位受到了挑战。一方面，新的课程观和教材观视教材为"工具""材料"，是教学资源之一，教材由依赖、崇拜、掌握的对象悄然变为实现课程目标所凭借的工具或手段；另一方面，现代信息技术的迅猛发展带来了教材生存方式的改变，教材多样化的发展形态不断刷新和冲击着我们对教材的认识。教材传统的权威地位被撼动了，其独断的、唯我独尊的形象也得到不断修正。

---

[1] 张华. 课程与教学论 [M]. 上海：上海教育出版社，2000.

而在后现代的课程话语里,教材不再是由别人开发、教师被动接受的"产品",而是可供质疑、分析、批判和论释的文本,其意义在作者—文本—读者三者之间的对话中动态生成,教材被赋予了多元理解的开放的广阔空间。由此,教材的内涵和外延在观念更替和技术发展的历史演进中不断变化着,"用教材教"即优化课程教材成为一种必然的选择。

而在课程实施层面,教材在走向具体的教育情景时,它所固有的稳定性、封闭性和静态性与教育情景的多样性、开放性和动态性之间存在着必然的冲突和矛盾。当教师接过别人开发的教材产品,面对特定的教育情景和具体的教学对象时,他们要对教材做怎样的取舍、调整、加工,其间教师与文本、编者、学生和自己展开怎样的对话这一过程融入了教师个人的演绎和创造,显然超越了教材的使用层面,因而具有了教材开发的意义。如果说专家、学者编制教材的过程是"一次开发",那么教师创造性优化课程教材的过程可谓"二次开发"。因此,教师面临的问题不是"该不该做",而是"如何做"。"赋权"之后更需要"增能",没有"增能"的跟进,权责的赋予不免落空。这里,"增能"便是优化课程教材的二次开发能力。[1] 梳理"优化课程教材"现有研究成果,我们发现研究者主要从以下两方面展开研究。

一是关于"优化课程教材"的含义与本质。国内有关研究对"优化课程教材"含义的阐述不多。沈倩从教学角度出发,把"优化课程教材"理解为"教师结合教学实际的需要,根据学生的需求和水平选用教材,灵活地、有创造性地使用教材,对其内容、编排顺序和教学方法等方面进行适当的取舍或调整,使教材内容和教学活动更贴近学生的实际"[2]。张菁从课程资源的角度出发,认为"优化课程教材"是"教材的再开发、多次开发,就是将与教材内容相关的、对学生学习有意义的材料,经过教师的努力加以修改和加工,把其转化为适合学生学习的材料"[3],这种开发行为是"用教材教"思想的体现,能加强教材与学生经验和实际生活的联系。关于"优化课程教材"的定义,华东师范大学俞红珍的观点最具有全面性和代表性,她从课程实施的角度出发,认为"优化课程教材"或

---

[1] 俞红珍.论教材的"二次开发":以英语学科为例[D].上海:华东师范大学,2006.
[2] 沈倩.英语教材二度开发的实践与研究[D].上海:华东师范大学,2006:11.
[3] 张菁.初中低年级英语教材二度开发的实践研究[D].上海:华东师范大学,2006:5.

教材的"二次开发""主要是指教师和学生在课程实施过程中依据课程标准对既定的教材内容进行适度增删、调整和加工，合理选用和开发其他教学材料，从而使之更好地适应具体的教育教学情景和学生的学习需求"[1]。她还根据开发对象的来源的不同，把"优化课程教材"或"教材二次开发"分为三个向度：创造性使用现有教材，选择和整合其他教学素材，自主开发新资源。[2] 其他文章中偶尔也会出现对"优化课程教材"定义的解释，但基本上都是围绕这种定义所做的局部修改。通过这些定义我们可以看出，人们对教材的看法有了很大的改变，不再把教材视为必须遵循的"圣经"，而是一种可以灵活使用的工具，其用途就是帮助学生学习。在"优化课程教材"的主体上，谈得最多的是教师，学生很少被提到。在"优化课程教材"的对象上，以教材内容为主，对教学目标、教学活动和教学方法的开发关注得较少。俞红珍把"优化课程教材"或"教材二次开发"看作建立在某种教师哲学基础上的课程实践，具备五个方面的本质属性，分别是课程情景化的过程、"课程重构"的过程、多元主体的"对话"过程、课程教学一体化的过程，以及教师专业发展的过程。[3] 她认为，"优化课程教材"或"教材二次开发"不仅包括教师对既有教材的灵活运用，还包括教材与其他教学资源的整合和教师自主开发教材资源等。彭淑君认为，"优化课程教材"或"教材二次开发"的实质是"在学校教育实践领域中，与课程实施过程亦即教学过程相融合，在原有新课程的基础之上，对课程目标和内容的丰富、活化、延伸或适当修改"[4]。王晓洁把"优化课程教材"看作基于课程标准和实际教育情景的"课程重构"。[5] 沈倩认为"优化课程教材"是"一个'匹配'的过程，即改变教材的内部特征，使其更符合特定情景的教学需要"[6]，是教师、教材和学生三者之间的"对话"过程。

二是关于"优化课程教材"的主体和内容。在"优化课程教材"的

---

[1] 俞红珍. 论教材的"二次开发"：以英语学科为例 [D]. 上海：华东师范大学，2006：3.

[2] 俞红珍. 论教材的"二次开发"：以英语学科为例 [D]. 上海：华东师范大学，2006.

[3] 俞红珍. 论教材的"二次开发"：涵义与本质 [J]. 课程·教材·教法，2005（12）：9-13.

[4] 彭淑君. 完善普通高中语文新课程二次开发之研究 [D]. 桂林：广西师范大学，2007：9.

[5] 王晓洁. 新课程条件下高中历史教材二次开发的理论与实践研究 [D]. 苏州：苏州大学，2008.

[6] 沈倩. 英语教材二度开发的实践与研究 [D]. 上海：华东师范大学，2006：11.

相关研究成果中，有一点得到很多人赞同，那就是教师和学生应作为"优化课程教材"的主体。从教师角度讲，教师作为"优化课程教材"的主体，不仅是"赋权"，使其专业自主地位和权力得到保证，更要求教师"增能"，也就是说对教师的要求也在提高，教师要"实现从消极的课程实施者到积极的课程开发者、从知识传授者到学习促进者、从'教书匠'到课程研究者的转变"[1]。从学生角度讲，承认和重视学生在"优化课程教材"中的主体地位，有利于转变师生关系，使他们共处于学习共同体中，也有利于增强学生自主性、责任心和合作意识。但是，由于学生受认识能力和水平的限制，在"优化课程教材"时会存在一些困难和缺陷，因此，要注意教师和学生在"优化课程教材"中所起的作用还是有区别的，进行"优化课程教材"时"教师职责不能削弱"，"学生是参与补充而不是替代"[2]。"优化课程教材"的内容多集中于教学内容、教学活动、教材结构等方面。在教学内容方面，主要采用增加、删减、替换、改编、整合等方法对内容进行开发；在教材结构方面，主要是对单元之间或者单元内部的前后顺序进行调整。对教学活动的优化或二次开发也多采用增删、替换的方式进行。从已有研究成果中我们可以看出，研究者对新课程提倡的创造性使用教材积极响应，在不同学科领域也进行了有益的尝试和探索，为"优化课程教材"提供了很多值得借鉴的方法。不过有一点值得注意，那就是已有的"优化课程教材"的研究重点主要是针对程序性知识，对教学目标及教材中涉及的情感态度价值观内容的研究还有待加强，究其原因可能是知识和方法这一维度是显性课程，便于操作和量化，而反映人的情感等方面的隐性课程则难以量化和测评。那么，核心素养视域下我们该如何科学认识"优化课程教材"呢？

一、优化课程教材的内涵澄清

不同的教材观造成了课程教材运用策略的分野。教师究竟用什么方法处置教材？究竟是"教教材"还是"用教材教"？"教教材"，教师显然违背了教育研究的根本问题——"为什么教？教什么？"——的问题，以为

---

[1] 俞红珍. 教材"二次开发"的教师角色期待 [J]. 中国教育学刊，2010（1）：82-84.
[2] 俞红珍. 让学生成为教材"二次开发"的参与者 [J]. 教育理论与实践，2009（26）：15-16.

教师的责任就是把教科书提供的现成知识，通过自己的"咀嚼"喂给学生，这是一种"告知式"的技术主义的教学方法，或是"知识本位"的教学方法，反映了"教科书中心主义"的落后教学观。[1] 这种观念把教学本身看作教学目的，往往容易陷入"灌输中心"的泥潭。唯有选择"用教材教"，才能在教学过程中反映出教材的性质。事实上，教学过程是社会交互作用的过程，知识不是教师借助片面传递信息而强制性地灌输给学生，而是学生自身及在同教师交往的过程中自主建构知识和发现意义的过程。因此，课堂教学任务不是要学生记忆和接受现成的、事实性的知识，也不是将某种价值标准强加给学生，更不是"为考试而教，为考试而学"，而是让学生通过与教材这一媒介的对话，形成提问和反思的能力，体现课堂教学的发展智慧的价值。[2] 正如波普尔所言，"知识增长是从问题和我们解决问题的努力开始的"[3]。学校教育不是单纯地使学生获得现成知识，而是通过探究学习的活动，学生学会"学问"，即学会"质问"。日本著名教育家木下竹次指出，传统教育以解释疑问为主，即教师提出问题由学生解答，然后由教师提供标准答案。这种教学模式以释疑为主，很少期待学生质疑品质的形成。他认为，课堂教学的价值体现在教师千方百计地引导学生去进行质疑，这才是学生进行自主性学习的根本道路。美国教育学者主张教师不仅仅要引导学生质疑，更应要求他们超越单纯的提问，不断地提出挑战，去寻求更好的答案、更深的理解和更多的解决方案。[4] 因此，衡量课堂教学成败的标志之一，就是看教学是否引发了学生无穷的疑问、是否激起了学生无尽的兴趣。

　　当前，中国基础教育已迈入核心素养的新时代。核心素养是课程标准研制（设计）的 DNA，是贯穿课程标准修订的一根红线，也是课程实施和教学改革的总纲和方向。伴随着新课标的颁布与实施，一场以核心素养为导向的教学变革将全面展开。[5] 从"双基"到"三维目标"再到"核心素养"，从"教教材"转向"用教材教"，优化课程教材的本质即在于

---

　　[1] 钟启泉. 建构主义"学习观"与"档案袋评价"[J]. 课程·教材·教法，2004（10）：20-24.

　　[2] 钟启泉. 确立科学教材观：教材创新的根本课题[J]. 教育发展研究，2007（12）：1-7.

　　[3] 波普尔. 科学知识进化论[M]. 纪树立，编译. 北京：生活·读书·新知三联书店，1987：35.

　　[4] 钟启泉. 读懂课堂[M]. 上海：华东师范大学出版社，2015.

　　[5] 余文森. 核心素养导向的课堂教学[M]. 上海：上海教育出版社，2017.

从"物"走向"人",让教育回归到落实立德树人的轨道上。[1] 由此,基于课程标准和学生需要、指向核心素养的"优化课程教材"至少包含着以下几层含义。

第一,基于课程标准和学生需要的"优化课程教材"与课程专家的教材开发有着不同的目的和取向,前者力求教材对实际情境的适用性,而后者则追求教材的基础性、权威性、科学性、系统性和典型性。

第二,"优化课程教材"不单是简单的教材内容的裁剪和拼接,也不单是教学方法的改变和调整,而是教师基于课程标准和学生实际需要的"课程创新"。

第三,"优化课程教材"为教师的创新提供了空间,同时也是教师专业成长的契机。

第四,"优化课程教材"不是教师随心所欲地任意开发,应该有其标准和依据,这也引出了教师进行"优化课程教材"的权限问题。也就是说,"优化课程教材"必须依据课程标准,并考虑学生的需要。"优化课程教材"必须在国家课程标准的计划框架内展开,教师应该遵循课程标准,并维护课程体系的总体标准,"优化课程教材"的内容、范围和方法不能违反国家所指定的关于课程结构、学习领域、科目数量、总课时数、课业负担和活动时间的政策规定。"优化课程教材"应侧重于教学内容和教学目标的调整、教学模式和教学方法的补充及教学资源的开发。"优化课程教材"的另一个重要依据是学生的需要,这不仅是教师进行"优化课程教材"的出发点,也是其归宿。教师的任何教学行为的目的都是促进学生的发展,因此,学生的需要永远是贯穿优化课程教材的宗旨。其实,课程标准的理念就体现了对学生需要的满足,只不过学生的需要总是处在不断变化中,很难轻易把握,所以有必要将其单独作为"优化课程教材"的一个重要依据。可见,基于国家课程标准和学生的需要并不是两个矛盾的方面,而是有着相互联系、相互支持内涵的两个要素。

第五,"优化课程教材"使得我们从课程资源的角度去看待教材,教材不再是唯一的课程资源,而成了教学的媒介,但是这并不意味着我们要抛弃教材,另起炉灶。教材作为基本的、系统的课程资源,其重要作用不

---

[1] 熊晴,朱德全.知识结构论域:核心素养融入教材的逻辑与样态[J].当代教育科学,2019(2):18-22.

可轻视,"优化课程教材"的提出是基于教材优势的充分发挥。[1]

二、优化课程教材的原因分析

第一,"以学定教",是实现教与学有效对接的需要。"以学定教,顺势而导"是生本课堂高效优质的内在特点。教材只有一本,但教师面对的学生"学情"具有很大差异,尊重差异、理解个性历来是对教师教学的基本要求。在整个教学体系中,每个学生都是独一无二的职能个体,这种独特个性构成了课堂的整体人格特征,每个学生都有自由发展他们个性的权力,课堂教学应该帮助学生回答一个问题:"我是谁?"这种个体的独特性决定了学生发展中的相对独立性,因此,教师要了解学生,认识学生,必须在知晓学生普遍相似性的前提下挖掘、发现和研究学生的独立性,这样因材施教才有可能。探索班级授课制下的学生个性发展模式一直是教学探索的重要课题,我们不能给出一种统一的模式,但我们可以从各个环节进行尝试和探索。作为教师,教学活动中首要的任务就是承认、尊重学生的学习权,这是教育活动高效率、高质量的重要保证。在"用教材教"的教学过程中,教材并不是不可逾越的"圣经",教师可以针对学生的特点,特别是根据学生已有的知识水平、学习能力等,对教材内容的结构、呈现方式,甚至是教材内容进行必要的调整与取舍。优化教材,是尊重学生教学主体地位的体现。

第二,是实现理论知识与社会实际有效结合的需要。教学需要与社会现实生活相沟通。如果离开了现实生活,教学就沦为空洞的说教,就会失去吸引力。当今时代,世界各国的教育课程改革有一个共同的趋势,就是回归生活——追求科学世界和生活世界的统一、科学精神和人文精神的整合。胡塞尔认为,只有获得了对生活世界的本质的理解,才能最终获得解决科学世界与生活世界的关系的论据,生活世界是科学世界的基础,科学世界是对生活世界的提炼和升华。生活不仅为学生提供了建构新知的已有知识,而且为学生提供了直接的经验支撑。美国著名教育家保罗韦地博士通过广泛的调查得出:一个好教师的标准之一就是教师要带给学生课堂以外的观点,并帮助学生把学到的知识用于生活。课程教材主要是从理论、

---

[1] 沈健美,林正范.教师基于课程标准和学生需要的"教材二次开发"[J].课程·教材·教法,2012(9):10-14.

原理的高度去解释生活、说明现实，但现实生活总是处于不断变化发展之中，这就会产生教材与生活的不一致性，教材理论滞后也就成为可能。教师需要以新的社会现实去观照教材理论，发现理论的不足，补充教材，发展教材，优化整合教材也就成为一种必要。

第三，是实现国家课程与学校课程有效勾连的需要。20世纪末，在《中共中央、国务院关于深化教育改革全面推进素质教育的决定》中，正式提出建立新的基础教育课程体系，试行国家课程、地方课程和校本课程，即三级课程、三级管理。2001年6月，教育部《基础教育课程改革纲要（试行）》明确指出，学校在执行国家课程和地方课程的同时，应视当地社会、经济发展的具体情况，结合本校的传统和优势、学生的兴趣和需要，开发或选用适合本校的课程。课程教材多属于国家课程的基本范畴，这是教学的基本依据。各校自主开发，接受上级业务部门指导的具有学校特色的课程则属于校本课程，其形式多样、内容广泛，对教材内容、呈现方式、结构、教与学的方式、教学反馈形式等进行优化整合与再现，可以作为校本课程的一种有效形式，可以以社团、活动的方式开展，也可以以课堂教学的形式推进。各学科教师可以根据学科教学特点，结合学生生涯规划及学习兴趣，结合学校的传统和优势，依据教材内容，开展不同形式的校本研修学习，这既是对学生课程选择权的尊重，也是教育育人目标的体现。

第四，是实现教师发展与学生成长有效统一的需要。优化课程教材既把教与学相对接，也使教师的"教"与"研"相结合。优化课程教材，需要教师不断钻研课标、钻研教材、研究学生，研究和改进教学方法。优化课程教材，教师是主导力量，是实践者、研究者。在这个过程中，教师不仅要研究教材，同时也要研究自己，更要研究学生。优化课程教材的过程就是一个基于学生发展要求的教师自我修炼的过程，它使教师的专业发展与学生的成长融为一体，相互生长。教师需要在新的教学情境中，把经验与实践，把课程规划与教学生成相贯通。钟启泉、张华在《课程与教学论》中指出，课程实施的基本取向之一是课程创生的取向……真正的课程是教师与学生联合创造的教育经验，课程实施本质上是在具体的教育情境中创生新的教育经验的过程，既有的课程计划只是供这个经验创生过程选择的工具而已。课程知识不是一件产品或一个事件，而是"一个不断前进的过程"。这里，课程知识成为一种"人格的建构"。课程变革包含真正的重构：人的思维、感情、价值观都必须变革，而不只是变革课程内容和资料。

第二节 优化课程教材的原则、路径

俗话说：一千个读者就有一千个哈姆雷特。教学过程中，面对同一教材，不同的教师也会有不同的教材解读方法，因而就会有多条优化课程教材的路径。

何为路径？在不同的领域有不同的解释，但其含义相近的概念也有很多，如门路、途径、路途、旅途、方法、道路等，它既可以指一种具体的行为方式，又可以指起点到终点的一个过程。当路径与教学相结合时，则主要强调教学的方法，特别是指课堂教学过程中如何通过有效的教学方法达成教学的目的，包括课堂教学的实施方法、课堂管理、引导学生、课堂环境等诸多方面。优化课程教材则是其中的一个方面，由此，所谓优化课程教材的路径就可以理解为如何有效地进行理解、解构、讲解、运用教材的方法或途径。

通常意义上的教材即课本，它是依据课程标准编制的、系统反映学科内容的教学用书，教材是课程标准的具体化。随着科学技术的发展、社会发展的变化、教学手段的现代化，教材会与现实之间存在一定的不适切性，社会是处于永不停息的变化发展中的，但无论是课程标准还是教材都不可能时时更新，必然会出现不同程度的滞后性。因此，这就必然带来在教育教学过程中教师如何依据课标使用教材的问题，如何在坚持思想性与科学性，观点与材料、理论与实际、知识和技能的广度与深度，基础知识与当代科学成就统一性的前提下活用教材的问题。

教师、学生和教材是教学过程的三个基本要素，在新课程理念下，教材不是唯一的课程资源，社会生活的丰富性和文本教材的局限性赋予教学很大的可塑性，依据教材进行的师生间教学互动理应摒弃"教学即教教材"的旧观念，引领学生走进社会生活。优化课程教材，树立"以《课程标准》为基本依据，以教材为基本素材，充分利用多种教学资源来进行教学"的新观念，使教材更有效地服务教学，这既是教学生活化的要求，也是课程资源开发过程中不可或缺的组成部分。根据教材的特点，设置教学情境，设计教学任务，运用有效的教学方法推进课堂教学进程，既有利于提高学生的积极性，打造课堂教学别样的精彩，也有利于促进教师钻研教材，提升教师专业水平，这是教学策略的唤醒。

课程与教学、课程与教材的关系问题是困扰现代教育理论与实践的重大问题，现代教育中的"二元论"思维方式（课程即学习内容或教材，教学则是通过一定的教学方法传授学习内容的过程）是造成课程与教学的认识论根源，显然，这种把课程等同于教材的观点存在明显的简单化的不足，但这种认识论有广泛的社会背景和现代科学的支撑，这是很长一段时间以来我们在教学认识上的一种误区，且是一种普遍性的特征。课程与教材既有密切的关联，也存在明显的区别。根据我们一般的理解，课程与教材之间表现为教材的编写必须依据课程标准，教师必须领会和掌握本学科课程标准的基本思想和内容，并在教学中予以充分体现。课程是原则性、方向性的规定，是教材的编写指南和评价依据，是基本的要求；教材则是课程的具体实施形式和主要载体，是对课程标准的一次再创造、再组织。同时，教材的编写和实验可以检验课程标准的合理性、科学性。

派纳说，课程是一个高度符号性的概念，它是一代人努力界定自我与世界的方式。他说："学校课程的宗旨在于促使我们关切自己与他人，帮助我们在公共领域成为致力于建设民主社会的公民，在私人领域成为对他人负责的个体，运用智力、敏感和勇气思考与行动。"因此，"课程不再是一个事物，也不仅是一个过程。它成为一个动词，一种行动，一种社会实践，一种私人的意义，一种公共的希望"[1]。教材建设是课程实施的一个重要方面，优化课程教材的路径是进行教学改革，实现有效教学的现实需要，也是教育改革与发展的必然要求，尤其是在落实核心素养的今天，通过课程变革，引领课堂教学改革显得愈加重要与迫切。这就要求我们从课程与教学、课程与教材的关系上，按照《课程与教学论》的相关理论知识，总体上了解课程变革的一些基本的原理与要求。

按照一般的理论认知与实践逻辑，优化课程教材主要包括优化教材内容的增加或删减，教材内容的呈现方式，教材内容的结构整合、重组与扩充，等等，也可以包括优化教学目标、教学方法等诸多方面，其目的在于使教材内容更符合时代发展的要求，符合教育教学的现实需要，符合学生的认知特点与身心发展规律，更好地推进课程改革与教学发展，有利于学

---

[1] 钟启泉，崔允漷. 新课程的理念与创新：师范生读本[M]. 北京：高等教育出版社，2003：227.

生的健康成长。

一、优化课程教材的基本原则

第一，主体性原则。衡量课程变革成败的基本标准是看教师与学生的主体性是否获得解放，教师与学生的个性是否获得理想的变化与发展，这是课程变革的方向，也是时代精神的要求。一方面，教师是优化课程教材的主体；另一方面，教师又要始终坚持学生的学习主体地位，这就要求发挥好教师主动研究优化教材的积极性，并通过优化教材，创新教学方法，发挥学生学习的积极性、主动性。在课堂情境中，当学生的主体性得到充分发挥的时候，当学生积极参与到课程创生过程中的时候，学生实际上也在创作课程事件，在与课程的相互作用中，在完成任务的过程中，创生自己的课程，以其特有的方式建构意义。当课程与教学的价值取向定位于"解放兴趣"的时候，教师和学生就不再只是既定课程计划的实施者，而是课程开发者与教学设计者。在这里，课程与教学是教师和学生追寻主体性、获得解放与自由的过程。[1]

第二，教育性原则。德国教育家赫尔巴特提出，"我得立刻承认，不存在'无教学的教育'这个概念，正如反过来，我不承认有任何'无教育的教学'一样"[2]。教学是教养与教育的统一，教学永远具有教育性。课程教材的优化既要坚持知识导向与兴趣导向相结合的原则，更要坚持教学与教育相统一的原则。教学过程的本质在于它是一种特定的认识活动，是实现学生身心发展的过程，这个过程融合了知识、能力、道德、价值观，融合了面向未来所必须具备的品格和关键能力。教书育人，立德树人，是我们教育的根本任务。学生掌握文化科学知识，最终要想转化为思想观点，形成调节行为的力量，教师要以正确的教育思想指导教学，根据教材特点和学生思想有的放矢地优化教材，进行教学，在情感上引起学生共鸣，使学生树立追求远大理想的愿望并在行动中去产生道德行为，培养学生道德实践的能力，形成学生良好的意志、性格。优化课程教材，始终要坚持以正确价值观引领思想道德素养这一根本。

第三，实践性原则。教学是一种实践性活动，教学过程从本质上讲是

---

[1] 张华，钟启泉. 课程与教学论［M］. 上海：上海教育出版社，2018.
[2] 赫尔巴特. 普通教育学［M］. 李其龙，译. 北京：人民教育出版社，2015：6.

教师与学生以课堂为主渠道的交往过程，教学即交往；是教学认识过程与人类一般认识过程的统一，教学即"直观—思维—实践"。实践，是教学最美的语言，无论是学校课程的实施，还是教育教学实践，其实都是学生与世界打交道的方式，是学生与知识对话、交流的方式。优化课程教材，活跃学校课程实施，首先必须让所有教师都动起来，跑起来，发挥出聪明才智，多提问题，多注意观察，多几次教学尝试，多几次教学研讨，扎根过程，让所有的信息流动起来，让教学过程活跃起来，让教与学对接，让研与教融合的渠道畅通起来，这样才能引导学生动起来。同时，教师要善于在实践的基础上进行积累，对课程教材进行系统总结，在学校、学科教研组课程教材优化已经形成经验、育人成果初具特色和成果的基础上，进一步完善课程教材优化规划，丰富课程教材教学资源供给。

第四，创新性原则。课程教材的优化受多方面因素的影响，从主体角度看，它涉及课程决策者、设计者、教师、学生及其他利益相关者；从实践角度看，课程变革、教材优化是一个非线性的动态生成过程，在此过程中会不断产生新问题，因而其效果也就会存在确定性和不确定性的矛盾。这就要求我们以辩证否定的态度，面对新情况、新问题，寻求新方法、新突破，充分发挥教学机智，不断捕捉、判断、整合、重组教学中出现的新信息资源，寓有形的预设于动态生成的教学实施中，将预设的教材转化为生成的教材，从侧重于教师教的教材转化为学生学的教材。创新需要协作，重点在于实现资源、人力、智力的融通与共享。优化课程教材，从来不是某个教师的单打独斗，而是教师群体的协同作战，是共商、共建、共享的过程，需要在学科专长和教学实践经验之间实现相互启发，互通有无，目的在于丰富教材的解读方式和教学资源供给，满足学生发展和教学发展的需要。

二、优化课程教材的实施路径

作为课程实施一部分的"优化课程教材"，是一个系统而又复杂的过程，美国学者古德莱德把课程划分为五个层次，深入触及了课程实施问题。[1] 一是观念层次的课程；二是社会层次的课程，即正式的课程，"这是由教育行政部门规定的课程计划、课程标准和教材，也就是列入学

---

[1] 张华. 课程与教学论 [M]. 上海：上海教育出版社，2000.

校课程表中的课程"[1]；三是学校层次的课程；四是教学层次的课程；五是体验层次的课程。任何课程改革都需要经历这五个转换的过程。"这种转换并不是呈线性地如实地遵循前一种课程形态的，它们在转换的过程中发生着比较复杂的变化，其间要受到多种因素的影响。"[2]

"优化课程教材"是一项创造性工作，凝聚着教师的创造性智慧，释放了教师的个性，为教材增加了弹性。然而，"优化课程教材"绝不是教师随性所为，无论教材的二次开发多么富有个性化和多样化，作为课程实施过程中相对独立的一个环节，它都应该遵循一些基本的原则。其一，上承标准，下启教学。课程标准是对学生经过某一学段后的学习结果的行为描述，而不是对教学内容的具体规定。作为国家制定的某一学段的共同的、统一的基本要求，课程标准不是最高要求，内在地隐含着教师不是教材的执行者，而是课程或教材的开发者，教师被赋予了"优化课程教材"的广阔空间。这就要求教师在课程标准的引导下，将静态、稳定的教材内容转化为动态、多样的教学内容，转化为便利学生学习的内容，为学生提供自我学习的"支架"和途径。其二，预设性与生成性辩证统一。围绕教学目标，在系统钻研教材内容和认真分析学生的知、情、意等实际情况的基础上，教师需要对教学过程进行规划和设想。[3] 同时，在预设教材内容和教学方案的基础上实现动态生成。其三，以学习者为中心。"优化课程教材"须正视并建设性地对待学生的多元化；注重联系学生生活和经验，使教材内容贴近学生实际；重视学习过程，兼顾多样化的学习方式；甚至可以邀请学生一起参与教学决策的过程。

随着时代的发展，课程教材从内容选择、组织体系到外观形式，都在发生着巨大的变化，只要不能满足或适应特定教学情景的需要和要求，它就是被"优化"的对象。第一，语言。语言是课程教材中最显性的成分，是一切教材内容的载体，同时也是学生学习的对象。因此，理所当然地成为被"优化"的对象。第二，内容。内容即教材的非语言方面，包括教材选择的学科内容及其处理方式、文化语境、"隐性课程"内容、传递的社会文化价值观等。第三，结构。教材体系是一个开放性的概念组合系统，

---

[1] 张华. 课程与教学论 [M]. 上海：上海教育出版社, 2000：332.
[2] 穆建亚. 课程实施中文本转换之研究 [D]. 重庆：西南大学, 2007：1.
[3] 宋秋前. 新课程教学中应处理好的几个关系 [J]. 教育研究, 2005 (6)：74-78.

其体系结构的形成不仅要使所选取的概念、理论、事实和方法有机联系，形成一个科学的教学体系，而且还要正确地反映学科发展的现状与趋势、培养目标和要求、适合学时分配和学生具备的专业基础知识。前者可称为教材体系的内部结构，后者即为教材体系的外部环境，我们将这两者相互作用的图式称为教材体系的系统结构模式。[1]

面对具体的教材内容，"优化课程教材"应选择什么样的策略和技巧？就策略而言，第一，决定优先顺序。通过情景分析和教材分析，我们可能发现教材中诸多不适合情景之处。对什么内容以什么方式进行教材二次开发一定存在一个优先顺序，而优先顺序取决于多种因素。外部刚性的课程标准固然是重要的因素，但学生因素、教师的教学观念等情景中的各种变量同样都可能直接或间接地影响教师的优先性决策。第二，找准学生难点。"优化课程教材"的最终目的是让教材切合学生的水平，实现"对症下药"。第三，增加选择和弹性。学生都有自己的兴趣、个性和学习风格，教材所固有的整齐划一的形式和要求难以满足学生的多样化需求，为此必须增加选择和弹性。在"优化课程教材"中，技巧同样重要。第一，添加。即增加更多的材料，包括延伸和扩展两种形式。延伸是提供更多同类型的材料，是数量的变化；扩展是增加不同类型的材料，侧重增加不同质的材料。第二，删减。包括数和质两方面的减少。数量上的减少称为"缩减"，是直接减少材料的长度。如果不仅要缩减材料的长度，还要对其进行教学法的处理，这种质的删减就是"缩略"。第三，修改。修改可以分为改写和重组，前者往往发生在有些语言内容需要修改的时候，后者则应用于课堂组织管理。第四，重新排序。即将课本中的各个部分以不同的顺序重新排列，可发生在活动层面上，也可发生在单元层面上，甚至发生在教材层面上。

从现代教学论角度看，有学者归纳了现代教材的三大功能：第一，教材的信息源功能，也就是为学生选择和传递有价值的真实信息和知识的功能；第二，教材的结构化功能，现代教材的信息组织不可能是"散落式"或"百科全书式"的，而是体现一定基本思路的结构化体系，以帮助学生建构和梳理自身的知识结构体系；第三，教材的指导性功能，即教材在学习方法上的指导和引领功能，好的教材本身一定隐含了对学生学习方法的

---

[1] 孙根年. 论教材体系优化的几个理论问题 [J]. 高等师范教育研究，1999（6）：57-61.

指导和引领作用,帮助学生学会学习。这三个指标性要素是在日常处置和优化教材的过程中所必须遵循的。而要想真正发挥教材的这三大功能,其关键还是要回到"基于学生差异"这一根本出发点上来。因此,教师在教学过程中必须实现教材的两个转化:第一,将预设的教材转化成生成的教材;第二,从侧重教师教的"教材"转化成学生学的"学材"。这是优化课程教材所应遵循的基本策略。由此,在"教师即课程"的课程观视域中,教材的优化归根结底取决于教师的专业能量。当前,新一轮课程改革为每个教师开辟了解放思想、解放教育生产力的天地。教师应当积极关注自己的专业成长,使自己成长为教材的生产者和主人。[1]

优化课程教材的具体方法和路径在不同的教学实践中有不同的设计与操作,基于苏州市有效教学的地本实践,本书主要介绍三条路径:课堂活动、二次开发和板块教学。

1. **路径一:课堂活动**

活动是活动型课程最基本的要求,是新一轮教学改革的重要聚集点,是践行立德树人根本任务的主路径。党的十九大报告指出:"创新是引领发展的第一动力,是建设现代化经济体系的战略支撑,人才是实现民族振兴、赢得国际竞争主动的战略资源。"[2] 要建设创新型国家,教育必须将创新摆在战略发展的高度来考虑。而活动则是让学生从被动走向主动,进而提高创新能力的重要路径。

苏州高新区第一中学的教师马冠男以"使用蒙学教材活动育人方案设计"为题,将自己的课堂教学活动实践付诸笔端,做了精彩呈现。

> 蒙学教材,又称蒙学课本,或蒙养书,是中国古代专为学童编写或选编的在小学、书馆、村学、私塾等蒙学中进行启蒙教育的课本,其代表作有《三字经》《千家诗》等。蒙学教材适合学生的心理特点,内容与形式通俗易懂,雅俗共赏,老幼皆宜,是中华文化的重要组成部分。对于蒙学教材的传承,我们应该取其精华,去其糟粕,将其中优秀的文化思想应用到今天的教育教学中,作为我们现有教材的补充或佐证,使中华传统文化焕发新生机和活力。我国古代蒙学教育

---

[1] 钟启泉. "优化教材":教师专业成长的标尺 [J]. 上海教育科研, 2008 (1): 7-9.
[2] 习近平. 决胜全面建成小康社会夺取新时代中国特色社会主义的伟大胜利 [N]. 人民日报, 2017-10-19 (02).

历史悠久，成果斐然，《三字经》《百家姓》《千字文》《千家诗》等，大家耳熟能详。"蒙以养正"，培养符合社会文化、道德要求的接班人，是这些蒙学教材的重要功能。

(一) 发展目标

我国传统文化中的精华部分是我们民族智慧的宝藏，传统道德要求与今日的社会主义核心价值观也有许多相通之处，我们可以从传统蒙学教材中，择其精当者，用于今日中学生的知识文化教学和道德教育，成为他们的铸魂之基、立德之本。

上面罗列的《三字经》《百家姓》《千字文》《千家诗》的内容较为浅显，并且大多用于识字教学，更适合处于小学阶段的"蒙童"。而对于中学生则需要既能吸引人又有一定深度和实用性、教育性的教材。《龙文鞭影》进入了我们的选择视野。

首先是它的作者和成书过程。《龙文鞭影》，原名《蒙养故事》，其作者萧良有是明朝国子监祭酒，相当于现今国内最高学府的校长，他亲自撰写"蒙书"，可见重视。后来明末清初的杨臣诤加以增订，取意"龙文，良马也，见鞭影则疾驰，不俟鞭策而后腾骧也"，书名遂改为"龙文鞭影"。清末丹徒人李恩绶进行系统校对与增删，后该书又经不断增补、订正、充实，日臻完善。

其次是它的体例和形式。它运用文言四言形式，上下两句对偶，各讲一个典故，需要学生具备一定的文言基础，所以更适合中学生。而逐联押韵，按韵编排的形式，读起来顺口，便于识记。

最后更重要的是它的内容，在当今时代仍有实用价值和丰富的生命力。作为"百科全书"式的蒙学教材，书中叙述了来源于古代神话传说、《庄子》、二十四史、笔记（《搜神记》《世说新语》）、游记、野史趣闻等的两千多个经典故事，可为中学生奠定知识基础；更贯穿了民族精神、传统美德和人性光辉，能潜移默化地影响学生的意志品质。

(二) 研究任务和（教学）实践措施

《龙文鞭影》在中学育人过程中的研究任务和实践措施，主要分为知识文化教育和思想品德教育两个层面。

研究任务一：《龙文鞭影》在知识文化教育中的运用

《龙文鞭影》作为一本包罗万象的古代文史典故大全，好的学习资源再辅以恰当的实践活动，能在知识文化教育中发挥十分明显的作用。

1. 文化知识的丰盈

（1）帮助学生快速提升传统文化素养

整本书包含了历史、文化、科技、地理、政治等各方面的学科知识，且浓缩为历史典故，信息量大，故事性强。在教学过程中，教师加以精选，可以帮助学生于较短时间内在浩如烟海的典籍中披沙拣金，建立起关于中国传统文化较为综括的初步印象。

（2）帮助学生提高文言文阅读能力

《龙文鞭影》中的每则典故都包含一个脍炙人口的历史故事。教师只要选取合适的相关文本稍做增删，便可以把历史故事所对应的传世经典中的文言语段，改造成适合中学生阅读和训练的文言材料，从而有效提高学生的文言文阅读能力。

（3）帮助学生积累作文素材

当今中学生写作最大的困难就是缺乏素材，教师就算有再好的方法指导，也难以避免"巧妇难为无米之炊"的尴尬。《龙文鞭影》包含丰富的历史典故，采用韵文形式编排，便于学生记诵。教师只要因势利导，不仅可以帮助学生积累文化意蕴深厚的作文素材，而且可以使学生的书面语言更加典雅精致。对于部分爱好用文言文写作的学生而言，背诵或熟读《龙文鞭影》，更是可以帮助他们有效克服写作过程中用典、押韵、对仗三大难题。

2. 实践措施（活动设计）

（1）早读、课堂教学

利用早读课，分韵部（《龙文鞭影》全书分四卷三十韵部）齐声朗读，协调音韵，争取熟读成诵。语文课堂使用经教师精选删减过的重要语段故事进行文言基本功的训练，比如，断句、文言实词、虚词、句式和语段翻译等。作文课对《龙文鞭影》里的人物或历史典故进行素材整理，选择适合的话题，进行当堂写作训练。比如，谈及诚信的话题，选用"鸡黍张范""韩康卖药""季札挂剑""布重一诺"等典故就非常适合。

（2）研究性学习

《龙文鞭影》教材中涉及的典故两千有余，可以作为学生研究性学习的底本，学生广泛查阅资料，进行研究性学习。比如，可以对《龙文鞭影》中的典故进行分类研究，分成神话传说类（"西山精卫，东海麻姑""湘妃泣竹""君起盘古，人始亚当"等）、寓言故事类（"渔人鹬蚌""画龙点睛"等）、励志类（"苏秦刺骨""祖逖闻鸡""车胤囊萤"等）、教育类（"乐羊七载""孟母断机"等）、警世类（"墨翟悲丝""季雅买邻"等）等；可以进行《龙文鞭影》中的典故在考场作文中如何运用的研究；也可以和同时期有"读了增广会说话，读了幼学走天下"之称的另两本著名蒙学教材《增广贤文》和《幼学琼林》进行比较阅读研究；还可以让学生在学习了前人的优秀成果后及时与当下现实相联系，找寻一些有趣的、与之相关的时文，在拓宽学生知识宽度的同时增强其知识的深度。

（3）"经典诵读"系列活动

阅读在语文教学中占有重要地位，班级或学校定期开展以《龙文鞭影》为主题的"经典诵读"系列活动，在传播我国传统文化经典的同时，拓宽学生的知识面，用各种趣味性极强的故事满足学生的好奇心和求知欲，进而反向强化学生对经典的热爱之情。

"经典诵读"系列活动可分阶段进行：第一阶段，对《龙文鞭影》的诵读，主要是疏通文本，扫除文字障碍，让学生在朗朗上口的韵律中初步把握各个故事的主要内涵；第二阶段，当学生在熟悉《龙文鞭影》全书文本的基础上，情感态度和价值体验也有了一定进步后，定期开展诵读活动，适当采用朗诵比赛、典故记忆大赛等形式；第三阶段，在"经典诵读"的基础上，用《龙文鞭影》学习心得报告会的形式，让学生独立思考，总结学习的体会，大家再一起交流，激发头脑风暴，真正将经典的力量融入血液中。

研究任务二：《龙文鞭影》在思想品德教育中的运用

对儿童进行伦理道德教育，一直是传统蒙学教材的核心内容，《龙文鞭影》也不例外。在书中自然会反映当时社会的思想意识和伦理道德，既有封建思想的糟粕，也有中国传统美德的精华。其中的精华部分，在当今依然有德育价值。

1. 道德的熏养

教师可以选择《龙文鞭影》中的相关典故，从如下几个方面，对学生进行思想品德教育。

（1）修身养德

《龙文鞭影》以"仁、义、礼、智、信""温、良、恭、俭、让"为准则，以大量人物故事为典范，比如，在仁爱方面，书中有"巨伯高谊""华歆逃难""纯仁助麦"等典故；在正直方面，书中有"黔娄布被""却衣师道""巢父清高"等典故；在温恕方面，书中有"梁亭窃灌""香化陈元""归罪遗缣"等典故，彰显儒家道德意识和伦理标准，以理晓人、以德教人，可使学生养成仁爱、谨行、正身的良好意识品质。

（2）重亲和睦

《龙文鞭影》中有很多经典的孝道故事，如"重华大孝""伯俞泣杖""扇枕黄香"等，一个个鲜活的故事可使孝道成为学生内心深处自觉的情感和道德要求。敬亲、爱亲、养亲、慎终追远等，都不是空洞的道德说教，而是实实在在地扎根于人文关怀之土。

书中还强调父母对儿女的教诲关爱，如"欧母画荻""陶母截发"；表现手足情深，如"争死孔褒"；表现世俗人情，如"同心向秀""钟子聆音"。这些都表现出强烈的人性化倾向，反对政治化和功利化，体现出人本精神的回归，可以让学生们从多姿多彩的人物故事中感性地体会到亲情的美好和人性的光辉。

（3）治平天下

儒家教育的目的最终指向培养德才兼备的治术人才。道德修养的根本目的在于济世安民，《大学》就明确提出修身、齐家、治国、平天下的理想，这也成为中国封建社会所有文人的座右铭。《龙文鞭影》一书也贯彻了儒家的这一思想，能臣名士敬德保民、安恤天下，如"晁错智囊""萧收图书"；清正官吏为政有方、爱民如子，如"召父杜母""羌愿姓包"。这些人物故事虽然只是对封建吏治理想化的政治解读，但这些贤臣名士的榜样示范作用，对当今学生也有相当的启发意义，能帮助他们形成正确的人生观、价值观。面对现实中很多异化的价值观，让学生从小就懂得，为官不是为了享受权力的种种好处，而是真正为国家、为人民谋取幸福、美好的未来。

2. 实践措施（活动设计）

每学期，根据《龙文鞭影》教材的学习情况，设计形式多样的德育活动，强化学习效果。

（1）板报、手抄报设计、评比

将班级学生以小组为单位，选择《龙文鞭影》中感兴趣的主题，分工合作，进行板报或手抄报的设计、评比活动。可以给经典故事配图，用动漫等形式加以展示；也可以进行故事新编，加入时代的新元素。活动过程中，组员们群策群力，分工协调，有助于增强团队的合作能力与凝聚力。对于创作成品，可以组织班级或年级评比，并由主创人员陈述创作灵感、理念及希望通过这个作品来传达的价值观等。对于优胜团队，给予适当的奖励。

（2）舞台剧表演

以《龙文鞭影》中的历史典故为依托，让学生进行舞台剧的设计和演出，既可以加深他们对文本的理解和认识，还可以满足学生的表演欲，激发学生的创造力，培养他们的合作意识，在一定程度上满足不同学生的发展需求，增强了他们的自信心。

学生可以在之前设计的板报或手抄报的基础上进行二次选择和加工，改编或重新创作出适合演出的剧本，由学生自导自演，教师适当指导。可以将演出的过程拍摄成视频，作为纪念，其中特别优秀的作品可以作为下一届学生的示范作品。比如，"淳于窃笑"的典故就可以结合《史记》《滑稽列传》中的内容，选择淳于髡这个典型人物，让学生编写剧本，小组合作修改，然后选定人员来表演，在演出中继续摸索修改，确定最终版本。

舞台剧，通过"演"的过程，达到"悟"的目的。在"演"的过程中，"编剧""导演""演员"等每位同学各司其职，密切配合，在每次修改和参演后将自己的感悟形成文字，内容可以是遇到的难题、与他人的意见分歧与沟通、解决问题的方法与收获等。

对于参演同学而言，每一次表演都是一次进步与成长。对于观演同学而言，每一个故事都给他们带来不同的人生体悟，"淳于窃笑"的故事就告诉我们：即使是小人物，其对国家、历史也有大的作用，给他人提意见要注意方式方法，等等。

(3)《龙文鞭影》教材的使用时间安排

使用《龙文鞭影》教材进行育人，初步设计可先由教师对两千多个故事进行筛选，选择具有典范教育意义、至今仍有生命力的千余个故事，作为教学底本，然后把对文本的疏通、主体故事文本的理解和语文知识学习的渗透，分解到语文早读课、阅读写作课与研究性学习课中。教师可利用班会课时间，进行《龙文鞭影》德育故事的思想熏染；也可利用每周2—4课时校本课程的时间集中活动，进行研究性学习成果汇报、完成板报和手抄报设计与评比、"经典诵读"、舞台剧表演等活动。所有学习、研究和活动争取在一到两个学年内完成。

此使用蒙学教材《龙文鞭影》进行育人的方案设计，将在后期的教育教学实践中，根据实际情况，不断修正和完善。

（苏州高新区第一中学　马冠男）

2. 路径二：二次开发

矛盾普遍性与特殊性相统一的原理是马克思主义哲学的精髓。这一原理的指导作用表现在教材处理上，就是要求我们要坚持国标教材的共性和具体学情的个性，对教材进行二次开发，从而弥补教材的内在缺失，形成"用教材教"的新理念，使"文本教材"变为"资源教材"。教材的二次开发应以课程标准为理论依据，立足学生身心发展的实际，坚持预设性与生成性的辩证统一，通过资料补充、逻辑重构、理论挖掘、情境拓展等方式进行二次开发。

苏州工业园区星海实验中学的教师赵武杰以初中语文名著的教学为例，将自己对语文名著的二次开发过程付诸笔端，做了精彩示范。

随着名著阅读课程化的推进，名著阅读在语文教材中的比重明显提升，教读方法指导进一步明确，这对于推动语文课程改革、提高学生语文核心素养具有重要意义。保证阅读教学的有效性，是落实部编版教材名著阅读指导思想的重要途径。

（一）有效教学下的名著阅读现状破壁

1. 低效阅读的隔膜壁障

《朝花夕拾》为七年级上册必读名著。人民教育出版社编审王本华曾说，统编语文教材特别注意课内与课外的结合补充，如课内学了《从百草园到三味书屋》，名著导读就推荐了整本书《朝花夕拾》。这种理念是契合教学实际的。但事实上七年级学生的整本书阅读是不充分的、低效的。原因有二：

其一，从创作背景看，鲁迅写作《朝花夕拾》的时候，正是他思想变化最为激烈的时期。中年时重温童年挚爱，开始以更复杂和开阔的成年人眼光审视成长经历，并与时代的观照结合起来。故而有些篇章是艰晦难读的。虽然也有些读来轻松顺畅，如《从百草园到三味书屋》，这篇经典散文也是教学单元中的课文，却亦有深沉的寄托。

其二，除了《从百草园到三味书屋》外，鲁迅的其他文章都是在《朝花夕拾》之后出现在教材中的，如散文《阿长与山海经》《藤野先生》，小说《社戏》《故乡》，等等。相比于单篇精读，整本阅读的难度是略高的。我们如果先学散篇，再来整本阅读《朝花夕拾》，则会发现鲁迅的不少小说都有生活的依照，读书时或有"他乡遇故知"之感。比如，对照《社戏》《故乡》等，就会理解鲁迅对底层人物"怒其不争的冷峻批判的背后，正是对这些被损害者的'哀其不幸'的温暖的爱"。这既可以凸显小说反映社会现实的功能，也能让读者反悟鲁迅念念不忘而"夕拾"的"朝花"有怎样的回响。但是七年级学生在阅读《朝花夕拾》的时候，难以有这种两相比照、两相促进的阅读体验。那么阅读之内容繁杂、语言晦奥、所述内容离生活疏远、笔法艰涩等造成的艰难感就会更加明显。

因此，阅读的兴趣是薄的，阅读的过程是难的，阅读后的收获是浅的，阅读的有效性是低的。虽然教材给予了"消除与经典的隔膜"的定位，试图从记叙童年生活的角度与当下七年级读者联系起来，但是对于这样一部经典名著而言，唯有读透了才能真正理解和体悟鲁迅的这一次"深情回溯"。

2. 有效教学二次开发角度

王本华在《名著阅读课程化的探索——谈谈统编语文教材名著阅读的整体设计与思考》一文中指出，名著本来就是大部头的，课堂教学不容易处理……只有与其他教学内容进行统整，才有可能化难为易。名著阅读教学的独特性决定了，要想取得理想的教学效果，必然需要"教学统整"，换言之，就是需要对教材文本进行二次开发设计。江苏省教育科学"十三五"规划课题"基于国家课程二次的开发促进教师专业发展的实验研究"提出了课程（教材）校本化二次开发的几个角度：

第一，基于教学需求，重新布局调整；

第二，基于校情学情，适切拓展深化；

第三，基于教学效率，整合专题学习；

第四，基于问题导向，融通跨界学习。

余文森在《有效教学三大内涵及其意义》一文中认为，教师必须确立效果为重的意识和学生（学习）为本的意识，要重在看教学的实际效果及学生的发展。初一学生读《朝花夕拾》大多浮光掠影，内容理解多是朦胧缥缈，更未含其英咀其华。有鉴于此，《朝花夕拾》的阅读教学，尤其可以引用上述二次开发角度中的前三种，指向有效教学和学生本位，以充分发挥教材对于教学的适切性。教师在开发设计中也必须要做到"三个尊重"，即尊重孩子的阅读发展状态、尊重经典名著的本质内涵、尊重学习认知的基本规律。

(二) 有效教学下的多样化开发设计策略

李卫东在《整本书阅读教学的几种偏向》中认为，名著阅读教学要注重引导学生由浅层次的信息分辨到深层次的内容和形式的理解、诠释和运用，即由浅阅读到深阅读。学生本位的有效教学观指引名著阅读教学走向多元化、阶梯式开发设计。以初中三年这一完整的学习周期来开发整体性阶梯式设计，可以让名著阅读随着生命成长同频共振。在顺势相成的过程中，学生对名著的渐进理解和经典名著对学生思维品质的滋养能够和谐一致。这才能真正消除学生与经典名著间的隔膜。下面我以《朝花夕拾》为例，谈多元化开发设计的几种思路。

1. 初中一体化开发设计

初一年级，读《朝花夕拾》以内容为主，立足童年视角，以书中所记叙的"乐"与"忧"为阅读靶向，侧重于阅读的温度。阅读方法以"逐篇精读"为主，可采用绘图表等方式，把握散文的主要内容，并能够提炼不同篇章中的共性。例如，百草园是"我"童年的乐园，那里有自然动植物之美，体现了自由自在、丰富多彩；《山海经》为"我"打开一扇神奇的窗，现出光怪陆离的世界，体现了好奇心的满足；"五猖会"是孩子心目中热闹有趣的活动，满足了孩子的猎奇心理；阿长的故事新奇有趣、生动惊悚，是一场冒险之旅；课堂上作绣像让枯燥的课堂多了生动趣味；雪地捕鸟、塑雪罗汉让冷寂的冬天也变得有情趣、有温度。但是，在这之外也有通过对比突出的"忧"（表8）。

表8　鲁迅作品及情感表现

篇目内容/角色形象	情感表现
《二十四孝图》	恐惧于封建的伪善伪孝
《五猖会》《从百草园到三味书屋》	痛苦于封建教育的死板
《父亲的病》	悲愤于人情世态的炎凉
《琐记》	敏感于无端流言的中伤
衍太太	伤痛于弱者欺凌更弱者

初二年级，读《朝花夕拾》以时间为轴，立足发展视角，以书中记叙的"变化"与"求索"为阅读靶向，注重阅读的广度。阅读方法以"选读跳读"为主，可采用绘制时间轴的方式，把握散文的脉络走向，初步探求《朝花夕拾》所呈现的作者成长经历和励志所在。例如，鲁迅离开故乡，到别处去寻"不一样的人"，从陆师学堂到水师学堂，再到东京，却发现"东京也无非是这样"。在仙台，迎来了鲁迅的重要人生转折——改医从文。传统说法往往是"弃医从文"，我以为"改医从文"更准确：改变的是"医学"这种学科，未改变的是"医"的初心。这以后的鲁迅则通过他的文字去唤醒当时，也唤醒后世。国民弊病早已镌刻在童年时代的所见所闻所感中，酝酿并造就了当时的鲁迅。

初三年级，读《朝花夕拾》以内涵为本，立足愤争视角，以书中隐含的"彷徨"和"呐喊"为阅读靶向，注重阅读的深度。阅读方法以"对比阅读"为主，通过与作者其他小说的比较、分析，构建初中阶段鲁迅文学作品的整体赏读。《朝花夕拾》是在《彷徨》《呐喊》等作品之后创作的。作者投笔从戎走过半生，又回归少年。童年的经历感受对鲁迅有着深远的影响，在《朝花夕拾》中可以找到鲁迅呐喊与批判的源头。鲁迅"以追忆与体验代替思索与批判"，呈现给读者一个久藏的未被现实黑暗沾染与侵蚀过的纯净心灵世界，通过这样的呈现，以温和的方式唤醒与救赎国民的灵魂。这和他在《呐喊·自序》所写的"不免呐喊几声"的作用是一致的，都是"聊以慰藉那在寂寞里奔驰的猛士，使他不惮于前驱"，自励而励人。

在三年一体化开发设计的逐步推进下，学生在初中阶段对《朝花夕拾》的认知深度可以达此层次。

2. 读写结合式开发设计

李卫东指出，"学生'写'的层次和水平，是靠其'读'的层次和水平来支撑的"。对于《朝花夕拾》的阅读，可以嵌入写作设计。

首先，立足教材，融合写作与名著阅读专题。可以配合一体化开发设计、结合部编教材写作要求，引导学生撰写读后感、人物小传、演讲稿、阅读新解、研究性学习论文等文本，积累形成自主阅读成果集。这样既可以增强学生对名著内容的掌握理解，也能够加快学生在阅读名著时的内化吸收。

其次，侧重实践，设计个性化读写结合案例。《朝花夕拾》实为镜鉴，鲁迅于记叙抒写中检视过往。王为生和邹广胜在《谈〈朝花夕拾〉的自传性与鲁迅的自我塑造》中指出，鲁迅的《朝花夕拾》中塑造了两个自我形象：一个是早年鲁迅，一个是中年鲁迅，早年鲁迅与中年鲁迅在文本中相互合作，共同回答了鲁迅对自我生命审视的根本问题。受此启发，教师可以设计让"天真而又敏感的少年、热情而又孤独的青年"的早年鲁迅，与"尖刻的批评家、细密深沉的作家、学贯中西的学者"的中年鲁迅进行对话创作，加深学生对作者内心世界的体悟。例如：

早年鲁迅：你觉得辛苦吗？

中年鲁迅：辛苦（点根烟）。

早年鲁迅：那你为什么_____？

中年鲁迅：我想_____。

中年鲁迅：我要谢谢你。

早年鲁迅：谢谢我什么？

中年鲁迅：谢谢你_____。

中年鲁迅：我想跟你说一声对不起。

早年鲁迅：对不起什么？

中年鲁迅：_____。

早年鲁迅：_____。

最后，着眼运用，设计片段仿写，提升学生的写作能力。例如，在《从百草园到三味书屋》长妈妈讲百草园中美女蛇的片段中，作者转换了多种记叙主体视角、有长妈妈的视角、有书生的视角、有老和尚的视角、有听众"我"的视角等，让一段记叙生动有色。这是值得学生去学习和借鉴的写作方法。再如，在《阿长与〈山海经〉》中先抑后扬的写作手法也是可以进行仿写的一个角度。

3. 主题探究式开发设计

第一，立足部编教材，指导专题学习。部编七年级上册教材根据《朝花夕拾》内容设置了三个主题："鲁迅的童年""鲁迅笔下的那些人物""鲁迅的儿童教育观念"。这三个主题涵盖广、适应性强，学生在主题的指引下也能容易地找到相关内容，有章可读，有话可说。教师可进行读书报告分享活动。实践中发现，学生对于读书报告分享活动的热情较高。

第二，立足学生学情，开发遴选专题。以素养培育的有效性为导向，开发一系列贴近学生、富有语文味道的专题。

专题一："乐园"。《从百草园到三味书屋》中写到百草园是"我"的乐园，《社戏》中写到随母亲归省去的平桥村是"我"的乐园。这就有了比较的空间：两个乐园"乐趣"的异同比析，荒园和偏僻的村落成为"我"的乐园，背后反映了什么，等等。都是可以挖掘和引导学生探析的。

专题二："孩童"。鲁迅作品中有很多孩童形象，如闰土，就有很多值得探析的地方。另有《社戏》中的双喜、阿发，《故乡》中的水生、宏儿，甚至《孔乙己》中围着孔乙己的那些孩子等，他们的形象及作用都是不容忽视的。

专题三："矛盾"。矛盾的呈现让作品更有力量。挖掘《朝花夕拾》中的一些矛盾的地方也能加深理解并得出新解。例如，《五猖会》中，就有"我"想去看会戏而父亲偏要"我"读书的矛盾，以及"我"最终看了会戏却索然寡味的矛盾；《父亲的病》中在父亲临终前"我"拼命地喊和"我"想让他得到安宁的矛盾；再如衍太太在孩子和大人面前言行不一，以及"我"对其前后认识的矛盾等。甚至在《藤野先生》中面临的矛盾与纠结的情形更多。其实这些矛盾是打开鲁迅复杂内心世界的一把钥匙。

(三) 有效教学下的多元评价方式构建

经典名著阅读的难点在于阅读是否有效。而评价是不可或缺的一个重要环节。评价并非简单的判定，学者崔允漷认为，它的主要功能是改进或形成，而不是鉴定或选拔，它的直接目的是为教师改进教学或学生后续学习提供全面而具体的依据。教师应该注重发挥评价的导向作用，善用多元化评价，提升学生对名著阅读中的获得感、成就感，激发并促进学生阅读经典名著的自觉。

于内而言，重视自主评价的激励导向。学生所撰写的读书报告、读后感、思维导图等都可以算作阅读成果。教师在引导学生阅读的过程中，也要注重引导学生形成自己的阅读系列成果。通过举办不同范围的成果展览，学生把这些阅读任务从外部要求转变为内在需求，激发阅读内驱力。无形的和过程化的自我评价对于阅读有着不可取代的作用。

于外而言，重视外部评价的正面导向。外部评价相比自主评价更具显性特征。因此，教师对学生阅读过程中的直接或间接评价都需要审慎客观。基于以下三个方面的原则进行。

其一，亮点点亮原则。学生的阅读水准是有所不同的，但是都有其能力区间内的优点和亮点。教师应善于发现这些亮点，并通过这些亮点去点燃点亮学生的阅读兴趣和阅读意志，努力形成"星星之火，可以燎原"的态势。初中阶段，学生的身心发展水平有限，与其关注他们普遍性的不足，不如带着更多欣赏的眼光去发现他们灵光一现的精彩，发挥正面引导的作用。

其二，存在合理原则。一千个读者就有一千个哈姆雷特。读书有自己的心得体会是最为值得肯定的。不同的学生对于名著的切入视角是不同的，横看成岭侧成峰，得出的结论、受到的启发都有差异。教师在这个过程中要客观看待并小心呵护这些差异，让学生固定的阅读有自由的空间。读书有外向型的阅读，也有内向型的阅读。

其三，发展评价原则。阅读是循环往复而又温故知新的过程。对学生阅读的评价也就自然应该在"发展"的视域内展开。一方面，从现实的角度看到客观常态；另一方面，从发展角度看到可以提升的空间。既要尊重学生的阅读感受，又有符合其阅读感受的指导引领。通过这一本书的阅读打开更多窗格，开拓更广的领域，畅潜更深的水域，阅读就有了根系，具备了自我生长的能力。

名著阅读，是阅览，也是浸润。在既定的格局内有效统整、有机开发，才会焕发经典名著的魅力神采，使其真切而长久地伴随、滋养学生的生命成长。

（苏州工业园区星海实验中学　赵武杰）

3. 路径三：板块教学

与以往教材相比，新一轮教学改革中的统编教材在内容和体系方面都有较大的改动，顺应新课程方案"围绕学科大概念，进行结构化教学"的要求，进行知识的重新组块，进行板块教学。板块教学需要遵循具体形象、精讲多练、机会均等、保持沟通等原则，采用思维线统整、学理线统整、知识线统整和情境线统整等方式。下面以苏州市吴江区盛泽实验小学教育集团盛泽实验小学的教师戴建琴的"故事线统整下的小学五年级综合板块教学"为例进行分析。

《义务教育英语课程标准（2011年版）》明确提出，现代外语教育注重语言学习的过程，强调语言学习的实践性，主张学生在语境中接触、体验和理解真实语言，并在此基础上学习和运用语言。综合板块内容联系社会生活，贴近学生实际，富有时代气息，易于激发学生的学习积极性；语言情境真实，表达地道规范；词汇再现率高，符合语言学习的认知规律。

译林版英语新教材每个单元的第一板块 Story time 的学习内容以故事的形式呈现给学生，也让学生体验到读故事的快乐，从而激发了学生英语学习的动机，提高了学生英语学习的兴趣。而新教材中五年级的综合板块则由 Grammar time、Fun time、Culture time & Song time、Sound time、Cartoon time 和 Checkout time 等板块组成，由于各个板块的功能不同，故在教材设计中都以独立的板块呈现，而在同一节课中需要同时完成几个板块的学习。如何能够有效地组合和开展综合板块学习？以译林版英语五年级上册 Unit 3 Our animal friends 中第四课时的 Checkout time 板块（图45）为例，我尝试开展了以故事线重整板块教学的实践研究。

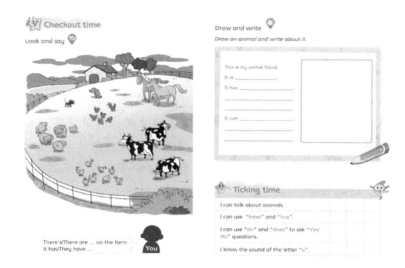

图 45

(一) 统整应用性目标——"故事线"教学的前提

我在一次公开课活动中承担了五年级英语上册第三单元的 Checkout time 的教学任务，由于第一次上新教材，为了更好地把握教材内容，我上网观摩了一些公开课，结果发现网上的公开课虽然也是以一个单元四课时开展教学活动，但最后一个板块显然还包括其他内容，如与 Culture time 整合，又如与 Cartoon time 整合，等等。那么只有一个板块的内容，怎么上呢？第一次试教时，我将本课目标定为：① 能正确完成 Checkout time 中的练习；② 对照 Ticking time 的四个目标进行客观的自我评价；③ 能复习并巩固本单元所学的单词和句型。基于目标的设定，我以 Ticking time 的四个目标为主线，分块进行复习、巩固、检查与反馈。但试教下来，学生学习积极性不高，课堂效果并不理想。

课后我与听课老师一起研讨与反思，总结出了以下两个原因。原因一，各板块的联系性不强，而且之间的过渡也很突兀，由于任务间联系不大，内容零散，学生只是跟着教学步骤按部就班地完成各项任务，整个学习枯燥乏味；原因二，由于以四个目标为线索开展教学，仍是旧知的复现，对学生来说过于简单，缺失思维度的英语课堂显然也不受学生的欢迎。总之，作为单元的最后一节课，学生体验不到完成一个单元的任务学习后"用英语"的成就感和乐趣。

在第一次试教基础上，我对本单元教材进行了二次解读。本单元是关于动物话题的教学，故事板块的目标主要落实在能正确理解并朗读对话内容，在教师的引导和帮助下尝试复述课文内容，能初步运用本课所学的词汇和日常用语谈论自己的动物朋友；语法板块和游戏板块的目标落实在对故事板块的复习和能够用"have/has"这一目标语熟练地表达和提问；卡通板块让学生通过趣味阅读提高自主阅读能力和兴趣；文化板块和语音板块则围绕动物开展语音学习和文化渗透。通过二次解读，我认识到前面三节课的学习目标重点在于学生的听、说、读的训练，虽然也安排了一些写的训练，但这些写主要仍以仿写和句型操练为主，没有真正实现写作的自我表达，因此第四课时，我将教学目标重点定位于英语的综合运用与写的训练上，本课以指导学生写作为最终目标，通过创设情境帮助学生回顾旧知，丰富学生写作的素材与内容，最终学生能够实现自如表达，写出一篇内容丰富、语言流畅、表达准确的英语短文。

那么如何开展写的训练呢？新课程标准倡导故事教学，故事教学能够通过故事情节，帮助学生理解故事。用故事架起学生与英语之间的桥梁，以此为学生提供丰富的语境。除了故事板块外，其他板块能够开展故事教学吗？本单元的其他板块能够与最后板块建立联系吗？最后，我尝试以上一课时 Cartoon time 的 Crab 角色为本课的主线，设计故事情节，层层推进，开展系列学习活动。

(二) 创设语言表达情境——"故事线"教学的主体

故事主线确立后，就需要设置故事情节，既要让故事情节合理，又要适合学生的认知特点。故事的主人公 Crab 生活在水中，它对于陆地上的其他动物是陌生的，因此它会好奇，这时候就有了学生的"用武之地"，为学生的"用英语"创设了情境。

在课堂教学时，我以 Crab 作为故事线，创设了"Crab 出场——参观农场——互相介绍新朋友——送礼物"四个主要故事情境，让孩子们与 Crab 交朋友，一起沉浸在情节中。而在这四个故事情境中，学生演、说、写、读等能力得到训练与提升，让自己在理解语言、激活语言、表达语言中体验到用英语表达的成就感。

情境一：角色表演，Crab 出场

（1）师生谈话

T：Do you remember who's Sam and Bobby's new friend?

Ss：Crab.

T：Yes！Look，the Crab is coming.

（2）学生表演 Cartoon time（图46）

T：What happened? Now let's act it out.

学生表演过后，其他学生进行打星评价。

图46

在这情境中，教师通过谈话引出 Crab，然后让几组学生表演 Cartoon time 的故事内容。学生表演生动，动作夸张，语言准确、流利，得到了同学们一致的认可。从学生的表演中，教师也及时评价，教师评价的重点在于充分肯定这些学生认真完成口头课外作业的态度，树榜样，从而让所有学生知道英语口头作业的重要性。这一情境的设计，旨在通过表演检查学生的口头课外作业完成情况，改善了英语口头作业只布置而不检查的现状，有利于学生养成一种认真、踏实的学习态度。情境一 Cartoon time 的表演，也让本课的主人公 Crab 自然地出场，因为以故事情节为依托，主角的出现让学生觉得亲切而又熟悉。

情境二：Crab 参观农场，学生解说

（1）Crab 来到农场

T：Look，where's the Crab going?

T：Let's go with the Crab.

此环节中教师利用动画效果，学生边听着动物歌曲边跟着 Crab

来到农场。

(2) 碎片式英语（图47）

T: Crab lives in the river, so he doesn't know the animals on the farm.

Now, Crab is asking "What's that?".

教师鼓励学生自由讲述，当学生犹豫或感到困难时，教师通过转问或提问的方式帮助学生激活他们的旧知，如 How does the cow go? What can the duck do? 等。当学生在讲述或回答时，老师及时板书相关句型。

图47

(3) 同桌操练

教师呈现出 Checkout time 中的"Ask and say"（图48），并设置评价任务，鼓励学生尽可能地去描述多种动物。这一教学环节因有了 Crab 角色的加入，使简单的看图说话变得生动有趣，学生的对话也变得更有意义。又因上一环节"碎片式英语"的活动，为学生提供了更多的语言内容和支架，因此，学生的口头表达不再受此板块中范例的约束。随着学生思路的打开，学生在说的过程中则表现得更有信心，内容也更有想象力。

总之，情境二农场情境的设置，既完成了教学内容，也激活了学生的旧知，为学生的英语写作提供了丰富的语言素材，为实现学生的自如表达做好了铺垫。

图 48

情境三：与 Crab 面对面，秀朋友

（1）认识我的朋友

T：Crab wants to know more about animals. Who would like to introduce the animal friend to Crab?

学生边呈现上次自主完成的动物朋友图画作品，边介绍自己的动物朋友。

（2）认识 Crab 的朋友

PPT 呈现 Crab 的朋友即本课的范文，学生自读认识 Crab 的朋友，介绍后讨论（图49）：谁介绍得更好？为什么？

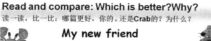

图 49

通过自读与讨论，学生都能够将范文与自己的介绍对比后找出范文的优点，如有情感色彩、内容生动形象、语言表达丰富、句子优美等。

（3）指导与修改

在学生自主讨论、分析后，教师做小结提炼写作的要点，让学生二次修改自己的作文，并再次分享自己的写作（图50）。

图 50-1　　　　　　　　　图 50-2

孩子天生喜欢动物，他们乐于亲近动物，在生活中，大部分孩子有养宠物的经验，部分孩子没养过，但也会从邻居家、亲戚家、动物园、农场等处接触到动物，他们对动物是有感情的。阅读范文时，学生敏感地感受到范文情感的变化，由此可见，他们也希望抒发自己的情感，也想将自己的动物朋友描述得更生动、更讨人喜欢。

对于刚进入五年级的学生来说，如何用英语表达，尤其写的表达还比较陌生且不够自信，但基于前面情境中各活动和任务的训练，此时则激发了学生的语言表达信心和愿望。学生自然而又主动地去修改自己的作文，二次作文则多了很多人情味，读起来生动，让人印象深刻。我想当学生的情感能够在写作中得以抒发时，他们才会感受到英语的魅力和会用英语写作的自豪感。

情境四：Crab 送礼物

情感提升，语言是一种工具，但语言的魅力更在于它的人文性，因此这节课并不止于写作目标的达成，而是挖掘其内涵，渲染情感。最后情境仍以 Crab 这一角色为主线，通过 Crab 的礼物展开绘本阅读（图 51）。在绘本阅读中，学生讨论、感悟和体验到动物也是有感情的，我们要关爱动物，与动物做朋友。通过最后一个情境的交代，故事变得更完整，语言也被赋予更多的生命力，从而体现出语言的教育性。

图 51-1　　　　　　　　　图 51-2

（三）挖掘语言交际内涵——"故事线"教学的增加值

因为故事线的引领，整节英语课变成了一个完整的故事，学生在 Crab 的引领下自然而然地进入情境中去，于不知不觉中达成了本课的教学目标，学得意犹未尽。因此，以故事线重组板块内容，能够帮助学生实现更有效的英语学习。

1. 故事线实现了学习的情趣化

情趣是学生热爱学习的基础，也是学生学习的内在动力。情趣是认识的前提，良好的情感的参与可以让学生在整个教学过程取得良好的学习效果。在小学英语综合板块教学中，重组教材中的故事情境，通过故事线的情境式教学，学生在教学交往中实现学习的情趣化，增强学习的有效性。英语课堂上以故事情境开展学习，符合小学生形象思维的特点，能很好地利用学生的好奇心，吸引学生的注意力，发展学生的英语语言思维。故事可以是真实的，也可以是教材化的，亦可以是教师根据板块整合优化后进行虚拟的故事建构。故事是儿童学习社会交往、开发智力及发展文化的最主要形式，它的真正价值在于提供了丰富的背景知识、完美的学习条件及易接受的语言输入。理想的教学一定是情境化的，而且也唯有情境化的教学才称得上是有效的教学或理想的教学。

2. 故事线提高了学生的学习愿景

故事线的教学设计是大面积教学中情境设计的一种形态。故事线对小学英语综合板块教学起"牵一发而动全身"的作用，故事线能让儿童在整体参与性上进行思考、讨论、理解、品味、探究、创编、欣赏教学内容……它所表现的是一种精炼的、高效的教学艺术。板块式思路所表现出来的外部特征是教学结构清晰，所表现出来的内部特征是教学内容优化。因此，故事线教学设计是展现板块式思路的重要路径。任何一门语言学习都离不开语境，英语作为一门外语，学生很少会产生用英语去传达知识或表达情感的强烈愿望。用故事来架起儿童与英语之间的桥梁，可以弥补语境的缺失之憾，而故事特定的语境让学生的语言输入与输出找到了突破口。通过复述故事、创编故事、表演故事等，语言得到了真实的运用。在语言的运用过程中，学生的英语思维也得到了提高，学生也有了学习的动力。

（苏州市吴江区盛泽实验小学教育集团盛泽实验小学　戴建琴）

如何创造性地使用教材，这是当前中小学课程教学改革中一个引人注目的课题。教师对教材的钻研、加工和优化本质上就是尊重学生、帮衬学生、引领学生的过程，我们只有立足学生，在尊重和理解学生的基础上，适当地整合不同板块资源，合理地利用故事线开发生成性资源，达到小学英语板块化教学中教材、课堂的优化。综合板块的特点是起点高、单词量大、语法点多、知识点的整理与贯通相对困难，因此，在教学中，教师应充分考虑学生的实际情况，重新整合教学内容，实现教学的最优化。在整个小学英语教学中，综合板块占有很重要的地位，能巩固和提升整个教学内容，教师不仅要懂得紧扣板块之间的共同点，而且要善于整合综合板块的教学内容，创设自然、整体的情境（故事线），以及扩展教学内容使其延伸到课外，从而进一步优化综合板块教学。在新课程理念的指导下，改变"教"与"学"的方式，优化教材，通过故事线进行综合板块教学，全面提高教师的教育教学能力和学生的英语素养。

优化教材内容是指教师结合实际，创造性地使用教材，对教材内容有所选择，科学地进行加工，合理地组织并深化、拓展教材内容中学生感兴趣的学习资源来吸引学生，调动学生的积极性，发挥学生的个性，让课堂充满活力。故事是小学英语教材中的"王中王"，会上故事可解决一切；小学英语教材中，百分之六七十是故事。译林版英语新教材每个单元的第一板块 Story time 的学习内容以故事的形式呈现给学生，也让学生体验到读故事的快乐，从而激发了学生英语学习的动机，并提高了学生英语学习的兴趣，优化课堂教学；而其综合板块因功能不同而各自独立成板块，为了让学生在综合板块学习时也学得情趣化和故事化，可以以译林版英语 Checkout time 板块的内容为教学内容，以故事为线设计板块内容，通过故事情境的设计，有组织地整合、优化板块，从而实现学生英语学习的情趣化、情境化和自主性。在故事线式地推进综合板块教学过程中，老师采用故事教学的基本模式，从题目、人物、地点、情节，以及挖掘人文思想这几个方面组织课堂教学，这是前半句"故事模式"，但是后半句"讲演推进"，即问题引导、训练必须跟上，这样才能在"教"与"学"两个维度都最大限度地实现优化和有效。

第三节 优化课程教材的策略

教材是教师课堂教学的重要依据。指向学生素养发展的教学，要求教师在读懂教材的基础上，综合考虑学生的立场和视角，将教材内容转化为学生的学习内容。教师根据对教材的理解，综合运用各种策略和手段，对教材进行结构化处理的过程，是教学设计与实施的必经过程。优化课程教材，需要综合考虑几个方面的因素：第一，课程标准的要求是什么。课程标准是学科的教学目标和要求体现，是教科书编写的依据。课程标准凝练了学科核心素养，明确了教学内容，研制了学业质量标准。明确课程标准是优化课程教材的基础，这也是确保教学过程育人价值的体现。第二，学科教学的目标是什么。教学目标是教学设计的方向所在，合理选择课程教材，实施优化策略，要有确切的目的性、方向性。优化的方向指向学生的知识与技能、过程与方法、情感态度与价值观目标的整合性发展，指向学生思维能力、方法观点、理念素养的综合性发展。第三，选择哪些教材资源，将教学语言转化为学生的学习语言。这里需要关注的是学生的认知规律、个性特征、发展程度等因素。依据学生学习活动的心理逻辑，将教材内容转化为具有"可学习性"的学习内容，成为学生切实可以获得、理解、应用的内容。第四，通过哪些策略和手段，切实优化课程教材资源。在教学中，教师根据自己的理解，将教材内容融入新知，将教材内容进行分门别类地结构化处理，将学习情境、学习任务、学习内容，以及素养化评价，与课程教材的优化处理相融合，使学习内容不仅符合课程标准、教学目标和学生的心理特征，也使学习内容通过合理的多样性途径成为学生的内在知识和素养生长。

一、策略一：内容布白

教学作为一种实践活动，极具艺术性。教学布白是遵循教学规律、审美规律、学生成长规律，灵活运用空白艺术，创造性地实践教学活动，从而达到优化课程资源，活化课堂教学的策略。内容布白，是在对课程教材深度理解的基础上，在教学设计与实施中，以"布白艺术"处理教材，有意识地将学生的学习内容进行留白，以激发学生探究的热情，在课堂学习过程中，以"生成"的方式进行"创造性学习"。布白内容，要指向学习内容，既是艺术留白，又是教师生动启发的手段。布白教材内容的目的在于启发学生思维，锻炼学生独立思考、合作探究、商讨生成的综合思维能力，让学生在内生因素的综合作用下，以实现学科知识的增长、学科能力的提高、情感态度价值观的树立等。

教学现实中的"布白"缺失，是影响课堂教学效率的重要因素。教学布白艺术蕴含的实践价值在于把握好其布白内容本身的启发性、生成性、动态性，彰显学生学习活动的体验性、深思性、创生性。优化课程教材的内容布白艺术需要注意几点：一是需要在适合的地方、适当的时机，给学生的思考留出一定的时间和空间。教师运用布白艺术，需要遵循学科教学的基本要求，以课程标准、教材内容为主要依据，再结合学生的认知规律，进行布白。二是需要为学生学科核心素养的生长服务。内容布白没有固定的模式，教师要根据所授课的内容，以及所面对学生的个性差异进行布白，以期达到促进学生素养发展的效果。三是需要综合考虑内容布白的认知、情感态度等作用。从内容"留白"上，激发学生对学科知识的求知兴趣，增加学生的学科技能与知识，发展学科学习能力，同时，布白内容更是为了引导学生感受学科本质的魅力，发展学生思维与创新能力。四是"留白"不等于"虚无""空白"的形式，但整体孕育着思维的无限"空间"。"留白"的主旨是让学生的思想在"空白"深处尽情挥洒，但这种天马行空的想象与交流指向的是学科语境、学科内容的意义重建、学科价值的真实再现。

叶圣陶认为，教的最终目的都在于达到不需要教。创新是人类特有的认识能力和实践能力。内容布白的创生策略，在于在课程教材的"留白"设计上，对布白艺术的灵活应用，面对不同的课程内容、教材表达，以及不同的学生情况，布白有不同的切入时机、类型和策略。

苏州市吴江高级中学的教师杨春华以《高中历史教材人教版必修3"中国古代文学"的教学布白》一文，详细阐述了自己在教学过程的"布白"实践，值得我们学习。

> 以高中历史教材人教版必修3"中国古代文学"教学片段为例，基于历史教学效益的反思，通过中国古代文化史教学案例的片段尝试，从"知白守黑"的视域，放宽历史教育的世界和视界，透析历史

生动课堂的"情境"性格,省思历史学习的"语境"内涵,重构历史生动课堂的内在意蕴。

(一) 省思:"独白"的理路

不管对历史如何定义,历史学探究的内容必然是发生在过去的人和事。作为人文学科之母,历史教育是一种人文教育,基于务实求真的态度,从历史的镜鉴中汲取成败得失的经验教训,创获民族进步、国家兴衰、文明赓续的秘钥,从而涵育学科素养、促进人格成长,正是历史教育的功能和魅力所在。

问题在于,既然历史探究的内容是发生在过去的,"过去"又是如此遥远、渺不可及的,我们是否真的可以在尘封的往事中拨开历史的"迷雾",探索历史的真知,以史为鉴?

因为历史"过去式"的特殊性格,显然与学生已有的、日常的经验相去甚远,"历史的经历"少之又少,更何况,在现行教育体系中,初高中历史教学实际存在的脱节,加剧了学生的历史知识,甚至历史常识的缺失,那么,如何填补其中的"空白"?基于知识灌输的"填空",似乎成为历史课堂的主要任务和历史教学的主流方法。

教无定式。然而,课堂"填空"或是对历史教学的"简化":教师成了课堂的主宰,以一种权威的方式,把知识作为预先决定了的"内容"灌输给学生。实践证明,这样的课堂波澜不惊,落寞而乏味;历史教学缺失了师生的对话,仿佛是历史长河边"一个人的独白"。

难道学生仅仅是记忆的工具,或者仅仅充当了识记的容器,所以"灌输"和"填空"是历史教学最有效的方式?我略引建构主义学习理论,认为:世界是客观存在的,但是对于世界的理解和赋予的意义是由每个人自己决定的,"有一千个读者就有一千个哈姆雷特",学习者总是以自身的、原有的经验理解和建构新的知识图景。换句话说,学习不是被动地接受知识的刺激,必然涉及学习者原有的"缄默知识"和"认知基础",并根据自己的禀赋、经验、思维和认知,对外部与客体的知识和信息进行主动的选择、加工和处理,最终形成各自的"理解"和知识的"建构",至于能否在学习过程中涵育生成学科的素养,与"教""学"之间的效益函数密切相关。至于如何化教为导、因材施教,引领学生建构知识和涵育素养,这是新的形势下新一轮历史课程改革的重点,攸关生动课堂的创建与意涵。以下,我想透过一个历史教学的课例来具体说明，拘于课堂的容量与案例的特质，本文只做典例式的教学片段分析。

（二）阐明："布白"的意境

就历史课程的性质和属性而言，历史也不仅仅是"记忆"，更是一种思维的能力和方法。钱锺书先生说得好："史家追叙真人真事，每须遥体人情，悬想事势，设事局中，潜心腔内。"引申言之，历史教学需要激活历史的思维，帮助学生成为历史思维的主体，深入探究历史内涵的意蕴。而师者，所以传道授业解惑也，在新课程形势下，我们不妨把历史教师视作沟通历史价值与学生认知的文化媒介者，需要帮助学生在既有经验和探究对象之间创设"沟通"的情境与语境，透过课堂的"布白"，便于学生在身"历"其"境"中理解、建构历史知识的图景和样貌，这是历史生动课堂的任务，也是体现历史教学效益的重点；这不只是历史知识的传授，也不止于教学效率的测量，还是历史教学视界的扩张、历史教育价值的追求和历史学科素养的涵养。

以人教版历史必修3为例，我想举一个中国古代文化史的例子。在中国古代的文化传统之中，存在着不同而多样的政治言说、哲学道理、思想源流、科技工艺、文艺杰作和文化类型，其中，李泽厚先生在《美的历程》中提出的"诗词曲各具审美三品类"是一个显著的例子，诗词曲是我们相当熟悉的领域，然耐人寻味者，在历史生动课堂的实践场域或是在历史教育的课程领域之中，我们应该站在什么样的立场，基于什么样的视角，透过什么样的方法，去展示、去透析、去向学生解说历史课堂上的唐诗、宋词和元曲呢？若是对作品本身进行解读、分析、评论，那么是否更应该是语文课堂的任务？换句话说，历史教材中的"中国古代文艺"在历史课堂上应该如何讲解和展现呢？基于人类历史行程的视角，聚焦、凝眸与透视，或是可行的取径，当然鉴于中国古代文艺的性质，"文史结合"或是一个很好的教学考虑，既有文学的解析，亦可做历史的分析。由此反观，我们首先从历史内在的逻辑，看到诗—词—曲的文艺品类，它们作为一种艺术体裁在题材形式方面的变迁；除此之外，基于历史演进的脉络，每一种体裁又受到当时的国情与形势的影响与制约。以宋词而论，按教材的说法，是因为随着商品经济的发展、城市的繁荣、市民阶层的扩大,一种便于抒情、能歌能唱、适应市民生活需要的艺术形式——词应运而生。然而,这样又带来一个问题,按照人类学家对文化传统的划分,在一般情况下,"诗"通常属于士大夫的作为,体现"文以载道"的旨趣,反映士大夫的趣味,教材引用白居易"文章合为时而著,歌诗合为事而作"可为佐证,简括地说,这是士大夫"雅文化"的代表,相对应的则是古代平民的"俗文化"传统。那么,何以后世将宋词与唐诗并列呢?此为历史教材所无,亦是历史知识的空白,然如果我们稍稍切换角度,这难道不正是有待我们去拓垦的"历史思维的最近发展区"吗?其实,这也是历史生动课堂"布白"的切入点所在。需要深入探究的是,宋词何以从一般的市民阶层的口味转化为"士大夫之词"?这就需要我们拓展教材以外的课程资源,从专门的文学史、艺术史、美学史和学术史的专著与视域之中,打探个中消息,帮助引领学生探究并寻求问题的答案。稍事考证与研究,追寻词的兴起和源流,从最初的"艳科"之属至"人生"之慨,经过了一个"历史"的过程,其间的因缘错综复杂,然如王国维先生所说,"词至李后主而眼界始大,感慨遂深,遂变伶工之词而为士大夫之词"。不但如此,苏轼与辛弃疾或是转化宋词气质的两个更为关键的人物,是他们把"词"从适合"普罗大众"的歌谣转向士大夫的雅好,从此,不仅仅是柳永时代的"流行歌曲",还成为与唐诗相提并论的、同样承载家国情怀、体现古代中国"文以载道"传统的雅词。

我们基于教材内容,通过甄选柳永、李清照、苏轼、辛弃疾的典型词做稍加比较即可明白。

柳永词赏析:雨霖铃

寒蝉凄切,对长亭晚,骤雨初歇。都门帐饮无绪,留恋处,兰舟催发。执手相看泪眼,竟无语凝噎。念去去,千里烟波,暮霭沉沉楚天阔。多情自古伤离别,更那堪,冷落清秋节。今宵酒醒何处?杨柳岸,晓风残月。此去经年,应是良辰好景虚设。便纵有千种风情,更与何人说!

此为柳永著名的《雨霖铃》,调原为唐教坊曲,相传唐玄宗避安禄山乱入蜀时为悼念杨贵妃作此曲,后柳永用为词调。这首词却是他离开都城汴京时所写,抒发了跟情人难分难舍的感情。显然,创作的情趣与内容已大有不同,一如教材所说,更加适合抒情,从而适应市民阶层的需要。

李清照词赏析：一剪梅·红藕香残玉簟秋

红藕香残玉簟秋。轻解罗裳，独上兰舟。云中谁寄锦书来，雁字回时，月满西楼。

花自飘零水自流。一种相思，两处闲愁。此情无计可消除，才下眉头，却上心头。

李清照此处所展示的，也是一种个体情感的抒发，与传统中国的"文以载道"的家国大情怀似乎渺不相关，显示出一种"小女子"闺中相思的情态，或许这正是婉约派的艺术特征之所在。

前两首词均为教材节选，正是表现此意。那么，词是否尚有另外的面向呢？我们再来看苏词和辛词。

苏轼词赏析：念奴娇·赤壁怀古

大江东去，浪淘尽，千古风流人物。故垒西边，人道是，三国周郎赤壁。乱石穿空，惊涛拍岸，卷起千堆雪。江山如画，一时多少豪杰。

遥想公瑾当年，小乔初嫁了，雄姿英发。羽扇纶巾，谈笑间，樯橹灰飞烟灭。故国神游，多情应笑我，早生华发。人生如梦，一尊还酹江月。

读这首苏轼的词作，意境截然不同，大开大合之间充满个人对历史兴亡的感慨，我们通常誉之为豪放派，其实换一种说法，以抒情的不同对象与方式而论，不妨套用范曾的说法，径称之为"大丈夫之词"。

辛弃疾的词作同样如此（辛词亦有婉约作品），甚至有过之而无不及，因为特殊的国家形势与个人际遇，更有壮怀激烈、金刚怒目的面向，读下面这阕《破阵子》当可充分领会。辛词为教材所无，特补录以便分析说明这一问题。

辛弃疾词赏析：破阵子·为陈同甫赋壮词以寄之

醉里挑灯看剑，梦回吹角连营。八百里分麾下炙，五十弦翻塞外声，沙场秋点兵。

马作的卢飞快，弓如霹雳弦惊。了却君王天下事，赢得生前身后名。可怜白发生！

综合来看，苏轼和辛弃疾提升了词的情怀、旨趣与格调。我们很难想象，如果没有这一层次的转化与变化，何以会出现后世家喻户晓的唐诗宋词，遑论后世可以上升到学问高度的《人间词话》。回到人教版历史教材的文本与叙述，有意思的是教材中出现了苏轼与辛弃疾，然而按照教材叙事的思路，是作为宋词的不同派别而论。如果我们细绎现行教材的编写意图的话，试图体现的则是中国古代文学通俗化和平民化的趋势，所以教材从宋词开始即强调与商品经济和市民生活的关系，这不能算错，却"窄"化了中国古代文学史的视域，以诗文入词、词的"诗"化，亦是显见的趋势。凡事物总有两面，如此在教材的叙事框架之下在无意之中为教学者预留了一个"布白"的空间，这也是上述的教师与学生需要在课堂上继续探究的领域与应该拓展的主题。我们稍微调整教材叙事的视域，重新整合教材的资源，透过一些恰适的材料，重新思考宋词中的婉约派与豪放派，作为解决历史疑难的突破口，不经意之间引燃了我们的思想，激活了静态的历史文本的叙事，这既有利于我们从文学史的视角把握唐诗与宋词的关联，也可以透过美学史的视野，吟赏不同文学体裁的艺术杰作，鉴赏各自的文学特色，欣赏独特的艺术风格，以及背后辗转嬗蜕的经历与缘由。

元曲通常被视作与唐诗和宋词并列的另一种文学类型，但元曲又比宋词更为通俗、生动、活泼，更加"接地气"，应该说也更加适合"普罗大众"的口味。从另一个角度看，当然也更为远离士大夫的"雅文化"传统。就古代中国秩序的治理而言，正如著名历史学家余英时先生所确切指出的"科举制度是帝国系统中最为敏感的一架调节机器"，其论述鞭辟入里而运思高远，堪称具有穿透两千多年帝制中华史的通史眼光，而元代的盛衰兴亡至少部分与开国八十多年不行科举相关，士农工商的四民社会固然在明清中国最为典型，然则，在宋代以降的古代中国的不同时期其实同样重要，科举致仕是古代读书人最为重要的出路，在元代的政治情境下许多人找不到现实的出口，以及政治的压抑，迫使他们在其他地方寻找出路，而对杂剧和散曲的创作，竟是他们发泄政治郁闷的一种形式，而影响所及也使得他们所创作的作品更接近平民大众、更适合日常生活，也更多了人间烟火的气味，这样在无形、也在无意之间拉开、拉大、拉远了与传统士大夫的文化与趣味的距离。那么，同样的疑问和问题，何故曲最终能够与诗、词并列为中国古代文学审美的三种类型呢？如果说，苏轼和辛弃疾提升了宋词的品位和格调，那么，元曲在后来的历史行程之中逐渐向词的靠拢——"词化"，也是一个明显的趋势。要把握这个问题，我们可从以下对关汉卿、马致远和张养浩曲作的对比中分析得出。

关汉卿曲赏析（套曲之一）：南吕

我是个蒸不烂、煮不熟、捶不匾、炒不爆、响珰珰一粒铜豌豆，恁子弟每谁教你钻入他锄不断、斫不下、解不开、顿不脱、慢腾腾千层锦套头？我玩的是梁园月，饮的是东京酒，赏的是洛阳花，攀的是章台柳。我也会围棋、会蹴鞠、会打围、会插科、会歌舞、会吹弹、会咽作、会吟诗、会双陆。你便是落了我牙、歪了我嘴、瘸了我腿、折了我手，天赐与我这几般儿歹症候，尚兀自不肯休！则除是阎王亲自唤，神鬼自来勾。三魂归地府，七魄丧冥幽。天哪！那其间才不向烟花路儿上走！

马致远曲赏析：天净沙·秋思

枯藤老树昏鸦，小桥流水人家，古道西风瘦马。夕阳西下，断肠人在天涯。

张养浩曲赏析：山坡羊·潼关怀古

峰峦如聚，波涛如怒，山河表里潼关路。望西都，意踟蹰。

伤心秦汉经行处，宫阙万间都做了土。兴，百姓苦；亡，百姓苦。

关汉卿插科打诨式的"无厘头"，其中所展示的是平民大众的"流氓气"和"匪气"，再看马致远的"哀婉忧伤"，以及张养浩重返中华历史大地、祖国河山、家国兴亡的吊唁与感伤，元曲一步步走出了底层"下里巴人"式的吟咏发泄，而终于转向了传统士大夫的文化与趣味，朝古代中国雅文化的传统一步步艰难靠拢，或许正因为如此，元曲才最后完成自我的提升和振作的命运，终于跻身中华文化的大雅之堂。事实上这正是元曲在历史进程中的转变，仿佛也是元曲的精神使命，最终实现了唐宋元不同时代"诗""词""曲"并驾齐驱的作为"文学品类"的地位，个中或仍有不同历史地位的争议，然以上的历史论断应该大致能够成立，透过杂剧与散曲，我们关注到了历史行程中一些底层和边缘群体的趣味，以及普通人的日常生活和内在经验。值得稍做补充者，古代中国是诗的国度，诗的发展有最长远的渊源，而词、曲无疑是古代中国文学体裁的转变与创新，基于词的"诗化"、曲的"词化"，最后在历史时空的赓续与变迁之中，一起丰富了古代中国文化史的内容与形式，在"雅俗共赏"中各美其美，美美与共。后之视今，亦犹今之视昔？中华人民共和国教育部原部长陈宝生强调，学校美育要以美育人、以文化人，全面提高学生的审美和人文素养，更好地落实立德树人根本任务、促进人的全面发展，而历史教材中攸关中国古代文学的专题与题材，正是开展、实施与落实新时代学校美育的重要载体和优秀素材，而这也正是我们在历史生动课堂所探究的有关中国古代文化史的内容，所不同者，我们不仅侧重文学史自身的逻辑和范畴，亦不放弃对文艺之美的探索与欣赏，充分发掘雅俗共赏的课程知识立意，发人深省的是，这样的教学尝试是否有意义呢？无论如何，这是我们尝试注重对"人"——历史行程中的"人"和历史课堂中的"人"，不同历史时空中每一个个体内在生命经验与体验的关注，而不止于课程知识的传授与吸收，无疑，这是一种新文化史的价值取向，不仅可以帮助我们拓展历史的视野，其实也拓宽了我们历史教育的世界和视界，甚者，这样的学习也是一个"文"化的过程，知识的意义与学科的素养可于焉涵育形成。

在上述课例的教学片段中，基于教材而不拘泥于教材，通过课程资源的重新整合和各类学术资源的援引，在课堂"布白"中，为学生创设熟悉的语境，回到具体而微的历史时空，从而帮助学生将邈远而陌生的事物化为熟悉，激励学生的探究意识，触发其心灵的感悟，从而去沟通历史的意涵、意蕴和意义，在情境之中加深对历史图像的建构。

(三) 检讨："知白"的意味

什么是好课，什么样的课堂是生动课堂？很难说，恐怕很难有公认或统一的标准，然而有一点，好课的意蕴丰富、意境深沉、意味深远则毋庸置疑，值得我们持续去研究、雕琢和探讨。在中国画论中，有"计白当黑"之说。"黑"是笔墨，"白"是空白，其意在于画面空白处亦不可不计，"空白"也是文章所在，试观八大山人之画，一张独立夏塘的荷叶，寥寥数笔，意境高远，究其根源，在于八大山人懂得运用"空白"的高妙，在整体画面布局中，黑白相依，有无相生，做到了知"白"守"黑"。

一堂好课，恰如一幅写意山水。教学"内容"即画面"笔墨"，并非愈多愈实愈好；学习是主体对作为客体的知识的建构，教学的重点不仅在于教师传授多少知识，更在于学习的主体能否透过既有的知识经验和隐性的认知系统，去消化、吸收尽可能多的"内容"，这正是历史教学效益的关键所在。因此，历史生动课堂要尽量在课堂中"布白"，为学生留出思维的"空间"，一如画面的"空白"。如此，"留白"不等于"虚无"，或许可以成为历史教学是否有效的必要"形式"："空白"的形式，内蕴着历史思维的"空间"，这是一种有"意味"的形式。如果说，传统历史教学重在填"空"、侧重历史知识的灌输，历史生动课堂的意蕴恰在于对历史内涵的自主性思维：让思想"天马行空"，发挥"历史想象力"，在"空白"深处尽"情（境）"挥洒，透过具体"历史语境"的还原，最终生成"笔墨"——历史内容的意义建构，这是知"白"的真"意"。也只有如此，才能让学生成为知识学习和意义建构的主体，而因"材"施"教"，是历史生动课堂的内在要求。

如爱德华·卡尔所言，历史永远是"现在"和"过去"的对话。本文揭橥的历史生动课堂，强调知"白"守"黑"，不是对传统教学"程式"的悖反，而更在乎课堂上历史思维"形式"的动态意涵：从"填空"到"布白"，从"程式"到"情境"，通过重访特定的历史时空，透过具体而微的历史语境，激活学生的思维，激励学生的探究意识，帮助学生沟通原有的认知和经验，在历史的脉络和具体的语境中深入阐发历史的内容和内涵，完成对历史图像的理解和建构，扩展历史教育的视界，涵育历史学科的素养，以臻立德树人的教育目标。上述的教学尝试是否能够透过拆解的知识"片段"重建历史课程的"七宝楼台"，敬祈大家批评指教。

（苏州市吴江高级中学　杨春华）

二、策略二：板块重组

教材作为一线教学可供参考的范本，是实现教学目标、进行教学设计、整合教学资源的参考依据和检索比照。教材的存在和使用的目的不仅为了"教"教材，更为了"用"教材，且是一种灵活的用、创新的用、能动的用。随着时代发展的要求和小学语文课程课改的推进，教学中一系列的新问题和新挑战也随之出现，对于教材改编，应当如何处理好教材的守旧与创新的关系，亟待施教者在理论层面上给出清晰的概念厘清和关系辨别，才能精准有效地指导教学实践，为进一步推进课程改革向"深水区"迈入树立正确"风向标"，提供具有科学性、可操作的教学具体策略。

教材更替之际，要应对教材改编带来的问题，需要施教者提早做有准备的"有心人"。施教者可以从以下四个方面着手：① 明晰教材变化，提高认知。课文的内容是否发生变化，增删的原因出于何故，课文的位置和课后练习的变化带来怎样的启示，课文的价值和功能有什么变化，课文的教学目标是否发生要求上的改变，等等，都需要施教者"了然于胸"，需要在对比分析中领悟变化，在深度思考中琢磨对策，在理性逻辑中提升认知。② 重视情境再现，凸显结构。教材的呈现是以思维活动和实践活动等方式呈现的，是通过一系列活动及其结构化设计进行串联的，是立体的而非平面的，是生动的而非呆板的，是序列的而非孤立的。因此，需要施教者坚持教育与学生的生活逻辑相结合，着眼于学生的真实生活和长远发展，使教材内容与生活关切相对接，使学科知识得以丰富，有血有肉更有魂。③ 拓展真实应用，生成素养。知识的生命力在于运用，在于能解决身边问题和指导生活实践。在教材教授过程中，施教者需要充分利用现代信息技术，丰富教育资源和形式，拓展教学空间和维度；需要通过序列化情境和问题的创设、丰富的实践活动的依托，引导学生转变学习方式，感受知识生成基础上的能力的训练和提升，在互助学习和探究学习的过程中，培育学生的学科素养，落实学科要素，提高学生运用理解和实践操作能力，为未来的合格的社会主义公民做准备。④ 形成多元评价，推进发展。教材是教学的载体，是推进学生掌握和内化学科要素，形成和发展学科素养的理论文本，需要施教者一方建立激励受教者不断进步的发展性评价机制。不仅要明确教材教学的学科任务，更需要设置具体的评价情境，给出多种评价方式，如生生、师生、组际互评相结合，过程性评价与形成性评价相结合，课堂评价的语句要倾向于审美性评价，侧重于引导学生状态，让学生有被尊重、认可、推动的心理认知，进一步推进课堂向新的层次进阶，以期形成一个峰值。

苏州市实验小学的教师陆文红在教学过程中对教材内容进行板块重组的实践，值得我们学习与借鉴。

2019年9月新学期，统编语文教材在小学一至六年级全面启用。翻开统编教材六年级上册的目录，我们发现《草原》《七律·长征》《狼牙山五壮士》等5篇课文是原先人教版五下的。同样，六下的《金色的鱼钩》是原先人教版五下的，五上的《搭石》《鸟的天堂》是原先人教版四年级的课文。教材更替之际，学生已经学过的篇目，谓之"熟文"。对于这些已经学过的"熟文"，该如何处理，是教学中必然面对的问题。此外，统编教材中出现了数量众多的经典老课文，对于这些课文的价值和功能，同样需要厘清。本文拟以五下《桥》一文为例，就这类"熟文"的处理加以讨论，并对统编教材中经典老课文的功能定位的挖掘一并加以分析。

（一）同与不同：课后练习的比较

小小说《桥》和《再见了，亲人》《金色的鱼钩》《梦想的力量》是人教版五下第四组的课文。从单元导读上看，这组课文都是讲述感人的故事，需要从这些文章体会作者表达的思想感情，认真领悟表达方法。本单元习作要求也是围绕"感人"写一件事。但《桥》入选统编教材六上第四单元，不仅仅因为故事感人。从课后练习的变化中，我们可以清晰地看出这篇文章的学习重点已经发生了变化。

分析比较表9罗列的课后练习，相同点有：① 提出了朗读的要求。② 文中主角老支书的精神品质，需要理解体会。③ 对本文环境描写加以关注，尤其是对衬托小说人物形象的环境描写作用加以关注。这些相同点清楚地呈现了学生学习课文的三大任务：一是朗读；二是对文章核心内容的理解把握，清楚明白"写了什么"；三是对"怎么写"的表达特点有所发现。其实，大部分文章的学习都有这样的要求。

表9 人教版和统编教材《桥》课后练习的比较

人教版五下第四组课文	《桥》课后练习
《再见了，亲人》 《金色的鱼钩》 《桥》 《梦想的力量》 习作：一件感动的事	（1）有感情地朗读课文。 （2）课文中的老汉是个怎样的人？你是从哪些地方感受到的？ （3）课文在表达上很有特色，比如，课文最后才交代老汉和小伙子的关系；文中有多处关于大雨和洪水的描写，你发现了什么？找出来，和同学交流这样写的好处。

续表

统编教材六上第四单元课文	《桥》课后练习
《桥》	（1）有感情地朗读课文，注意读好短句。 （2）这篇小说写了一位怎样的老支书？找出写老支书动作、语言、神态的句子，结合相关情节说说你的理解。 （3）画出描写雨、洪水和桥的句子，读一读。再联系老支书在洪水中的表现，说说这些描写对表现人物的作用。 （4）小说最后才点名老支书和小伙子的关系。和同学讨论这样写有什么好处。
《穷人》	
《在柏林》	
习作：笔尖流出的故事	

然而，细细对照课后练习的这些题干要求，可以发现如下不同：首先是统编教材的要求更精准、细致。同样是有感情地朗读，因为《桥》以短句为主，语言干净，简洁有力，和情节的紧张相匹配，统编教材提出了要"读好短句"。这既是要求，也暗含了方法的指导。其实也告诉我们老师，"读出感情"也应该是有方法指导的。其次，都是要理解人物的精神品质，统编教材明确指出要抓住人物的动作、语言、神态等相关的描写手法，从言行看内心、察品质，这是强调从语言文字入手，有依据地分析鉴赏。第三题中，原先的人教版，以"你发现了什么"比较宽泛地去寻求小说表达的特点；而部编教材分列为两点：一是这篇小说环境描写的作用；二是文章意料之外、情理之中的结尾的巧妙。

所以，从课后练习设置的同和不同中，我们认为统编教材更加关注文体，希望学生逐步形成文体意识，阅读小说能关注小说的三要素；关注阅读能力的习得且要求落实落细，每项练习的要求中，都有方法的渗透、策略的引导。

（二）变与不变："例什么"的重新定位

课文无非是个"例子"，叶圣陶的这句话已经成为共识。关键在于"例什么"。课后练习的比较，使《桥》这篇文章的教学要点更加清楚。之所以课后练习有变化，是因为文章的"例什么"发生了变化。教材中的单篇课文，从来不会真的"单"，它是一篇文章，有它独特的魅力，尤其是文质兼美的文学作品；但它更是这个单元里的一篇文章，是这一册教材的一篇，也就意味着必须把"这一篇"放在某个合适的位置，前后关联，整体考虑它的定位、价值。

《桥》是六上第四单元的第一篇精读课文，紧随其后的是经典名篇

《穷人》，第三篇是略读课文小小说《在柏林》。很明显，这是一个小说单元，理解小说人物形象是首要任务。关注一下该单元"语文园地·交流平台"，就知道本单元很重要的能力点在于掌握理解小说人物形象的方法，从人物细节描写、情节的推进和环境的渲染中读懂人物。

究竟"例什么"？统编教材这一单元的导语提示为"读小说，关注情节、环境，感受人物形象"。我们不妨从《桥》的统编教材课后练习入手，看看"例什么"，教学目标究竟如何定位。

从表10的分析可以看出，《桥》这一课的重点是在学习课文的同时，练习如何通过有效的阅读策略读懂小说，掌握小说的文体特点。作为本单元的第一篇精读课文，教师要将这些方法让学生初步掌握。所以《桥》在人教版和统编教材中不变的是：还是这篇课文，文章内容要学习；变的是：从"讲课文"到"教读法"的转变。王荣生教授曾提出阅读教学的两条线路。我觉得放在这里非常合适，之前人教版的《桥》遵循的是线路一，即"把教学内容的落点放在理解与感受上，而把形成合适有效的阅读方法看成阅读实践中的潜移默化"；而统编教材的《桥》的教学应该遵循线路二，即"应当把教学内容的落点放在阅读方法上，而把较为正确的或较为妥当的理解与感受看成方法运用的自然结果"。

表10 《桥》课后练习的分析

统编教材《桥》课后练习	例什么	教学目标设置	能力点
（1）有感情地朗读课文，注意读好短句	朗读方法：短句的朗读技巧	掌握短句读法，有感情地朗读课文	朗读技能
（2）这篇小说写了一位怎样的老支书？找出写老支书动作、语言、神态的句子，结合相关情节说说你的理解	阅读策略1：抓人物描写的语句，感受人物形象	尝试抓人物描写的语句，感受老支书的精神品质	阅读策略
（3）画出描写雨、洪水和桥的句子读一读，再联系老支书在洪水中的表现，说说这些描写对表现人物的作用	阅读策略2：抓环境描写的句子，感受特定环境下人物的行为	能结合环境描写深入理解小说人物形象，能说出环境描写的作用	阅读策略
（4）小说最后才点名老支书和小伙子的关系。和同学讨论这样写有什么好处	小说文体特点：小说的结尾	能说出小说结尾的妙处	文体的分析、鉴赏能力

（三）舍与得："熟文"的教学策略

《桥》入选统编教材，对于原先学习人教版的六年级学生来说，这是一篇"熟文"。基于上文对《桥》的分析，这样的"熟文"怎么教？怎么学？

课文已经学过了，学生对老汉这个人物形象相当熟悉。所以对于"写了什么"层面的内容理解，把握的原则是学生已经知道的。除了简单回顾外，更要根据课文在教材中的变化，引导学生有更深层次的感受和领悟。当然，重点还是要从小说单元教学目标落实的角度，关注"怎么写"，关注语文要素的落实，关注阅读策略的习得和运用。这样的"熟文"教学的优势就在于目标更加聚焦，更加精准，更加紧凑。学生胸中有文本，那就直接可以奔着表达的秘密去探索了，可以用下面的示意图（图52）来表示课文全过程学习中策略的安排。

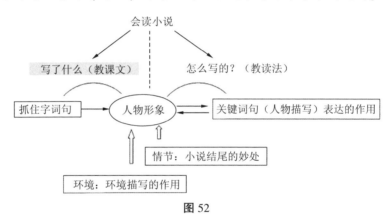

图52

从图52可以看出，一篇"熟文"，重点要解决图右半边的任务，通过抓关键词句读懂人物，知道作者为什么这么写、这么写的好处，同时在抓描写人物的关键语句时，可以一并关注环境的描写，弄清楚环境描写在小说中的作用。最后可以关注小说结尾。至此，学生对小说这一文体的特点，以及怎么读懂小说、可以从哪些方面着手，有基本的了解和方法的习得。按照一单元教学时间的统筹分配，从"理解内容"处节约下来的教学时间，可以充分用在后一篇课文《穷人》的学习上，这同样要关注人物的神态、动作、语言、心理活动等的描写，同样也有环境的描写，结尾同样具有言已尽而意无穷的特点。学生可以采用《桥》一文中学习到的阅读策略，初步尝试自主读懂小说。如果说《桥》是"教读法",那么《穷人》就是"练读法",在"练"的过程中,逐步明白小说的特点及一般的阅读方法。

综上所述,"熟文"要不要教?当然要,学习课文内容的半程可以略去,但还是要关注教材的变化,引导学生有新的发现,如《桥》一文,课后习题中有"老汉""老支书"的不同提法,值得推敲。重点在于学方法,练能力,提技巧。

《桥》一课简洁的教学流程设计如下:

环节一:回顾文章内容"写了什么"。

(1) 简单概括:小说主要写了什么?

(2) 直指小说主旨:文中的老支书是个怎样的人?

(3) 引导发现:不同版本教材的课后练习中,称主人公为"老汉""老支书",想想有什么不同?

环节二:重点关注"怎么写"。

(1) 从哪些描写最能看出老支书的临危不乱、先人后己、大公无私?(小组讨论,成果汇报。)

(2) 画出文中描写暴雨洪水的句子,并朗读。

(3) 讨论:这些环境描写和写老支书这个人有什么关系?(小组讨论,成果汇报。)

(4) 小结:特定场景+特别言行——人物的特点、品质等。

环节三:感受小说结尾的妙。

(1) 为什么小说前面不交代父子关系?

(2) 讨论:这样的结尾妙处何在?

(3) 交流:你还读过有类似结尾的小说吗?

在以上的教学环节中,第一个环节是简单回顾,激活记忆,深化理解。重点在第二、第三环节,教学以教师引导,学生发现、讨论为主。阅读的过程就是学生学习运用方法的实践过程,阅读能力就是在阅读实践中提高的,切忌单纯的一问一答或教师满堂讲。

(四) 这一篇和许多篇:经典老课文的教学建议

以前,学生在教材中遇到"熟文"只可能出现在不同版本教材衔接的时候,是暂时的特殊情况。但是,统编教材里入选的大量篇目我们都是很熟悉的,比如,四年级的《观潮》《爬山虎的脚》《记金华的双龙洞》,五年级的《祖父的园子》《落花生》《珍珠鸟》,六年级的《少年闰土》《匆匆》《十六年前的回忆》，等等。这些经典老课文还是"一样的味道"吗？它们的功能价值究竟如何把握并贯彻到教学实践中，我觉得可以从以下三方面入手：

1. 抓不同，在比较中明晰课文的定位

从实践层面来讲，这个方法是比较实用的。就像上文对《桥》的分析，通过此文在不同版本教材中课后练习的编排设计，我们大致能推断出统编教材对文章入选的用意。比如，四年级的《蝙蝠和雷达》，课后练习有很大变化，在比较中，我们发现统编教材强调"阅读时尝试从不同角度去思考，提出自己的问题"，借助这篇课文，知道并学会从不同角度提出问题，是阅读策略的学习。当然，对课后练习的比较只适用于精读课文，比如，《观潮》《普罗米修斯》《为中华之崛起而读书》《搭石》《狼牙山五壮士》等。

2. 重单元，在联系中把握课文的位置

统编教材的单元组文采用双线结构，人文主题和语文要素并重，而语文要素的落实，要贯穿在整个单元所有课文的教学中，有层次地推进落实，因此单篇课文在这个单元语文要素落实中起到什么作用，必须认真把握。如《将相和》，就不仅仅是通常意义上古典名著人物故事的理解，而是成为"提高阅读速度"这一阅读策略学习的桥梁。从连词成句、不回读，到带着问题、抓关键词句、提取有用信息读，这个单元扣住的是学生默读技能形成的几个要点，训练学生视觉快速加工能力，充分利用预视效应，提高阅读速度。其实，从学生角度来看，读《将相和》，然后按课后练习那样问"你一眼看到了多少内容？"，学生是不会明白什么叫"一眼"的。编者的意图无非是让学生有预视的能力，而我认为这个能力是要反复训练的，《将相和》的学习是让师生都有这个意识去提高阅读速度，因此，具体的廉颇和蔺相如是怎样的人，不是学习的重点，而是训练阅读速度后的阅读结论。总的来说，这类课文承担的语文要素落实的任务要重于人文主题，类似文章还有《穷人》《军神》《刷子李》《威尼斯的小艇》等。

3. 分类别，在组合中凸显课文的素养

进行思想教育是语文教学的一项重要任务。2017修订的高中语文课程标准指出，"继承和弘扬中华优秀传统文化、革命文化、社会主义先进文化"，要引导学生形成正确的世界观、人生观、价值观。

统编教材中革命文化题材的课文随着年级升高数量逐渐增多，从五年级开始，以主题单元形式呈现。这一类文章，虽然也承担着所属单元语文要素的落实，但更重要的是寓思想教育于语言文字训练过程中，将学生的视角从小我扩展到大我，把小我融入大我，逐步培养起学生的国家意识、公民意识和社会基本道德品质。

比如，六下《十六年前的回忆》《为人民服务》《金色的鱼钩》，这样的文章应该是抓人物描写，深入体会人物品质，学会联系相关背景资料，丰富对人物精神境界的认识。读懂人物品质是语文能力的体现，但这些文章重在对文章内涵、人物品质的通透彻底的理解，学生由此受到感染教育，充分体现育人价值和人文立场。类似的课文还有《桂花雨》《圆明园的毁灭》《慈母情深》。这类文章的共同点往往是情感真挚，家国情怀、故土乡思、母子情深，体现了中华民族的优秀文化传统。文以载道，这类课文的落脚点应该在"道"上，在语文素养的培育和生成上。

另外，如《匆匆》《祖父的园子》《草原》《海上日出》等，是滋养了一代又一代人成长的不可多得的经典中的经典，在关注语文要素和人文主题的同时，还要引导学生进行语言形式本身的欣赏和积累。教师教学前要敬畏而深入地做教学设计，因为一不留神粗糙地上两三课时，可能就无形"糟蹋"了好文，着实可惜。

总之，统编教材全面实施刚起步，对于全新的教材体系和熟悉的老课文，都要反复琢磨研究。正如猗老师说的，教学要"熔知识传授、能力培养、智力发展与思想情操陶冶于一炉"。教材是固定的，但教师的智慧是无穷的，教学的形式是丰富多样的，研究透每一篇课文及它们之间的逻辑结构，一定能使我们的语文课堂变得明亮，充满张力和活力！

（苏州市实验小学　陆文红）

三、策略三：思维整合

畅销书作家罗杰·马丁（Roger Martin）在其撰写的《整合思维》一书中认为，整合思维以建设性的方式处理彼此对立的观点，不以牺牲一方为选择另一方的代价，而是以创新形式消除两种观点中的对抗之处，新的观点同时包含对立观点的某些因素，且优于两种对立观点。整合思维方式改变了传统思维中的简单化、直接化和表面化倾向,直面情境的复杂性、多元性、创新性,不仅对现代企业的管理方式产生革命性影响,而且对当前的学科教学意义深远。

在学科教学中贯彻思维整合方式,即要求具备课程整合的思维和能力。从广义上讲,课程整合是指将两种或两种以上的学科,融入课程整体中去,改变课程内容和结构,变革整个课程体系,创立综合性课程文化。从狭义上讲,课程整合就是将两种或两种以上的学科,融合在一堂课中进行教学。课程整合就是有效利用各学科的教学资源,以及在各学科教学中获得的知识技能,来全面提高教学效率,简单来说,就是各学科相互配合、相互融合,形成一个知识体系,便于学生接受多元化知识、提高综合素质,帮助教师达到既能减轻教学负担,又能提高教学质量的目标。

第一,复杂性是思维整合的起点。学科整合即通过创设一定的复杂情境促使学生熟练运用多学科的知识与技能,落实核心素养。而以往的学科本位教学从各自的学科内容出发,设计相应环节,完成各自教学任务,以简单的概念、原理入手,解决情境单一的浅层次问题,达成基本学科知识的落实,这样的简单化处理倾向使得学生难以应对真实复杂的现实情境,其造成的后果是很多学生在平时的单元测、月测中表现优异,而在大型考试如期中、期末综合测中表现平平,究其原因与其接受的课堂教学容量少、思维度低、情境单一不无关系。更为严重的是,学生对于现实问题的解决缺乏有效的综合知识的支撑。

第二,全局性是思维整合的核心要义。思维整合从一个"全人"的视角出发,注重课程内容对学生终身发展的影响,打破了不同学科之间及学科内部各单元间的分隔,以整体性的思维方式,选择与学习主题相关的跨学科、跨单元的知识,使学生在潜移默化中学会举一反三、正向迁移各科知识,形成一种系统性的课程认知,帮助学生形成更高的课程站位,促进其站得更高、看得更远、思得更深、学得更活,从而建立起一种全局性的视野,审视周围事物,培养学生的大局观。

第三,创新性是整合思维的基础。整合思维强调的是求同存异,而不是在绝对不相容的对立中做出非此即彼的选择。对于课程整合来说,不同的学科间既有共性也有个性,如何在个性中寻找共性,这对于教师的创新性思维提出了更高的要求。以某一学科知识为主,穿插其他学科内容,需要考虑以下多方面因素:① 不同学科内容的适切度;② 学生的接受程度;

③ 教师的可驾驭性；等等。如在语文课中贯穿音乐课、美术课的审美知识，不仅需要教师有高超的设计能力，更需要有扎实的多学科知识作为支撑。

苏州太仓市实验小学的教师陈宇祝借助小学科学课堂，将思维整合落实到教学实践中，为我们做了精彩示范。

在关于21世纪必备能力的讨论中，"教师们开始致力于培养学生的批判性思维和创造性思维、合作能力和合作意愿、领导力、创业精神，以及在这个时代生存和发展所需的其他关键能力与品质"。其中，学生的思维能力在各个学科教学中，都需要得到重视与推动。然而，在分科教学愈演愈烈的教学现状下，知识被独立成块地呈现在学生面前，语文是语文，数学是数学，英语是英语……学生犹如调频收音机，在不同的学科里切换。这样的知识构成不足以应对未来的挑战。学生在实际生活中通常遇到的不会是单一的学科问题，而是有各种不确定性的劣构问题，需要调动多种能力共同参与解决。学科的整合学习，有助于学生面对真实的生活问题。

科学是对身边世界的解释，哲学则是对整个意识世界的思考。科学是有边界的，但研究者们不断在突破这个边界；而哲学的范围，似乎从未被框定过，当科学研究到一定的程度不能再去解释世界的时候，哲学还在往前探索。正如曾经有一位学生与老师讨论：宇宙的边界之外是什么？老师这样回答：我们能够探索的，是"我们的宇宙"，而在"我们的宇宙"之外，则是"哲学的宇宙"。

儿童哲学更多关注的是儿童从不同的视角对问题进行思考。它打破了课堂中很多单一的思维方式，旨在引导儿童进行观念的探讨，促进他们生成批判性的、创造性的和关怀性的思考。

以"太阳系"为例，相信很多人在还是儿童的时候，对太阳系都会有无限的想象，也会和小伙伴们讨论：是不是真的有外星人？人类对于太阳系的认识，其实也在影响着同时代的人的哲学思考——这个世界究竟是怎样的？人类的探索过程，可以成为科学和儿童哲学的联结点。在《哲学家与儿童对话》一书中，普雷希特与儿子的智慧问答，让教师看到了儿童哲学视角下对于同一个事物或现象的不同解读，父与子之间彼此抛出的问题，左右着他们思维的走向。

(一)目标整合，在小学科学和儿童哲学思维间建立合理的教学架构

普雷希特在书中说，并不是每个哲学问题都可以被解释，很多问题只能有一个大概的答案，但同时也会产生更多新的问题。在科学和哲学之间，并没有非常清晰的界限，早期的哲学，其实就是自然哲学，神话、宗教甚至巫术，都是对世界的解释，其中有联系，有差别，科学更多依靠的是观察和逻辑推理，需要进行数学演绎与科学归纳，这和宗教、神话就不一致。

1. 学科教材需要确立一个明确的教学目标

学科教材或者说绝大多数学科教材中，都备有确切的答案，因为学生必须要应对考试，所以教师在备课时，三维目标通常会体现为"知识，技能，情感、态度和价值观"，其中，第一维的"知识"直接指向了确切的知识答案。而科学课，在2017年3月，新调整的《小学科学课程标准》中，将目标分解为四个部分"科学知识""科学探究""科学态度""科学、技术、社会与环境"，仍然有着确切的知识。

关于太阳系，如果单纯从科学课的设计角度出发，在教科版科学五年级下册《地球的运动》单元教学中其实有它的学科逻辑，学生会经历一个对太阳系的认识过程：

在《昼夜交替现象》中，讨论昼夜形成的可能性，学生可以找到六七种可能性；

在《人类认识地球及其运动的历史》中，学生也会重点讨论日心说和地心说；

在《证明地球在自转》中，傅科摆的实验让学生找到了地球转动的实际证据；

《谁先迎来黎明》讨论的则是地球自转对时区的影响。

科学史的研究，本身有它的逻辑，这个逻辑，也隐含着科学哲学，但是，不可能用一堂课来容纳下那么多的内容。

2. 课程整合中，目标的选择更加多元

人类究竟在研究太阳系的过程中经历过哪些阶段？有过哪些理论学说呢？为什么会出现这些理论？我们为什么要去探索宇宙？如果对这些问题进行讨论，我们可以发现，课堂中会出现两条线索：一条是

人类在漫长的文明历史中,对于宇宙的不断探索,科学知识的不断演进;另一条是儿童在回溯这些探索历程中,他自身的认知在不断更新。建立了这样的教学框架,也即打通了科学和儿童哲学思考之间的基本通道,于是,教师对于目标的把握,重新定位到以活动承载起学生的科学认知,进而指导学生进行哲学思考。

① 科学活动:根据行星间的距离,建构太阳系模型;

② 科学讨论:关于太阳系的各种问题,人类对太阳系认识的历史及人类与宇宙的关系;

③ 知识论:问题意识推动我们不断修正科学知识,引导学生对科学的价值进行一定的思考,希望学生意识到,人类对宇宙的不断探索不仅满足了自身的好奇心,也推动了社会的发展。

教学流程也随之而来,课堂或许可以这样实施(图53):

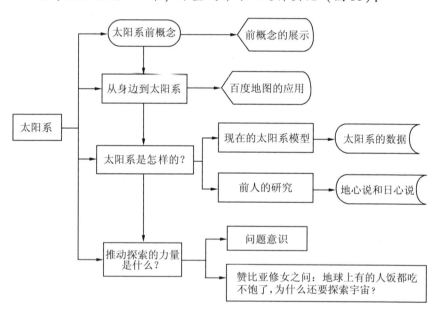

图53

(二)以科学发展史为线索,推动科学认知与儿童认知的共同进步

教学目标需要承载于一定的教学内容之上,随着教学内容的铺开,逐步达成教学目标。本课"太阳系"的教学内容,以科学发展史为线索,有一个小小的"倒叙",首先呈现"学生的已有认知",建

立"我们知道的太阳系模型",再讨论"前人的太阳系模型",最后讨论"为什么探索太阳系"。

1. 尊重儿童的已有认知,让教学服务于儿童的知识世界

我们期望能尊重每个孩子,而在实际的课堂中并没有这么美好。同在一个教室里的孩子,有着不同的知识基础,他们希望得到展示却往往少有机会。大班化教学中的"没有时间",让我们教育者不得不舍弃一些看似不重要的环节。然而每个孩子对于问题都有各自不同的观点,如果思绪可以用"线"来表达,那教室里会有很多条思维的线。在教学中,教师请学生在进行前置学习时按"八大行星"分组,每组查找一个星体的资料,各自记录在自己的彩色纸上,汇总到 5 米长卷上。长卷上缤纷的色彩,正如学生缤纷的思考,每个孩子的前概念在这份长卷上会有一个显示,表达了对他的尊重,让课堂扎扎实实地回归到每个孩子的认知世界。

【前置学习】

学生自备太阳系的知识卡片,彼此交流学习,进教室时,将知识卡片钉到大海报上分享。

(设计意图:要相信并培养学生的自学能力,他们不会一片空白地进入学习状态,一定的知识积累,有助于他们将不同散点式知识进行联结,进而深入思考。用大海报来贯通他们课前、课中、课后的学习。)

2. 探索身边的科学,让教学内容回归儿童真实的生活世界

太阳系是一个相当大而遥远的概念,怎样把孩子的生活和太阳系建立联系,教师找到了一个点:距离。从我们脚下的位置出发,我们去过的最远的地方及那里的风物——这些是我们生活中的距离,在我们的地球上;然后,利用百度地图,把视线拉远,再拉远,直至出现太空,太阳光照在地球上,出现明暗变化。太阳系的一部分就这么出现在孩子们面前。从人在宇宙中的位置,确实可以反观浩渺的宇宙。这样的动作中所表达的哲学,就是科学探索在研究着我们真实的生活,把遥远的讨论拉近到儿童的生活中去。

【情景导入】

教师引导学生定位太仓市实验小学,并说一个自己去过的远方,在百度地图上找,通过这次旅行,对我们的世界有没有什么认识。

测距，缩小比例，直到最小时出现太阳，揭题：太阳系（图54、图55、图56）。

图 54

图 55

图 56

（设计意图：借助百度地图，从身边的世界到远方的世界，把学生的视线拉远，直到站在宇宙视角上。）

3. 模型建构，以动手实践促进学生的深度理解

学生怎样去认识现在的太阳系？教师提供了超轻黏土和5米长卷，还有1个红色气球，每个孩子都为建立出太阳系的模型，贡献自己的智慧。曾有心理学者认为，要给孩子们更加震撼的学习体验。"5米的太阳系"模型（图57），是在室内学习所能达到的极限，太阳系中的各大行星，被缩小到孩子们的掌心，在这个长卷上一字排开，各安其位，孩子们"真切"地复制出了太阳系。

图 57

【建立太阳系模型】

师：今天，我们会为太阳系建一个模型，看能不能刷新我们对太阳系的认识。

(1) 首先需要1个"太阳"。（展示红气球，把它安排到哪里）

(2) 为了让这个比例接近事实，教师做一个地球模型给学生参考，这个地球的直径是1厘米。（展示怎样固定地球）

(3) （呈现太阳系的主要数据）学生分组，在最短的时间里，做出星球模型，并将其固定到合适位置。

先完成的小组讨论：

① 这个太阳系模型让你感受到了太阳系的哪些特点？
② 知道太阳系是这样的，对我们的生活有什么影响？

(4) 学生讨论并交流对于太阳系的新认识。

（设计意图：通过建模，学生丰富感性认识，把遥远的太阳系拉近到自己身边，借此发现太阳系各星球之间的距离，比书本上的图片要远很多。而关于"对太阳系的认识及太阳系对我们生活的影响"，这一问题的答案则更加开放，让学生在意识形态和实际生活之间建立起联系。）

在学生的交流中，"5米的太阳系"带给了他们不一样的认识：

——星球之间的位置，比我想得远很多。

——可惜模型不够大，不能把轨道也做出来。

——地球的位置很特别，如果再近一点，可能太热；再远一点，可能太冷。在这里，不冷不热，正好适合生命的存在。

——是的，太阳系目前好像只有我们地球上有生命。

——地球好小，地球上的我们更小。

——会有另一个太阳系吗？

——我觉得，知不知道这样的太阳系，好像对我的生活没有什么影响。

…………

我们可以留意那个说出"好像没有什么影响"的孩子，他已经敢于跳出作为"课堂权威"的教师的预设框架，而形成自己独特的观点。

4. 科学史探讨，让儿童触摸到科学哲学的脉络

从古至今，人们对于世界的认识一直是这样的吗？当然不。学生们知道有地心说和日心说，但了解得并不多。在科学阅读中，学生们讨论：当时的人们认为这种观点正确吗？那为什么还会有新的理论出现？

【科学史讨论】

（1）那你知道古人怎么认识这个世界的？（肉眼观察、想象）

PPT展示：盘古开天辟地——他们其实想要解答哪一个问题？（世界的起源）

盖天说——为什么古人会提出这种理论？

（2）地心说与日心说的比较（根据时间，教师机动给出阅读资料）

（3）学生讨论：

① 当时的人们认为这种观点正确吗？

② 那为什么还会有新的理论出现？

（设计意图：科学史的讨论，会让学生们再次经历科学理论的发展过程。这是知识论的一种表达，知识是动态进步的。现在正确的知识，可能会被新的发现所迭代。出现问题，解决问题，才推动了科学知识的发展。）

在讨论中，学生会对自己的认识进行回望，产生怀疑：地心说是不对的，日心说也是不对的，那么，现在的太阳系理论，一定正确吗？——当然不一定。比如，对于冥王星的地位认定。学生们需要思考，究竟怎样的知识才是可靠的。然而，他们发现，居然没有最可靠

的知识，哪怕是权威的结论，也仍然随时在接受着质疑和挑战。随着研究的深入、新证据的产生，权威的结论甚至可能被推翻。所有的科学知识都是人建立的，而科学知识是不断发展的。学生会发现质疑问难的重要性，只有产生问题，才会有新的研究方向产生。

关于问题意识的讨论：

① 那么，对于现在的太阳系，我们还能不能提出什么值得研究的问题？

② 给出名言：提出一个问题往往比解决一个问题更重要，因为解决问题也许仅仅是一个教学上或实验上的技能而已。而提出新的问题、新的可能性，从新的角度去看旧的问题，都需要有创造性的想象力，而且标志着科学的真正进步。（爱因斯坦）

③ 每个小组讨论一下，给出一个问题，写到彩纸上。交流，并钉到海报上。

④ 怎么去寻找这些问题的答案？（继续查资料、去天文馆、观察）

（设计意图：激发学生的问题意识并鼓励学生去思考与发现。发现问题及解决问题，是学生探索的动力。）

我们对太阳系的认识，也可以用逆向思维的方式进行：太阳对我们人类有什么用？如果没有太阳会怎样？或许这样的问题，更能够激发学生的思考。对话对学生的思维和认识形成挑战，让学生反思，回答问题前自己多想一想，从而进行思维的升级。

课上到这里，学生已经有对于知识价值的讨论：知识可以错，它只是阶段性的正确。知识有演进的过程，这本身就是科学知识的性质之一。学生粗浅地触摸着"知识论"。

5. 科学研究的意义何在，不再有唯一的答案

科学探索的价值和意义究竟是什么？1970年，赞比亚修女向NASA（美国航空航天局）提出一个非常尖锐的问题，当时的科学副总监恩斯特·史都林格给她回了一封真挚的信，题目即为《为什么要探索宇宙》，启迪人的思考。

赞比亚修女之问：为什么在地球上有一些人连饭都吃不饱，你们却还在花很多钱去探索太空？

教师引导学生回答：如果你是那个NASA的负责人，你会怎么给修女回信？

写一段回信，交流，并贴到海报上。

（设计意图：继续更加深刻的科学价值观的讨论，让学生表达他们的想法，看看能否说服自己。）

学生这样回答：

——探索太空让科技发展，科技发展了，种田也会种得更好，能让更多人吃上饭。

——目前，我们只有唯一的一个地球，万一它出问题了，我们要找到能移民的新的星球，所以必须探索太空。

——我们要满足人类的好奇心。

——不知道未来某天会不会有外星人来攻击我们，我们需要变强大。

——看了这样的地球、这样的太阳系，我觉得人类真的很渺小，生命真的很短暂。如果我有钱，我愿意拿一半给吃不饱的你们，一半去探索太空。

…………

学生的思考，终于从"太阳系究竟是怎样的"逐渐转到"我们究竟该如何去对待这个世界"，课堂教学内容对于学生而言，不再只是八大行星，不再只是记住地球和太阳的距离，不再只是地心说如何被日心说推翻，不再只是非此即彼的唯一结论，而是学生自己的学习，和这个世界有关，和他自己的成长有关。

"教学的重要目的不是解释字义，而是去叩心门。如果问一个孩子，在叩门声中，他心里有什么被叫醒了，他也许会说些很傻里傻气的话。因为在心里发生的事情，比他能用言语表达的巨大得多。"泰戈尔在《回忆录》中的话语，或许也回答了《太阳系》一课中，科学与儿童哲学相整合，我们所期望达到的境界。

(苏州太仓市实验小学　陈宇祝)

"教无定法"，教材知识往往是直白的、静态的、概括的，教师根据知识的内在逻辑，将教材知识转为形象的、动态的、创生的，与学生的生活世界相关联的，能够为学生所更好地理解、吸收和应用的"活的知识"。教师可以综合运用多种方式，根据教学内容、教学对象、教学环境等进行优化选择。从实践层面来讲，能够与学生的学习规律、学习方法、学习策略相吻合的方式，都可以成为优化课程教材的方法。教学内容的选择，基于教材，要注意围绕学科大概念进行，在重点部分进行内容优化，使学生的学习内容更加结构化，以主题为引领，将教材内容情境化处理，使教材的理论逻辑与学生的生活逻辑更好地统一。教学方法的选择，要重视学科核心素养的落实，结合学生的年龄特质和学科特点，以学习为中心，落实学生在学习活动中的主体地位，培养学生的问题解决能力、创新实践能力、社会责任感。"内容布白""熟文重组""思维整合"是优化课程教材的尝试，也是一线教师在课堂教学中合理选择教材内容、优化教学设计、落实学科核心素养的尝试。

第四章

教学方式：引导自主学习

有效的学习不仅是一种自觉发生的学习，而且是一种符合规律、方法得当从而产生效果的学习。因此，有效教学中的"学"首先必须是一种自主学习，即基于自愿、善于管理的学习。只有自主学习，才能基于问题导向，着力于问题解决，让学习真实发生，产生有效的结果，实现主观与客观的具体的历史的统一。本章主要阐述自主学习的含义特征、自主学习之于有效学习的价值意蕴，以及引导自主学习的教学方式和开展自主学习的课堂样态。

第一节 自主学习的含义、特征

一、自主性的内涵

从词源上看，自主性（autonomy）一词来自希腊语"autonomos"，由"autos"和"nomos"组成。"autos"表示"自我"，"nomos"表示"管理"或"规则"。

对于"自主性"的研究，古往今来的国内外学者都非常重视，形成了生生不息的内在张力和生态现象。首先，学者们对于"发展学生自主性是否是教育目的"的争鸣连续不断。1972年，迪尔登（R. F. Dearden）指出，学校教育存在学生学习自主性缺失的问题，认为在当下的教学中所有的主动权被教师掌控，而学生只是被动地做那些要求他们所做的，成为"抱着双臂等待"的被动接受者。他为此发表了题为"新教育目的"的文章，主张在教育中消除教师对学生的强迫和灌输，要求把发展学生自主性作为学校教育的目的。当然，也有学者对此观点提出反对意义。汉德（M. Hand）认为，发展学生的自主性不应该是学校教育的目的：第一，自主性是政治目的而不是教育目的，作为政治上的目的，教育并不起到授予个人自主性的作用；第二，独立行动的能力是能够随着儿童生长而自然达到的，没有必要设定为教育事业的目的；第三，由于学生生活在他主性的情境之中，因此，培养学生的意向自主性反而让他们的生活更加艰难。所以，那种认为人们自己做决定的行动比听从别人的行动更高效的观点是不对的。阿维拉姆（A. Aviram）等对汉德的观点进行了反驳，认为汉德的观点犯了两个基本错误：一是"永劫回归的平等综合征"，即忽视了人文主义把自主性作为生活核心价值的传统；二是"哲学唯我主义综合征"，即仅仅分析概念而忽视实证结果。尽管西方在"把发展自主性作为教育目的"的问题上存在不同的声音，但不能否认的是，自主性对人的发展具有重要的意义。其次，关于"学生学习自主性的价值"的研究不断深入。范斯廷基斯特等人对中国学生的研究后发现，学生自主性体验与学业成功、幸福感和知识性的学习态度相关。在他对以色列的学生进行研究后发现，自主性与积极感情和对未来持乐观态度及积极探索可能的职业选择呈正相关。有学者透过中小学生自主学习的教学指导模式研究后发现，无论是小学生、初中生还是高中生，他们学习自主性的发挥与其学习成绩之间存在显著正相关。[1] 最后，学生自主性策略的研究不断深入。有研究指出，学生增强自己的学习自主性面临的最大困难是他们没有独立的地位，因为他们受教育的过程必须要依附于机构和教师，并且这种"依附"是难以消除的。这使学生陷入了自主与他主的矛盾境地。对于这个问题，国内学者从权力维度研究了课堂中的控制与自主，认为实现学生自主性需要具备三个条件：前提、限度和中介，即以尊重客观规律为前提，以遵从社会要求和课堂规范为限度，以自觉、自愿和自律为中介。[2]

要理解自主性的概念，需要区分自主性与主体性、自主性与独立性、自主性与理性等概念的区别和联系。

自主性是主体性的内涵之一，体现了主体活动的本质属性。笛卡尔

---

[1] 庞维国. 自主学习：学与教的原理和策略 [M]. 上海：华东师范大学出版社，2003.
[2] 李松林. 控制与自主：课堂场域中的权力逻辑 [M]. 北京：教育科学出版社，2010.

"我思故我在"的观点典型地体现了"我思"的自主性对"我在"的主体性的价值。

独立性是自主性的本质属性之一。约瑟夫·拉兹（Joseph Raz）认为，自主性是一种对自己采取什么行为和实现怎样的经历进行决断的能力。如果一个社会所具有的生活模式不能给个人提供充分的选择，那么在这个社会中个人是不能实现自主的。[1] 从约瑟夫·拉兹的观点中我们可以看出，独立性是自主性的重要内涵，也是个体自主性得以实现的重要条件。

自主性与自由是两个关系非常密切的概念，自主性是自由的一个组成部分。一方面，自主性是自由的内核和具体体现，个人只有具有了自主性才能拥有现实意义的自由。另一方面，自由是自主性的必要条件。自主行为一定是自由的，但自由的行为不一定是自主的。[2]

自主性涉及理性。康德（Kant）认为，理性是自主性的重要内容和条件，所谓自主性就是自由地运用理性。拜尔认为，一个自主的国家并不意味着每个社会成员都成为自我立法者。

从"自主性"概念的梳理和比较中，我们可以认为，"自主性是一个内涵复杂的概念，它包含着自由、独立性、理性（反思）等多重成分"[3]。对自主性的含义的解读有助于对自主学习内涵和特征的理解。

二、自主学习的本质

自主学习，即具有自主性的学习，其本质特征就是学习的自主性。学习自主性是自主性的一个下位概念。学习自主性观点的提出由来已久，不同时代、不同国家的心理学家和教育家都给予了高度的关注。

（一）国外有关自主学习的理论研究

自主学习的研究可谓源远流长。古代，希腊有苏格拉底、柏拉图、亚里士多德等教育家的观点，中国有孔子、荀子等教育家的思考；近现代，国外有卢梭、第斯多惠、杜威等教育家的研究，中国有陶行知、叶圣陶等

---

[1] 约瑟夫·拉兹. 自由的道德 [M]. 孙晓春，曹海军，郑维东，等译. 长春：吉林人民出版社，2006.

[2] 史蒂文·卢克斯. 个人主义：分析与批判 [M]. 朱红文，孔德龙，译. 北京：中国广播电视出版社，1993.

[3] 柴军应. 学生学习自主性发展研究 [D]. 上海：华东师范大学，2016：31.

教育家的探索。尤其是20世纪中叶以后，操作主义理论、言语自我指导理论、人本主义学习理论、社会认知理论、建构主义理论等从不同的角度对自主学习进行了比较系统的阐述。

操作主义学派从外部、可观察的行为表现来探讨和研究学生的自主学习，认为自主学习是人类一种重要的操作行为，包含自我监察、自我指导和自我强化三个子过程。

言语自我指导理论认为，在个体行为的自我调节与控制过程中，自我言语扮演着一种行为先行者的角色，它通过提供各种辨别性行为指导线索和条件性强化物来激发、推动、调节、维持行为的发生和发展。这一理论把自主学习看作言语的自我指导过程，强调自我中心言语在学习活动中的定向和指导作用。按照言语内化的规律，麦臣鲍姆（Meichenbaum）开发出一套自主学习的训练程序：教师示范学习任务，说出规则和程序—教师指导学生执行学习任务，大声说出指导语—学生执行学习任务，大声叙述指导语—学生执行学习任务，小声叙述指导语—学生执行学习任务，默念指导语。

人本主义学习理论从心理机制和内部影响因素来探讨和研究学生学习的自主性问题，认为个体总是依据自我体验和自我知觉来对外界做出反应的。1989年，人本主义理论的代表人物麦克库姆斯（McCombs）提出了一个自主学习模型，对自我系统的结构成分和过程成分在自主学习中的作用进行了描述。他指出，自主学习过程大致经过三个阶段：目标设置、计划和策略选择、行为执行和评价。他认为，自主学习是自我系统发展的结果，取决于自我概念、自我意象等具有动机作用的自我成分、自我监控、自我评价等过程的发展水平。

社会认知学派从个人、行为和环境交互作用的角度来理解学生的自主学习问题，认为学生的自主学习行为既不主要由个人内部的本能、需要、驱力、特质等决定，也不主要由外在的环境因素来决定，而是受到这两者的交互作用。这一学派把自主学习分成自我观察、自我判断和自我反应三个子过程，强调自我效能和榜样示范在自主学习中的作用。1989年，自主学习的社会认知学派的杰出代表齐莫曼（B. J. Zimmerman）提出了一个系统的自主学习模型（图58）。

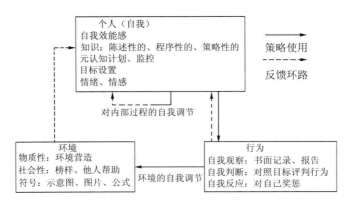

图 58

建构主义理论认为，儿童不仅能够建构关于世界的认知图式，而且能够建构自我图式；自我图式决定个体的自我调节行为。他们主张采用三种方法发送学生的自主学习：一是直接的教学；二是同伴辅导和学习问题讨论等办法；三是开展合作学习。

另外，当代不同的教学流派和学说纷纷展示了自己对自主学习（学习的自主性）的看法。"独立自由说"认为，青少年自主性是个体脱离父母的充分活动。"个性特征说"认为，学习自主性是学习者在实现外在或内在目标时，独立地从多角度进行分析，自行评价、反省自己的行为。"自我技能说"认为，学习自主性是学习者对自己的学习负责的一种技能，是制定学习目标、明确学习内容和材料、选择学习方法和技巧、调控学习进程、评估学习成效的技能。"统整能力说"认为，学生自主性学习的发展应该包括提高自己学习的能力、形成自己判断的能力、决定自己观点的能力、为自己的立场辩护的能力。"能动品性说"认为，学生自主性包括感情自主性、认知自主性、行为自主性和道德自主性四个维度。[1] "综合素养说"认为，学习自主性是学习者在学校学习生活中发展的既联系又独立于他主性的情、智、行素养。综上所述，关于学习自主性的内涵，我们可以得出以下几个方面的认识：其一，学习自主性是学生在学校教学生活中的学习方面的自主性；其二，学习自主性中最重要的品格是学习的独立性；其三，学习自主性是包含情境、认知和行为的系统性结构，忽视任何一个方面都无法构成整体意义上的学习自主性。

---

[1] 董守生. 论学生的自主性及其教育 [D]. 上海：华东师范大学，2013.

(二) 国内对于自主学习的理论探讨

国内对自主学习的探讨源远流长，孔子、荀子、朱熹等教育大家都留下了关于"自主学习"的真知灼见。

1. **自求自得思想，即认为自主学习要通过自己的思考获得**

这一观点在很多教育家的思想中有所体现。孟子主张，学习必须通过自己刻苦钻研，自求自得，才会心有所得，深入心通，取用不竭。正所谓"君子深造之以道，欲其自得之也。自得之，则居之安；居之安，则资之深；资之深，则取之左右逢其原，故君子欲其自得之也"[1]。荀子也要求学生主动求学，能从"求诸己"出发，所谓"古之学者为己，今之学者为人"[2]。他认为，君子为学，必须做到"入乎耳，著乎心，布乎四体，形乎动静"[3]。

2. **反思自省，即认为自主学习要通过反思自省获得**

自主学习离不开元认知——学习者对学习过程的意识和控制。《礼记·学记》中提出："学然后知不足，教然后知困。知不足，然后能自反也；知困，然后能自强也。故曰教学相长也。"这里所说的学习包括自我评价、自我反思、自我强化。孔子十分重视反求诸己。《论语·里仁》有云："君子求诸己，小人求诸人。"反求诸己中最有特色的方法是内省、慎独。内省包含自省、自讼。"见贤思齐焉，见不贤而内自省也"[4]、"吾未见能见其过而内自讼者也"[5]、"吾日三省吾身，为人谋而不忠乎？与朋友交而不信乎？传不习乎？"[6]等观点都在强调反思自省的意义。孔子以后的历代思想家在人生修养方面无不重视启发人的内在自觉，如朱熹要求学生自我"省察"，王阳明强调"致良知"应重在"内求"，叶圣陶主张"自能、自得"的"不教而教"，等等。

(三) 自主学习的内涵

从关于"自主学习或学习自主性"的综述中，我们可以得出如下结论：自主学习是指学习者基于情感自主、认知自主和行为自主而进行的学习。

---

[1] 摘自《孟子·离娄》。
[2] 摘自《荀子·劝学》。
[3] 摘自《荀子·劝学》。
[4] 摘自《论语·里仁》。
[5] 摘自《论语·公冶长》。
[6] 摘自《论语·学而》。

1. 情感自主

情感自主是指相对稳定的具有主动和独立意义的学习信念、愿望和爱好等主动意识。情感自主属于内隐性自主，以"意愿"为主要载体。自主"意愿"能对学生自身进行引导并对他人产生感染。情感自主可以借助学生自主、自治等活动或作用，内化为学生学习的自觉和自律。可以说，情感自主是青少年从儿童走向成人过程中的一种角色成长的责任担当。

弗洛伊德（Freud）提出，青少年获得自主的过程就是与父母脱离的过程，这一过程是由青春期的生理变化及性冲动引起的，因而他认为，自主是人格的需要，青少年的自主并非经典精神分析理论所说的"脱离"，而是青少年实现个体化过程的一部分。许多心理学家、教育家和学者纷纷发表自己对"情感自主"的观点。维金斯（Wiggins）在理论和实证研究的基础上区分了自主的两种观点：人际关系的自我分化与分离、自我管理。弗洛姆（E. Fromm）把自主看作人格的需要，强调人的自主性和后天自我的作用。布洛斯（Blos）认为，青少年期个体化过程的结果之一就是情感自主，并提出青少年情感自主是一种关于独立的主观感受，是青少年在做决定时，抵制父母、挥手同伴、自己报告的对于所做决定的信心及自我管理、自我领先的主观感。[1] 沃辛顿（Worthington）定义情感自主为实施自我控制、练习情绪独立和获得人际能力的愿望。还有学者定义自主为控制人生方向的能力，通过确定目标、感知胜任，调节人的行为，并提出青少年情感自主即通过自信和个体化的方式体现对独立的理解。自我决定论是具有代表性的将自主看作自我管理和自我控制的观点。[2]

影响青少年情感自主的因素大致有三类：个体因素、家庭因素和社会因素。其中，个体因素是内部因素，家庭因素和社会因素是外部因素。就个体因素而言，相关研究发现，女孩的自主水平高于男孩，问题行为显著少于男孩。情感自主随着年龄的增长呈线性增长。就家庭因素而言，相关观点认为，青少年情感自主是青少年与父母之间的不健康的心理上的疏远，父母情感上的支持和亲子间的亲密关系能帮助孩子更好地发展心理社会竞争力。就社会因素而言，相关研究发现，情感自主与问题行为呈正相

---

[1] 吴波, 方晓义, 李一飞. 青少年自主研究综述 [J]. 心理发展与教育, 2003 (1): 89-96.
[2] 徐本华. 青少年情感自主研究的新进展 [J]. 心理研究, 2009 (1): 38-41.

关，与因问题行为而产生的来自同伴的压力有关。自主的所有方面都与社会胜任力、学业能力和自尊呈正相关。

首先，明确学习目标是获得情感自主的前提。学生只有知道学什么，才会表现出愿不愿意学的态度。在核心素养和中国高考评价体系的背景下，从必备知识、关键能力、学科素养和核心价值四个层面进行目标定位有利于实现价值性和知识性的统一，完成隐性教育与显性教育的双重任务。沈雪春名师工作室在进行《思想政治·必修3·政治与法治》的议题式教学中就十分主张进行教学目标的四层式表达，以实现价值性和知识性的统一。比如，"科学立法"一框的教学目标可以设定为：通过学习，掌握科学立法的内涵、推进科学立法的要求等必备知识；在小组讨论中培养交流合作能力、获取和解读信息能力、辨析能力、推理论证能力；通过模拟《中华人民共和国反食品浪费法》立法听证会，应用和迁移"科学立法"的知识，增强公共参与意识与能力。其次，鼓励学生大胆创新是获得情感自主的重要路径。青少年好奇心强，富有创新精神，因而鼓励学生创新能够迎合青少年的智能特征。在教学中，教师要善于创设劣构性和真实性的情境，设置开放性的问题，让学生在新情境中迁移知识。比如，在《思想政治·必修3·政治与法治》教学中，听证会、新闻发布会、演讲、方案设计等都是能激发学生兴趣，助力学生自主学习的学习方式。最后，重视学生个性发展是获得学生情感自主的保障条件。"种花要知百花意，育人要懂百人心。"关注个性发展不仅是因材施教原则的贯彻，而且是教育柔情的绽放。

2. 认知自主

认知自主主要表现为运用逻辑思维和反思性手段对学习内容和过程进行富有主见的加工和整理。它是学习自主性中承启情境和行为的关键环节，不仅使"意愿"走向现实，而且为行为提供蓝图。

在外部动机的内化中实现认知自主。内在动机是任务完成过程中发自内心的兴趣、激情，归属于情感自主。然而，从客观上看，学生与生俱来的兴趣是个限量，学生的情感自主是个变量。项目的有效安排，能够强化学生的外部刺激，而后逐渐培养学生个体对设计项目的兴趣和对自我行为的控制能力。心理学家瑞安（Ryan）和德西（Edward L. Deci）认为，动机不应该被严格区分为外在动机和内在动机，实际上它是一个从外部控制到自我决定的连续体。学生很多时候处于动机连续体的中间部分，最初通过外部诱因的激发，进而在行为过程中逐渐体会到自我决定和自我调节的快乐，从而产生自我满足感，强化认知自主。

在指向成长的评价中实现认知自主。成长型思维是一种相对于固定型思维的思维模式，它相信成长、敢于成长、享受成长。指向成长的教学评价对于实现认知自主具有保鲜作用。学生如果受到被动补偿的影响会降低认知自主的内部动机，不公正的评价会对认知自主产生负面影响。

在现代教学的多模态中实现认知自主。多模态，此处指多种教学模态，比如，自主学习中心、远程教育、新型网站和网络工具等，这些模态使学习者摆脱了传统课堂教学在时间和空间上的局限性。行为主义强调外部环境对学习者的学习成效具有影响，而认知心理学更重视学习者在与外部环境互动时对自身的影响，即学习者如何通过不同感官的对应模态进行意义建构。

3. 行为自主

行为自主是自主性的重要体现，是自主学习的关键。青少年的行为自主包括青少年的自我管理、自我规范和自我规划等。安德森（Anderson）把行为自主定义为行为的自由程度，以及个体会对自己的行为负责；斯腾伯格认为，行为自主是积极的、独立的机制，包括行为的自制和自律，以及能够按照自己的决定行事。

外在环境因素和个体心理特征是影响个体行为自主的两大因素。青少年自主性的发展既离不开学校教育，也会受到父母教养方式的影响。

自我决定理论认为，环境作为社会性因素，对个体行动动机有直接影响，包括社会控制、评价压力、惩罚等。而教师支持学生自主需要的做法会优化学生的参与动力，促进学生的参与行为。家庭环境氛围亦与学生的自主性发展紧密相连，比如，家庭结构、家庭冲突等。相关问卷调查表明，关系密切、接纳支持的家庭教养方式会影响个体自我管理和行为自主的建立，良好的家庭互动能促进学生自主性的发展。

因而，行为自主的培养应该从主体、动机、环境等方面寻找策略和路径。

（1）和谐的亲子关系的建立和保持

和谐的亲子关系有利于青少年行为自主的健康发展，更多的来自家庭的良性支持和理解对青少年日后的社会适应性的发展具有很大的推动作用。

(2) 同侪之间的学习共同体的建立和运行

教师让学生在小组活动中建立起关系感，促进其团结合作机制的形成，提供学生选择和投入的"传真机"，内化意义和价值，提升学生的行为自主。

(3) 学生自主管理支持体系的建立和运行

家长制的硬性管理模式对学生的行为自主易产生负面影响，学校应该为学生自主管理创造机会和条件，在全校范围内营造良好的自主管理氛围，努力建构"社会—学校—家庭"三位一体的自主管理支持体系，让学生感受自主管理的魅力。

三、自主学习的基本特征

（一）主体性

主体性是自主学习的基础特征。人的主体性是指人在认识和实践过程中表现出来的能动性、主动作用及主体地位。主体的概念源于笛卡尔的"我思故我在"的思想。主体性理念是近代哲学发展的产物，以马克思为代表的哲学家主要研究以人的发展为核心的主体性。马克思的唯物史观在主体向度上指向具有实践意义的人的发展的物役性和自发性。胡塞尔（Husserl）认为，自我或纯粹意识是一个自我负责、自我构造、自我理解的理性和先验主体。

主体性理念应用于教育研究便产生了主体性教育理念。主体性教育理念的核心思想是尊重学生的主体性。

学生的主体性对教学具有多重要求。从主客体的关系上看，学生主体性是指在教学中学生不再被当作被动的教学客体，而是被视为完整的人，尊重学生作为教学的主体的地位，激发学生的主观能动性，培养学生、发展学生；从教学实践的角度看，学生主体性是指在教学中学生积极参与教学活动所表现出来的学习的自主性、主动参与性；从学生个体来看，学生的主体性是指学生能够按照自我意识、自我需要和自我认识开展学习活动，能够通过学习在认识和实践中扬弃自我、超越自我；从教师角度看，学生主体性指教师在教学设计中以学生的实际情况为起点，以学生的真实发展为落点，为学生提供教学支架。因而，所谓学生的主体性就是指学生能够作为完整的个体的人参与教学的方方面面，教师也将学生视为发展中的人，在教学中始终心系学生、考虑学生、尊重学生，最终让学生在与教师的交往中、教学的过程中积极发展自我,培养自我。

(二) 独立性

独立性是自主学习的主要特征。独立性的研究在国内外得到广泛重视。《辞海》对独立的解释有六个方面:独立站立;比喻突出和超群;孤立无所依靠;不依靠其他事物而独立存在;不依靠他人而自立,国家民族或政权不受外族统治支配;古代传说中的一足之鸟。

从心理学意义上讲,独立性可以看作一种独立的思想。人本主义心理学家马斯洛(Abraham H. Maslow)认为,独立和自由是人类的基本需求,他提出自我实现的概念,强调主体有自我发挥的能力,独立性强。他认为,独立个人的行为和感情是自我定向与自我认同,它们依托于自己而存在,不是为了满足他人的认同和理解。艾森克(Hans J. Eysenck)认为,个人独立自主的特性是构成情绪的高稳定性、对生活环境的强适应性。[1] 马克思为我们构建了人的自由全面发展的美好前景,并在构建共产主义社会的美好蓝图时对人的本质做了独到的描述:"在人民以及个别人的生活中出现这样一个时机:过分长期监护的桎梏使人难以容忍,人们渴求独立,每一个人都希望自己对自己的行动负责。"[2] 谢红雨指出,独立的思想应该是不受外界干扰的影响、遵循事物的客观发展规律、积极思考如何为人处世、努力推陈出新的思想。[3] 独立的人格是心理独立的标志;心理上的独立是个体的自立。

社会关系意义上的独立是个体自我实现的趋势,是一种使得社会及个体被认同的状态。罗杰斯认为,独立的个人不应脱离于人群而生活,他们也应当具有很强的交际能力,但是由于独立的思想与人格,他们却只和极少数与自己发生共鸣的人建立很深的关系。

真正的独立性,不是指独来独往,什么事都靠自己,而是指个体在漫漫人生路中应自主地运用自己的力量并依靠自己的力量努力实现自己制定的合理目标,而不是完全依靠他人的帮助或依赖于他人,也不受别人的支配或控制,按自己的主张和权利行事。个体可以对自己的行为负有完全的责任,并要有独立的思想、独立的人格、独立的生活能力,有较强的主观

---

[1] H. J. Eysenck. The structure of human personality (3rd ed.) [M]. London: Meth, 1970: 26.
[2] 马克思,恩格斯. 马克思恩格斯选集:第1卷 [M]. 北京:人民出版社,1956: 93.
[3] 谢红雨. 从思想独立到学术自由看中国现代大学办学灵魂之缺失 [J]. 山西财经大学学报(高等教育版),2010 (2): 33, 43.

能动性及强烈的自主意愿,具有一定的自我调控能力,同时拥有健全的、独到的、不易受外界干扰影响的人生观和价值观。也就是说,如果一个人能够对自己的需求和行动有足够清晰的认识,可以清醒地意识到自己的所思所想、所作所为,以及所要表达的目的和意义,并且能主动地、积极地、凭个人意愿地来支配自己的行为,我们就可以说此人具有独立性。

青少年作为一类独特的群体,其独立性不仅具有共性也具有个性。青少年特有的个性心理和无法独立的经济能力等导致青少年的独立性无法完全脱离别人的影响和帮助。因此,青少年的独立性应表现为完整的自我意识、独立的价值观与人生观、独立自主且合乎规律的思考与行为。[1] 第一,青少年完整的自我意识是指对自己身心活动的察觉,即对自己的生理状况、心理特征和自己与他人的关系有独立的了解。第二,青少年独立的价值观和人生观是指他们对个人与社会的关系的总的看法和根本观点有着属于其自身的标签,其中,青少年独立的人生观是指青少年在实践中形成的对于人生目的和意义的独到见解;青少年独立的价值观是指青少年在认定事物、辨别是非过程中形成的独有的思维或取向,这体现出青少年自身的判断力。第三,青少年独立自主且合乎规律的思考和行为指的是青少年坚定正确的信念,独立于外界思想的干扰,做到精神上独立、自主、自由,并且可以以个人的独立思想指导其行为,符合自己主导、自己掌控、自己负责的行为准则。

(三) 主动性

主动性是自主学习的高级特征。"主动"一词在《现代汉语词典》(第7版)的解释为:"① 不待外力推动而行动。"即是内在动力的外在表现。这一概念具有以下三个含义:首先,在没有外力的情况下采取行动;其次,能够创造并形成有利的局面,以便事态顺应自己的想法得以发展;最后,对应"被动",即"不被动"。

有效教学中的主动性,主要指学习的主动性。学习主动性是一种能动的心理倾向,在独立意识的支配下,一方面,外显为学生在学习的过程中自觉、自愿、自主地参与到学习中来,主动思考、回答、解决和评价问题;另一方面,内隐为学生对学习内容、学习过程、学习方法的调控,用已有的学习经验自主建构知识。朱平认为,学习的主动性是主观的行为,

---

[1] 王淑兰,杨永明. 青年心理学概论 [M]. 西安:陕西师范大学出版社,1986.

可以在整个教学过程中调节这一学生的学习状态，并且具有认知自我的含义，可以启动、改善、维持和调节其一定的活动能力。陈雨清和杨路明认为，学习的主动性意味着学习者不会被动地接受和吸收内容，而是积极参与学习过程。

学习主动性在对学习目标的追求上是有目的的，在学习动机上是可以相互转化的，在学习态度、策略、方法、内容的调整和对学习实施自我检查、评价方面具有自控性特点，在学习思维与情绪方面起到活跃作用。同时，学习主动性还能促进师生参与教学活动，紧密联系师生之间的交流合作，协调并整合学习心理素质、基础学习能力、智力品质，培养自制能力和顽强的毅力以抵抗学习困难。[1] 学习主动性主要由学习需要、情绪情感和自信心构成，主动学习的形式表现在学生的自觉求知、自我激励、自我调控和自我评价等方面。社会、家庭及学校教育是影响学习主动性的客观因素，个人的认知、情感、意志与个体是影响学习主动性的主观因素。

四、自主学习的价值意蕴

首先，自主学习是学生发展核心素养的内容之一。1997年12月，经济合作与发展组织（OECD）实施了"素养的界定与遴选：理论和概念基础"的项目研究，形成了广泛认同的成果。项目根据核心素养具备的"实现成功生活"和"构建健全社会"的两大功能绘制了如图59所示的核心素养概念参照框架。其中，自主发展是核心素养的重要内容之一。

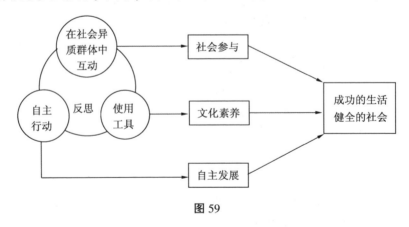

图59

---

[1] 张润玲. 在科学探究活动中引发幼儿主动学习[J]. 天津市教科院学报，2018（4）：94-96.

其次，自主学习是教学改革的重要关注。新一轮基础教育改革十分重视学生的学习自主性问题。2001 年教育部印发的《基础教育课程改革纲要（试行）》指出，课程改革要改变课程实施过于强调接受学习、死记硬背、机械训练的现状，倡导学生主动参与、乐于探究、勤于动手，形成学生积极主动的学习态度。2010 年 7 月，中共中央、国务院印发的《国家中长期教育改革和发展规划纲要（2010—2020 年）》提出，着重提高学生的学习能力、实践能力、创新能力，教育学生学会知识技能，学会动手动脑，学会生存生活，学会做人做事，促进学生主动适应社会，开创美好未来。2014 年，教育部研制印发的《关于全面深化课程改革落实立德树人根本任务的意见》提出，教育部将组织研究并提出各学段学生发展核心素养体系，明确学生应具备的适应终身发展和社会发展需要的必备品格和关键能力。中国学生发展核心素养以培养"全面发展的人"为核心，分为文化基础、自主发展、社会参与三个方面。其中，自主发展重在强调有效管理自己的学习和生活，认识和发现自我价值，发掘自身潜力，有效应对复杂多变的环境，成就出彩人生。可见，在新一轮教育改革中，国家将发展学生自主性作为学校教育的目标。然而，当下的课堂教学中"以教代学""过度讲授"等问题依然严重存在，将盯、背、默作为亘古真理的教师大有人在。立德树人的旨向和课堂教学的现状都呼唤着自主学习的落实和盛行。

第二节　引导自主学习的教学方式

教育部在《基础教育课程改革纲要（试行）》关于基础教育课程改革的具体要求中明确指出，改变课程实施过于强调接受学习、死记硬背、机械训练的现状，倡导学生主动参与、乐于探究、勤于动手等的能力。在这一理念指导下，改变以教师为主体的传统教学模式已经成为基础教育领域教学改革的重要方向。教师作为教学活动的引领者，不可能教会学生他们一辈子所要学的知识，即便是传授了最新的知识，当学生走出校门步入社会开始新生活时，这些在学校学到的知识也可能很快过时，不能受用终身。对教师而言，重要的不仅是在教学过程中把渊博的、最新的知识传授给学生，告诉学生学的是什么，更重要的是使学生"学会学习"，让学生自己掌握"钥匙",去打开知识的宝库,即引导学生学会自主学习。

在课堂教学中,引导学生学会自主学习,就是要坚定学生是学习的主体的理念,让学生动手、动口、动眼、动脑,使学生积极参与教学活动,并能自主地投入教学过程中去,从而品尝获取知识的愉悦。变"要我学"为"我要学",诱发学生学习的主动性,使学生产生积极的心理情感。提问和启发学生从各种不同的角度,进行分析、思考,探求问题的解答,引导学生自觉地为实现教学目标而努力。正如教育家陶行知先生所提出的,好的先生不是教书,不是教学生,而是教学生学。至于怎样"学",就需要教师的指导、教师的"教学"了,毕竟"教"是为了达到不需要教。

因此,教师必须以学生的发展为宗旨,改变课程过于注重知识传授的倾向,适应学生终身学习的要求,培养学生的自主学习能力,把受教育者培养成自主学习者。培养自主学习能力,并不是教师把一切教学内容都留给学生自行安排,离开课堂,完全让学生自学,而是教师在教学过程中,根据学生的生理、心理的发展及学习的规律,有针对性地指导学生,激发其求知动机,诱发其学习兴趣,传授其学习方法,培养其学习习惯,坚定其学习毅力,提倡其自主学习,提高其自学效益。

如何引导学生贯彻自主学习的理念,培养学生自主学习的能力,成为各学科教师研究和实践的热点问题。在具体的实践过程中,广大教师从自己的教学实际出发,不断探索,本章列举了串联式教学、运用情境体验式学习、近迁移训练三种方式以实现对学生自主学习能力的引导。

一、串联式教学

串联式教学就是把教材的相关知识点通过一定的方式"有效串联"起来,进行专题分析、教学研究和过程反思,即将多个看似并无关联的课本知识以一种具体的模式为线,串联成具有一定情节的故事、场景等,以此来更好地帮助学生将所有知识点进行组合记忆,从而实现较为良好的教学效果,保障教学质量。串联式教学将学生学过的教材知识通过教师的总结和概括,加以系统化、完整化,与教材的相关知识点一一进行对应串联,改变了以往一课只能讲授单一内容的低效上课模式,将知识进行有效的整合,以学生的"最近发展区"为切入点,从而把复杂的知识点转化成学生浅显易懂的知识点,帮助学生建构清晰的知识逻辑体系,在高效课堂中既体现课堂效率的最大化,在单位时间内,使得学生的受益量达到最大,又实现教学成果的最优化,也就是让学生受教育教学影响的积极程度到达最佳。

(一) 串联式教学的基础理论

1. 建构主义学习理论

建构主义学习理论的核心就是要以学生为中心,提倡自主学习。而自主学习就是学生亲身参与课堂教学活动,主动探究问题的学习方式。通过串联式教学,不仅可以吸引学生学习的注意力,提高学习兴趣,更重要的是,学生通过自主思考、探究,对知识的来龙去脉有了一个深刻的了解和认知,能结合课本主动构建自己的知识逻辑体系和框架,培养自我分析和评价的能力。建构主义理论认为,知识的学习过程就是知识的建构过程,教师是学生知识建构的引导者和促进者,积极创设符合教材内容的教学情境,将新旧知识进行联系,可以帮助学生对教材内容进行有意义的建构。此外,建构主义理论还认为,学生学到的知识是基于学生头脑中原有的认知结构,经过一定教学情境下教师、同学的共同作用而获得的间接经验。情境的创设是建构的必要前提和基础,因此,积极主动地构建适合学生学习的情境是很有必要的,学生在轻松、活跃的学习情境中能有效地发挥自己的潜能,快速地建构自己内在的知识,顺利地实现知识的吸收,从而完成学习任务。

2. 学习动机理论

学习动机是指促进学生学习的一种内部驱动力,一定程度的学习动机能有效激励学生自主学习。学生的学习动机是内外因共同作用的结果,内因是决定事物变化发展的根本因素,包含学生自身的求知欲、内在需要、理想等;外因亦是重要的因素,是施加在学生身上的一种外在压力,它必须通过内因才能起作用。从学习动机的作用来看:一方面,学生从自身的求知欲、内在需要、理想等因素出发产生的学习动机能产生良好的学习效果,达到教师和学生自身所期待达到的学习成效;另一方面,这就要求教师采取恰当的教学策略,有效对课本知识进行串联教学,充分调动、激发学生学习的主动性和积极性。

(二) 串联式教学的基本特征

1. 系统连贯性

传统的课堂教学模式依旧是以教材为主要的学习材料,将课本知识分章节进行模块化的教学。教师只着重把握单一的教材知识的传授,忽视了对教材整体知识逻辑体系的构建，弱化了教师对学生教材知识相关性的引导。把单一、模块化的知识进行整体的串联式教学，经过高度的总结、提炼、概括形成的严密知识框架，既可以运用在初学阶段，也可以运用在总复习阶段。在初学阶段的串联式教学，可以让学生预先感知整套教材的脉络体系和框架结构，在头脑中形成一个初步的印象，这对学习教材的重难点起到很好的铺垫作用，符合学生由易到难、由浅入深的认知发展规律，易被学生认可和接受。在总复习阶段运用串联式教学法，不仅可以让学生对所学的教材知识有一个清晰的认知，加深各个章节之间的内在和外在的整体联系，将分散的知识系统化、集中化、完整化，也有利于增强学生对教材知识的整体认知和理解，有效提高了课堂的效率和进度，从而在有限的课堂时间内发挥教师和学生共同的最大效用。

2. **逻辑条理性**

将知识点进行梳理，形成组块化的整体结构和体系需要教师和学生的共同努力。以高中思想政治课为例，高中思想政治课的课程内容在知识的选取与整合上，不仅是对本单元的知识进行概括、归纳、总结，也是对单元与单元之间的知识进行串讲和分析，还包括对课内、课外知识的综合串讲，甚至是不同模块之间的衔接串讲。建构层次结构条理分明、逻辑思维清晰的知识框架，成为串联式教学的一个基本要求。

教师孤立地进行教学，容易破坏教材的整体性和逻辑性。教师通过不同主题的串联式教学，带领学生把课本中分散的、模块化的知识点进行整体的、有逻辑的串联。学生在教师的引领下，将热点事件和教材内容一一对应紧扣，串联成有逻辑的知识脉络，有效避免了在学习新知识时的迷惘与不解，提高了归纳、推理、判断的能力，从而间接增强了自身的逻辑条理性。

3. **形式多样化**

串联式课堂中的串联素材丰富多样，教师可以用图片、音乐、文字、视频、主题班会的形式进行串联与展示，新颖的展示形式能增强课堂的吸引力和凝聚力；可以通过丰富的色彩、夸张的展现形式营造出画面感和想象空间，增强学生的可视性，从而吸引学生的眼球，弥补教师语言单一、枯燥的缺陷，缓解课堂中授课教师"一人独奏"的尴尬，可以有效活跃课堂的气氛。

(三) 教学实例

下面就以苏州市第六中学的教师孙静的《三角函数周期性》一课的教

学设计为例,从"三角函数周期性"这个易忽略的概念的设计入手,结合教学实践,探讨数学教学中如何以问题为载体,通过问题串联、追问驱动的教学方式,"唤醒"学生思维,"追究"知识的产生过程,使概念的生成过程更加自然流畅,达到提质增效的教学目标。

1. 教材分析

新课标要求教师教学既要让学生学会,又要让学生会学。在课堂教学中,教师应处于引领者的地位,学生则为课堂的主体。教学中,教师设问应注意质和量,太多太少或太难太易都会伤害学生的学习兴趣;探究的频度和难度也会影响教学效果。因此,在教学设计时,教师应根据教学目标和学情基础,精设课堂问题,促使概念自然生成。

苏教版高中数学必修4《三角函数周期性》是在《三角函数的图象和性质》之前进行讲授的,我基于学生对三角函数、诱导公式和三角函数线已掌握的学情,结合"三角函数周期性"易接受的特点,大胆设问,层层递进,充分调动学生的学习主动性和探究意识,促使学生对函数本质属性的理解得到升华。

本课为苏教版高中数学必修4第1章《三角函数》第3节《三角函数的图象和性质》的第一课时。教学目标是使学生理解、掌握函数周期性的概念及三角函数的周期性;加深学生对三角函数线和部分诱导公式的理解,为研究三角函数的图象与性质打下基础。

本课的设计理念是因教师常用灌输公式的方法教学三角函数的周期性,学生错失了体验数学的良机,并对周期性本质理解不清,我围绕三角函数周期性的定义进行强化设计。本课以"周而复始"现象为切入点,通过时钟运行问题引入,经由三角函数线辅助学生直观感受三角函数具有周期性这一特点,再由诱导公式对比,帮助学生从数的方面理解三角函数周期性的内涵,继而通过问题串探究,引导学生对函数周期性有更深的认识。

2. 教学环节

(1) 概念生成

生成1:巧设情景引入概念。

从时钟问题出发,把时钟转动抽象为圆周运动,将周期现象数学化。师生共同探究周期函数的本质特征,培养了学生的抽象和划归能力。

问题1：请同学观察时钟，现在为2017年9月11日下午1点整，可教室的时钟上却只显示了1点（图60）？这会和昨天下午1点混淆吗？

图60

学生回答得出结论：时间流逝，可由指针旋转来叠加表示。时针指向下午1点的状态，每过12小时都会再出现，永不停止，这就是周期现象。

通过时钟，我们可以把永无止境的时间用时针的圆周运动简洁呈现。如果把任意时刻看作 x，把时钟上与之对应的位置看成 y，则时针的运行规律可抽象为函数 $f(x)$。

问题2：请思考当前时刻 x 所处位置与时针运行 $x+12$ 小时后到达位置有何关联？能否用数学表达式表达？[答：$f(x)=f(x+12)$。]

生成2：三角函数的周期性概念。

从学生熟悉的"形"——三角函数线出发，探究周期性的特征，再用抽象的"数"——数学语言刻画周期现象，并将三角函数的周期性与时钟计时形成类比，帮助学生体会周期的本质，为理解一般周期函数概念与定义做好铺垫。

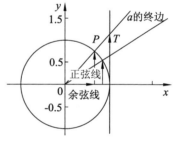

图61

带领学生观察三角函数线的变化，以正弦线为例，动态演示正弦线的变化如图61所示。

问题3：正弦线的变化有何特征？（答：每转一圈，函数值就重复出现，正弦线也与原位置重合。）

问题4：请结合图象思考，将角的终边绕原点按逆时针方向旋转1周、2周……，其正弦函数值之间关系是怎样的？反之将角的终边绕原点按顺时针方向旋转1周、2周……又如何？上述等式成立与 x 的取值有关吗？[答：$\sin x=\sin(x+2\pi)=\sin(x+4\pi)=\cdots$；$\sin x=\sin(x-2\pi)=\sin(x-4\pi)=\cdots$；等式成立与 x 的取值无关。]

问题5：结合三角函数线变化思考，余弦函数和正切函数的周期性是怎样的？

引导学生得出等式：$\cos(x+2\pi)=\cos x$，$\tan(x+2\pi)=\tan x$。

生成3：构建一般周期函数定义。

我们发现三角函数具有周期性。具有周期性的函数是否只有三角函数？（学生举例）

问题6：如果一个函数具有周期现象，它就叫作周期函数。请同学讨论如何定义函数的周期性。

学生得出"对于函数$f(x)$，如果存在常数T，使$f(x+T)=f(x)$，那么函数$f(x)$叫作周期函数，常数T叫作周期函数的周期"的结论。

教师须纠正：① $T\neq 0$；② 强调自变量的任意性。学生通过观察周期函数的图象关联，借助对周期函数图象的辨析，加深自己对函数周期性概念的理解（图62）。

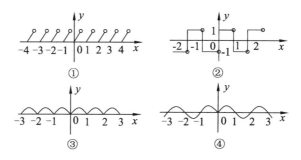

图62

同学们感觉周期函数图象是怎样的？（学生举手回答）

生成4：最小正周期的概念。

函数周期性重点仍为三角函数周期性，我着重对三角函数周期问题进行思考和引导，通过周期具有无数个，须找其中最特殊的，来说明最小正周期引入的必要性，也为学习三角函数图象和性质时，只需研究其中一个周期的图象和性质埋下伏笔。

从三角函数线发现正余弦函数、正切函数都符合表达式$f(x+2\pi)=f(x)$，结合函数周期性定义，2π是其周期。

问题7：正余弦函数、正切函数除2π外是否还有其他周期？（答：从三角函数线可得$2k\pi,k\in \mathbb{Z}$都是其周期。）

由此可知，周期函数有无数个周期，每个周期都研究，太麻烦，一般就挑其中最具代表性的研究，如正弦函数一般研究2π，一般选择研究周期中的"最小正数"——最小正周期。如无特别说明，函数的周期一般都指其最小正周期。

问题8：请思考正弦函数、余弦函数、正切函数的周期分别是什么？（答：重回三角函数线，发现 $y=\sin x$、$y=\cos x$ 的周期为 2π，$y=\tan x$ 的周期为 π。）

（2）巩固提高

1）简单应用

通过例1直观反映周期函数图象的特点，加深学生对周期函数本质的理解。

例1 若钟摆的高度 $h(\mathrm{mm})$ 与时间 $t(\mathrm{s})$ 之间的函数关系，如图63所示。

① 求该函数的周期；

② 求 $t=10\mathrm{s}$ 时钟摆的高度。

引导学生得出结论：如果一个函数为周期函数，则若要研究其整个定义域上的性质，只需研究其中一个周期的性质，即可推知其他周期上的性质。

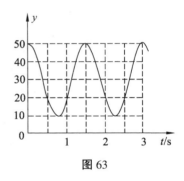

图63

2）变式提高

三角函数形式可变复杂，但依据换元和定义仍可用余弦和正弦函数的周期加以解决，从而培养学生的划归思想。

例2 求下列函数的周期：

① $f(x)=\cos 2x$；② $f(x)=\sin\left(x-\dfrac{\pi}{3}\right)$；

③ $f(x)=2\sin\left(\dfrac{1}{2}x-\dfrac{\pi}{6}\right)$；④ $f(x)=3\sin\left(-2x+\dfrac{\pi}{6}\right)$。

教师演示①，强调从定义出发，②③④由学生讨论和练习。

归纳：影响函数 $y=A\sin(\omega x+\varphi)$ 和 $y=A\cos(\omega x+\varphi)$ 周期的是"ω"，与 A 和 φ 无关，且周期可表示为 $\dfrac{2\pi}{|\omega|}$。

3）深层探究

① 提出问题

把函数性质的普遍规律经由例题探究挖掘出来，形成更高层次的周期性的概念，是数学活动的最高境界。

问题9：三角函数具有周期性，但并不只有三角函数有周期性，一般函数很多都具有诸如奇偶性、对称性等性质，是否对称轴或对称中心"较多"了就会具备周期性？

引导学生观察 $y=\sin x$、$y=\cos x$、$y=\tan x$ 的对称性和周期性的联系，提出猜想，举例证明。

例3 若函数 $f(x)$ 是一个奇函数，且关于直线 $x=b$ 轴对称，则 $f(x)$ 是一个周期函数。

由函数关于直线 $x=b$ 轴对称可得 $f(b+x)=f(b-x)$；函数为奇函数则有 $f(-x)=-f(x)$，绘制草图发现，如果函数周期存在，则至少为 $4b$。

② 探究规律

启发学生从问题9和例3出发，类比、推广结论，提高学生数学思维的深度。

教师引导学生在例3基础上构建变式：

a. 若函数 $y=f(x)$ 的图象关于点 $(a,0)$ 中心对称，且关于直线 $x=b$ 轴对称，则函数 $f(x)$ 是一个周期函数，$4(b-a)$ 是一个周期。

b. 若函数 $y=f(x)$ 的图象有两个对称中心 $(a,0)$ 和 $(b,0)$，或有两个对称轴 $x=a$ 和 $x=b$，则函数 $f(x)$ 是周期函数，$2(b-a)$ 是一个周期。

3. 回顾与反思

（1）设计立意

《普通高中数学课程标准（实验）》指出，高中数学课程应倡导自主探索、动手实践、合作交流等学习数学的方式，注意提高学生的数学思维能力。人们在学习数学和运用数学解决问题时，不断地经历直观感知、观察发现、归纳类比、空间想象等思维过程，这些过程是数学思维能力的具体体现，有助于学生对客观事物中蕴含的数学模式进行思考和做出判断。

在数学教学中，教师应以问题为载体，在兴趣和疑问的驱动下，"唤醒"学生思维，"追究"知识的产生过程。因此，本课采取以问题串联为线，"巧设情境—共同探究—揭示本质—例题辨析—归纳反思"的教学模式。

(2) 教学反思

高一概念课的教学应注重概念的自然生成，重视数学文化和思维的渗透，使学生变被动接受为主动学习。

第一，尊重学情实际，注重概念自然生成。所有知识生长点均应基于学生的原有认知。应从学情实际出发，巧设情境，引入概念。在设计之初，我曾想从日出日落、生肖等问题引入，但发觉学生对周期现象存在朴素认知。于是转而从时针运行问题出发，抽象出圆周运动的数学模型，再从圆周运动联想出三角函数线，着重呈现周期现象的本质，符合学生的"最近发展区"。

第二，精心设计问题，促进概念深度理解。心理学家布鲁纳指出，教学过程是一种提出问题和解决问题的持续不断的活动，思维永远是从问题开始。学生的自主探究和深度学习是非常关键的。在本课设计中，在研究教材的基础上，我对知识进行整理，通过设置层层深入的9个问题探究，引导学生自主发现定义，完善定义，让学生亲身经历数学研究的过程，感受数学的魅力，取得了较好的教学效果。

第三，关注例题解析，深化概念灵活运用。概念课的重点在于教会学生抓住概念本质，而其总隐藏在形式背后。因此，我设计了3个例题来帮助学生透过形式理解本质。例1为形的问题，通过观察、分析，学生能直观感受函数的周期性，加强对周期函数特点的认识。例2重点突出核心公式"$f(x+T)=f(x)$"的灵活运用。通过教师分析、学生讨论等形式，把归纳与综合、一般与特殊、猜想与辨析等思维活动真切地还给学生，提高了学生的学习积极性和信心。例3则是周期性知识的升华，学生从抽象函数出发，根据例题的研究方法，自主探究、思考函数周期性的本质，提升了对周期性理解的深度，培养了用数学的思维解决问题的能力。

第四，实时调整预设，实现精彩课堂呈现。顾泠沅教授的"青浦实验"指出，要注意效果反馈，及时调节教学内容。实现"精心预设"和"动态实现"的统一。学生是生动的个体，在课堂教学中他们的"灵机一动""节外生枝""缺东少西"都是课堂的一部分。在教学中，教师应注意根据学生反馈及时调整预设，使教学充满灵动，从而教会学生学习，而非单纯以传授知识为目的。

第五，适度引入探究，活跃数学思维。数学是一个不断构建和创造的过程，把周期性和奇偶性、对称性联系起来，从三角函数到一般函数推广，可以拓宽学生的数学视野，让其养成归纳和抽象的推理习惯。

（苏州市第六中学　孙静）

通过上述案例，我们可以发现，在问题串联课堂教学中，通过"问题链"串联课堂，环环相扣引出数学概念，让学生积极思考与发现数学概念之间的联系，以此强化其对数学概念的理解，做到概念之间的融会贯通。

值得我们注意的是，问题串联课堂教学，容易造成课堂上问题堆砌的现象，不仅会让学生对知识的理解出现问题，不少教师也会通过提问增加学生的学习负担。如果问题堆积太多，长时间得不到有效答复，学生的学习兴趣和动力将会下降，这些都给学生更好地学习数学知识埋下了隐患，不利于课堂教学质量的提升。

二、运用情境体验式学习

体验式学习是一个不同于说教式教学方式的学习方式。体验式学习是指通过实践和体验来认知知识或事物，或者说通过学习者完完全全地参与学习过程，使学习者真正成为课堂的主角。传统的学习对学生来说都是外在的，而体验式学习却像生活中其他任何一种体验一样，是内在的，是个人在形体、情绪、知识上参与的所得。正因为有全身心的参与，学习效率、知识理解、知识记忆持久度都得到大幅度提升。提升常态化教学境界，体现在教学应基于学科课程标准，聚焦核心素养与关键能力培养，使学生通过学习而内化形成学科特征素养与品质，以促进其全面发展。教育家叶圣陶先生曾这样说过："为使学生'需之切'，教师就得做到'胸有境，入境始于亲'。"那么，什么样的情境才能让学生置身于追求真、善、美的情感中，使学生身临而入境、体验而知理、感受而动情，从而有效地达到教学目标，最大限度地展现我们课堂的魅力呢？

情境体验，即取材于普通人生活的点点滴滴，可以是一段经典的文字表达，也可以是一句发自肺腑的感叹，可以是一个微不足道的动作，也可以是一个稍纵即逝的表情……总之，它关注的是与我们息息相关的生活。

（一）情境体验的特点

1. **生活性强，更容易实现"身临而入境"**

课程改革要求我们的课堂教学要遵循"贴近学生、贴近生活、贴近实际"的原则。启发、引导学生关注身边的人、关心身边的事,在生活中学习,使课堂成为生活化的课堂。情境取材都来自学生身边正在发生的,或者学生非常关注的人和事,就地取材,把生活变成学习的实际内容,从而让知识变得灵动易学,让课堂变成学生积极参与、主动发展的舞台,从根本上保证了"身临而入境"。

2. 切合度高,更容易实现"体验而知理"

好的情境能激发兴趣,启迪思维。取材于生活中的"宏观情境"往往过于复杂,过于开放,一方面消耗了学生有限的精力,另一方面也无法培养学生获取和解读信息、调动和运用知识的能力,学生经常会游离于情境与知识之外,无法深入,甚至会陷入迷茫而无从下手。基于"体验"的情境,简明扼要,直击主题,更容易和基本知识之间达到高度契合,更容易引导学生理解、吃透和运用知识,也更容易将知识和情感等转化为学习动力,真正实现"体验而知理"。

3. 情感性好,更容易实现"感受而动情"

传统的课堂中我们引经据典、旁征博引,单方面地努力灌输知识,学生缺乏体验,更没有机会感悟。而情境教学则亲近学生生活,但是,一些"宏观情境"离学生的生活比较远,就算教师绞尽脑汁,也难以真正叩开学生的心扉,最终的知识获得无法摆脱"灌输"嫌疑。而情境体验基于生活的点点滴滴,表面上看是朴素之举,但真正走进了生活,走近了学生,与学生的个人经验、生命活动、地域背景、生存环境等联系了起来,包含了对生命存在及个人活动的关怀,这符合学生的需求,更容易让学生"感受而动情"。

(二)教学实例

下面就以2018年获得江苏省初中物理优课评比一等奖的一节课——《光的色彩·颜色》作为课例(此案例由苏州工业园区星海实验中学张月兰老师和苏州市振华中学校申洁老师提供),通过情境体验来提升常态化教学实效。本节课的教学设计与实施,重点关注学生学科素养的提升,凸显学科内涵与特征;关注学生学科知识学习的进阶,呈现课堂教学的生动与多彩;积极拓展实验教学资源及条件,将充分预设与动态生成融合;立足于实验优化与创新,增强实验的可视化效果;丰富学生的学习体验,以促进学生科学思维和探究能力的不断提升。

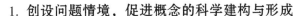

1. 创设问题情境，促进概念的科学建构与形成

通过情境观察和现实生活举例，认识并会判断光源是本节课的学习目标之一。帮助学生建构光源的概念，是本节课教学设计须关注的重点之一。

初设计：使用暗盒通过摄像头同步投影画面的方式，呈现漆黑与明亮两种不同情境，引导学生体验"无光入眼便是黑"。也尝试用视频的方式进行引入，但画面带来的真实性和体验感不够。

终设计：利用现场声控彩灯发光和视频呈现不同的发光体，学生置身其中的体验感大大增强。通过师生互动，寻找物体之间的共同点与不同点，学生知道本身发光的物体被称为光源，进而认识人造光源、天然光源和白光、色光。

评析：课堂创设贴近学生生活，且能引起学生认知冲突的问题情境，有利于引导学生在情境中生疑、质疑、解疑；营造师生互动、平等交流的氛围，通过分析来概括事物的本质特征，能够促进学生在体验过程中建构光源的概念。这个过程让学生经历从物理现象获得物理感觉，进而形成物理知觉，是课堂教学前期引入、学生收获学习最初体验的开篇。从教学实施过程中可以看出，学生沉浸于五光十色的情境中，兴趣盎然地观看视频，能很快找到这些物体之间的共同点与不同点；在建立光源概念后，通过对不同状况彩灯的观察，进一步辨析光源，启发学生分析能看到不工作的彩灯是因为彩灯反射的光进入了人眼。教师创设"知识→问题→情境"的教学流程，学生经历"情境→问题→知识"的学习进程，这在激发学生的学习兴趣的同时，深化了学生的学习体验与概念建构的思考过程，促进了学生概括与分析能力的提升。

2. 优化实验效果，关注学习进阶与科学探究能力培养

通过实验探究，学生知道白光是由多种色光组成的，是本节课的学习目标之一。进一步提升学生的科学探究能力和思维能力，是本节课教学设计须关注的重点与难点所在。

设计的切入点：从物理学史、教材结构等方面看，光的色散与合成实验先后完成，是知识形成不可或缺的过程。学生通过自主探究光的色散实验，完成第一次学习进阶——白光可以分解成多种色光。教师通过演示实验，利用水雾呈现光发生色散时的光路，学生完成第二次学习进阶——白

光及色光传播的路径显示，色散现象确实是白光通过三棱镜时发生的。教师进一步通过演示实验，利用两个三棱镜的恰当组合，将分解后的多种色光复合成白光，学生完成第三次学习进阶——证实白光是由多种色光组成的。

设计的着眼点：实验的可视性效果是反映学生学习进阶梯度的决定性因素。在反复进行实验器材的调整及调试中发现：选择合适的光源能确保白光的纯正度；选取大号、玻璃材质的三棱镜能确保分解出来的色光鲜亮；只有三棱镜、光源、光屏的位置恰当，才能保证分解的色光有明显的色彩变化，并能合成理想的白光。特别是通过实验过程中水雾的喷射，能清晰呈现色散、合成过程中光的色彩变化，使学生看见白光及色光的路径（图64），认识到色散与合成发生的空间位置，有利于学生建立对光的色散的立体感，深入认识并分析现象与问题的本质所在，实现教学重难点的突破。在实验优化的过程中，尝试了多

图 64

种雾化方式，发现烟雾机喷出烟雾分布均匀且持久，实验效果更理想；水雾机喷出的水雾无色、无味，更为环保。

评析：在白光可以分解成多种色光的教学实施过程中，教师先利用白光照射滴有牛奶的水产生黄光，引发学生猜想色光的存在，然后学生借助手电筒、三棱镜、光屏进行光的色散实验的初步体验。教师利用大号三棱镜演示光的色散实验，学生被色彩鲜亮的光谱所吸引，此时教师用光屏遮挡白光来帮助判断色光是否来自白光，又通过水雾的效果使色散的路径清晰可见，在学生惊叹声迭起的同时，实验结论自然很容易得出。教师不断优化实验的可视化效果，帮助学生实现了学习的深度体验，产生了生生互动、师生互动、生本互动的课堂效应，有效关注学生学习的进阶和培养学生科学探究能力的过程，升华了课堂教学的智慧。

3. 丰富实验呈现方式，拓宽学生的学习与认知视野

通过学生活动体验，认识光的三原色及不同色光的混合是本节课的学习目标之一。让学生认识世界的多彩与美丽，也是本节课教学设计须关注的重点。

光的色散和色光的混合实验都是利用"雾化路径"来增强实验的可视化效果的,引导学生在可视化光路中进行深度分析。不同的是,利用水雾呈现光的色散与合成,是为了清晰地显示色散与合成过程中光的色彩变化及其形成。而利用烟雾显示色光的混合情况,则是在丰富和增强学生对光的混合认识的感官体验的同时,拓宽并完善其对色光混合在立体空间中客观存在的认知。

设计环节1:利用强光手电筒通过有色玻璃纸产生红、绿、蓝三种色光,将三种色光进行混合,得到其他色光,显示色光混合形成的光斑。

设计环节2:在此基础上,利用烟雾实现不同色光混合路径可视的效果,以说明色光混合的过程并不局限于光斑的合成。

设计环节3:在进行实验优化的过程中发现,用烟雾机喷洒出的烟雾可以充满整个教室,色光混合于教室空间的路径清晰可见(图65),适当旋转角度,每个学生都能从不同方向观察到该现象,且混合光的路径颜色鲜亮,范围广。

图65

因为烟雾弥漫于教室有一定的污染性,所以改用水雾机喷洒水雾,但水雾在空间滞留的时间较短,实验效果不理想。

设计环节4:将烟雾充在透明塑料筒或塑料盒中,实验效果好且环保。反复尝试和优化改进后,选用了透明度较好、轻巧、易操作的圆筒塑料薄膜,用热熔器加工成一个长度约为2m,直径大约为50cm的平底长塑料筒,在其中充入一定浓度的烟雾。实验观察发现,离塑料筒纵向约小于20度的范围内,观察效果可达到最佳;若充入不易附着、颗粒更小的烟雾,实验效果更为理想,最终实现了特殊空间的光路混合可视。

评析:从教学实施过程看,学生能够自主完成色光混合的实验,但仅限于观察色光混合形成的光斑。而当教师演示长塑料筒空间中色光混合的实验时,学生被长塑料筒中呈现的多彩的混合光路深深吸引,这情境给现场听课的老师和评委专家留下了深刻的印象。要让学生进入深度学习的状态，有必要对教学实验资源进行独到的选择，对实验呈现方式进行优化和创新。生命成长是伴随生命个体经历学习的过程，作为教师，提供更丰富、更多元、更美好的学习场景，拓宽学生的学习与认知视野，体现提升核心素养的教学意境，是学生在常态教学下的学习过程中获得生命体验的必然。

4. 开拓实验资源渠道，关注学生求真求实的科学态度与精神的培养

通过实验探究，知道看到物体的颜色是由其反射的色光决定的，这是本节课的学习目标，也是教学需要突破的难点。鉴于教学目标的影响、教学环境因素的限制，如何使与这部分学习内容相关的学生实验具有更精彩的效果，开拓实验资源以增强实验可视化效果是教学设计需要特别关注的。

设计1.0版本：用牙膏盒制作暗盒，将牙膏盒内涂成黑色，插入三色鹦鹉小图片，分别打开红、绿、蓝三色光进行照射，发现观察到的颜色效果不佳，特别是蓝光和绿光分别照射下的蓝色区域和绿色区域，颜色区分度不明显。

设计2.0版本：受夜间进行实验可以排除自然光对实验影响的启发，多次实验分析总结后发现，光源和色卡颜色匹配、光照强度调节是影响观察的重要因素。色卡颜色的优化是关键，选用色粉颜料涂色，其颗粒物质会使画面相对粗糙，不容易形成反光且吸收光的能力较强。对色卡材料的改进有利于提升实验效果，先后尝试过打印纸、宣纸、磨砂纸等，最终确定选用黑色投影幕布，可减少区域反光的影响。用上述材料设计半开放的暗盒，基本实现了观察不同色光照射下物体颜色变化的可视性效果。

设计3.0版本：辅助材料的精选确保了观察的色觉效果，色卡底座选用黑色海绵，筒内装有黑色卡纸，大大增强了对余光的吸收。考虑到不同环境明亮程度的差异，设计并制作成伸缩筒暗盒（图66），并匹

图66

配光照强度合适的三色光源，实现了更为理想的观察物体颜色的效果。

评析：人眼对光的感受程度不同，即不同的观察者色觉不一样。借助伸缩筒暗盒进行观察和探究，学生能顺利得出"看到物体的颜色是由其反射的色光决定的"结论。素材源于生活，物理就在身边，教师千方百计开拓实验资源渠道，精心设计与制作实验器材，方能带给学生更深、更真的体验，引导学生从现象中感悟和思考，培养实事求是的科学态度和精神。

教育要促进学生发展，发展是为了每个学生能适应纷繁复杂的社会场景，并能在其中获得自己的生长资源。在课堂教学中，学生直接参与社会活动，解决实际问题，在活动中获得真实丰富的直接认识，对亲自参与的身边的活动产生极大的兴趣，更好地获得知识的主动权。教学活动可尝试改变学生在学习过程中被动消极的地位，努力把学生培养成为具有独立精神的、敢于发表自己意见的、具有社会交往能力的开放型人才。常态教学是因人、因时、因地而异的，发展学生的核心素养，基于多角度、多维度的学习体验是不可或缺的。对这节课的策划与设计、准备与实施，凝练了教师对优化教学设计与实验创新的深度思考，是对学生核心素养与关键能力培养的积极探索，是"以人为本""教学相长"启蒙性教育价值的彰显，也是教师对专业素养与常态教学境界提升的不懈追求。有效情境的创设本身就是一门艺术，而以平凡人物、小事件和身边事例为载体的情境的创设，更需要我们将其当作一件艺术品来精雕细琢，只有坚持精心选材、精细加工、精妙设问，才能真正为师生的对话与沟通、为知识与素材的完美结合架设桥梁。

三、近迁移训练

学生主体性和主动性得以体现的重要表现是能够对知识加以迁移式运用，在运用中加深对知识的理解，在"知行统一"中实现学以致用的教学目标。根据教育心理学理论，学习情境和迁移情境具有相似性，可以将迁移划分为自迁移、近迁移和远迁移。"近迁移"指用和学习时相似的应用方式，将所学的知识应用到与先前列举和练习情境相似的新情境中去的能力。近迁移理论主张提供与原知识水平相近或变化不大的情境、任务，运用原有知识加以解决，提高知识的认知水平。训练是近迁移理论运用得最直接的载体和平台。教学实践中精心设计训练,实现知识的近迁移,能为学生对知识的理解和创造打下基础。

(一) 迁移理论的学理解析

现代认知心理学为迁移学说的发展提供了理论基础,以奥苏伯尔、布鲁纳、罗耶(I. M. Royer)等为代表的认知心理学者,从不同角度对迁移学说提供了指导。他们都认为,迁移是新旧知识的整合,受到学生原有的知识结构和生活经验的影响,因此,迁移学习中要帮助学生建立新旧知识的桥梁,完善学生的知识结构和认知方法,以达到举一反三的效果。奥苏伯尔的有意义学习理论认为,一切有意义的学习都是在原有认知结构基础上生成的,学生在有意义学习中积极主动地使新知识与原有知识结构和生活经验中的相关旧知识发生相互作用,利用旧知识理解新知识,并不断完善原有的知识结构。奥苏伯尔的理论与杜威提出的生活教育理论不谋而合,认为学习知识的过程不是孤立的,而是与学生的知识和经验紧密相关的过程。罗耶认为,迁移的关键在于记忆搜寻过程中遇到相关信息的可能性。为此,教学中增加学生在面临现实生活问题时提取在课堂里习得的相关材料的可能,加强学习的内容与学生生活经验的相似度,注意理论联系实践,促进学习的迁移。

原认知迁移理论认为,学习者的原认知水平是影响认知策略迁移的重要因素,即学习者是学习过程的主动参与者与管理者,在遇到一种新学习情境时能主动寻求当前情境与已有学习经验的共同点及联系。因此,该理论强调学习中必须具备一系列高层次技能集合的元认知技能,以实现知识的迁移。

近迁移理论从认知负荷角度看,与原有知识情境相似能降低迁移过程所需要处理的认知负荷的资源数量,避免总的认知负荷超出学习者个体的承受能力。在新授课有限教学时间内,提高课堂效率。如在新授课的训练中,对教学中的情境或素材进行深加工,设置与学生认知水平贴近的问题,调动学生运用知识解决问题的积极性。在此过程中,学生自主学习、独立思考的能力,合作学习、求同辨异的能力都得到提高,学科核心素养亦得到培育和提高。

迁移是复杂的心理过程,总体上说,受到主客观因素的影响。从学生主观方面看,学生自身的知识结构、学习能力、思维方法等会影响迁移的效果。从客观方面看,学习材料的相似程度、教师教学方法的选择也会影响迁移的效果。

（二）训练在近迁移中的作用

训练是深化知识的必要途径。知识习得在任何阶段对课堂教学都具有关键性的作用，在核心素养视域下仍然必不可少。课堂训练是联结知行之间的桥梁，适当的训练能够深化知识重点，建构和完善学生认知结构，是课堂教学必不可少的组成部分。认识世界的目的在于改造世界，在知识的运用过程中，学生不但理解知识本身是什么，而且还对知识的作用有深刻的把握，从知行统一中加深对知识的理解。

训练是提高解题能力的关键。考试制度的存在使得任何教学思想都面临最终的检验，如果一种教育思想或理论在面临考试时不能发挥作用，那么该思想或理论就没有说服力和生命力。杨启亮教授说过，先进的教学理念在解决传统的考试问题时，应该具有巨大的优势。课堂教学中，通过必要的迁移训练，能巩固学生对重难点知识的把握，提高其解题能力。

训练是实现教育功能的条件。教育的宗旨是通过一系列的教学活动，在培育学生的核心素养过程中实现立德树人。如果学生对所学的知识半信半疑，那么教育的效果就无从谈起。因此，相信、认同所学知识的真理性和科学性是教育的前提。训练并非简单地做练习，而是对知识的实践性和可行性进行检验和证明，学生在此过程中实现认识和实践的互动提高、原有认知结构和新知识的和谐共建、自我认知和集体智慧的互动发展。

由前分析，近迁移是新情境和原有知识之间的近距离迁移，学生在即学即用中推进知识的建构，实现循序渐进式的发展。从训练的作用上看，训练的作用包括明确概念的边界，辨析、验证原理的科学性，强化技能的熟练程度，推动学习向纵深方向发展。从中不难看出，近迁移中的训练，能够在知识的深度和广度方面做出贡献，还能在运用中提高学生解决问题的技能，提高学生对所学知识的理解和认同。

（三）实例分析

1. 语文案例

语文，作为人文学科的浓缩，对学生人文素养的养成具有重要作用。

> 上好语文的讲评课，除了"讲""评"之外，还有一个重要的教学环节就是"练"。心理学上认为，用以前的经验来更快、更容易地解决当前的问题，这属于正迁移。而把知识正迁移到一个相似的情

境,这叫近迁移。要想上好讲评课上的"写",就应该创设这样的近迁移训练,让学生明确迁移什么样的内容和知识到哪个具体的任务情境中、解决什么问题。在练习中,学生将写作知识内化为写作技能,从而可以自觉地、自由地用语言文字表达对生活、生命的认识,并将自己的理解传递给他人,用语言建构意义。

讲评课上的近迁移训练以语文教学中的句子变式为例,从以下几方面进行探索和努力。

1. 文字表述更形象

人与人之间语言表达能力的差异就在于,同样的一个意思,有的人说出来就像一杯白开水淡而无味;有的人说出来却如一杯茶,越品越有味。很多时候,那些有特色的文字不但一下子入了读者的眼,也一下子入了读者的心。

【句子展示】

"王涛,难道你和沈卓是不共戴天的仇人吗?难道你们俩像猫和老鼠一样,有猫的地方没有老鼠,有老鼠的地方没有猫,两者永远不能存在于同一个世界,不能和平相处吗?"

借用猫和老鼠两者间的关系,通过一个比喻形象、具体地说明了两位学生之间的关系。写人、写物、写事、写两者之间的关系时,找到其他也具有此特征的事物,前后一关联,通过类比,所写事物的形象就更鲜明了,读的人也更清楚了,句子也更形象了。这样的写法是不是可以引导学生迁移运用呢?由此,我设计了一组句式仿写的训练。

【迁移训练】

① 我和她是形影不离、亲密无间的好朋友,就像_____,_____。

② 他是我们班的"飞毛腿",一跑起来就像_____,_____。

③ 看他那么胖就知道缺少运动,瞧,跑起来那么慢,简直就像_____,_____。

对于①,很多学生想到了"茶杯与杯盖""电脑主机与显示屏"等两者不容分开的事物。②写跑得快,有学生说"一跑起来就像一阵风,'呼'一下,已经不见人影了",也有学生说像火箭、高铁……

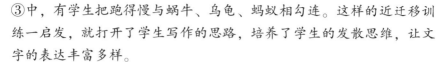

③中，有学生把跑得慢与蜗牛、乌龟、蚂蚁相勾连。这样的近迁移训练一启发，就打开了学生写作的思路，培养了学生的发散思维，让文字的表达丰富多样。

2. 表达形式更丰富

很多学生在写说话句时，提示语只会用"谁怎样地说"这样的形式来表达。其实刻画人物的动作、神态、表情等也可以作为提示语，提示语越具体越能表现说话人当时的态度、语气、心情等。

【句子展示】

① 我看见了，顾不得打羽毛球了，飞速跑过去，大声嚷着："喂！大坏蛋，这是我的妹妹，不是你们家的，不许你抱她。"

② "哎哟，哎哟……"我捂着肚子冲到门外，奔向卫生间，猛力敲打着紧闭的门，大喊，"有人吗？有人吗？我憋不住了！"

③ "谁说这笔不是我的？"只见小陈同学双手叉腰，瞪大眼睛，怒气冲冲，面红耳赤的他一副不夺回笔誓不罢休的架势。

…………

出示的句子提示语有一个共同点：都刻画人物说话时的动作、神态、表情等，但是也有不同之处：提示语的位置分别在说话句的前面、中间、后面。当学生们通过直观的句子，发现了写好提示语的奥秘——变换提示语的不同位置，就可以进行仿写运用了。

【梯度训练】

（1）情境表演

我伸出手，指着某一个学生批评道："你又没认真听讲。上课不好好听，那就是你最大的损失。"

请学生把看到、听到的一幕写成一句说话句。

学生交流时，教师点评不同学生在写说话句时，写提示语的角度不同，提示语的位置也有所不同。

（2）回忆场景

我央求妈妈同意我玩半小时电脑。爸爸一看到我的试卷就开始批评起我。

根据两句话所描述的场景，回忆自己曾经历的场面，选择一句写成说话句，比一比谁的提示语写得最长、最丰富。

两次梯度训练，第一次是把教师演的写下来，把看到的动作和听到的话语全部还原成文字。在指名交流时，比一比谁写的提示语和说话内容真实又生动地再现了当时的场景。通过把文字还原成画面，检验用词的准确性、合理性。第二次是对回忆场景进行改写。很多时候，学生在写作文时就是用一句简单的话概括了所有情节，让故事中的人物成了"哑巴"。这样的训练，让学生有写作的意识，懂得故事中的人物是要"开口说话"的。学生在写的过程中思量怎样用准确的动作、表情、神态作为对话的提示语，琢磨选择哪个表示"说"的词更适合这个语境，考虑提示语的位置要如何变化才能不单一，这些都在句子改写的过程中得到了历练。

3. 文字"转码"显魅力

高年级的阅读教材中，很多课文都用到侧面烘托的写法。比如，苏教版语文六年级下册《天游峰的扫路人》，通过描写天游峰的高、险，烘托出老人每天扫石阶的不易。学生在写作中也会用到这样的写法。

【学生习作片段】

"窗外的树木也剧烈地摇晃起来，仿佛轻轻一弹就会断裂。断枝伴随着树叶在空中盘旋。铺在地上的草坪都被吹得掀起了一角，我可以很肯定地说，如果一个一二年级的小朋友现在站在操场上，准会被吹得一屁股坐在地上，运气不好的话说不定还会在地上滚上几个圈呢。"

一读这三个句子，我们就能读懂作者是在说风大，可是文中却没有出现"风大"这两个字，这就是作者的高明之处。借助对树、断枝、草坪的描写，从侧面烘托出了风的大。

【迁移训练】

玩文字游戏：

天真冷。

天真热。

请学生选择一个句子为主题，用两三句话借助侧面描写来烘托表现天气情况，句子中不能出现"真冷"或"真热"。

通过句子的变式——不出现"天冷""天热"的文字来写天气的冷或热，这样的训练在语言密码的转换下，让学生更清晰地感受到侧面描写的方法，更深刻地领悟到通过对周围人物或环境的描绘来表现所要描写的主角对象,也就是间接地对描写对象进行刻画描绘,会使主角对象的特点更鲜明,中心更明确突出。

有限素材和高效任务的充分挖掘,发挥了教学资源的效能,在最近发展区内把学生的认知、思维能力和价值观等素养进行提升,体现学生主体性、自主性,实现了有效、高效、低成本的教学理念。

(苏州市吴江区盛泽实验小学教育集团程开甲小学　金洁萍)

2. 数学案例

与语文培养学生人文素养不同,数学则重在培育学生的逻辑思维和理性思维能力。在近迁移的训练方面,数学老师有自己独特的见解与做法。

1. 备课备"习题"

以往,备课重点备"教材"。现在,"习为中心"的备课模式将重点转向备"习题"。"备"教材,一线老师都在复制粘贴,有的学校要求新教师手写备课,那只是从复制转向抄袭。有的一线老师就说:"我们普通教师对教材的解读可能超过教参吗?教学设计可能超过特级教师吗?不可能!要我们原创备课不是瞎折腾吗?不能拿设计师、工程师的标准去要求一线教师。"

而备"习题"中的习题来源,主要有三块:① 课后习题;② 配套教材的练习册;③ 配套教材的补充习题。此三块习题由教材组委托教研部门组织骨干编写,比一线老师自己出的题要科学,有信度和效度。备"习题",没有教师反对,因为谁都知道,要学生会做的习题,教师先要会;要学生读的课文,教师先要读好;要学生默的词语,教师先要会默;要学生背的课文,教师先要会背;要学生做的实验,教师先要会做;要学生做的量表,教师先要会做……备课备"习题",有着强大的一线土壤。

怎么备习题?一是要研读课后思考题、补充习题、练习册,弄清哪些题目是重复的。重复的往往是重点和难点。不必要的重复要删减,如低年级,语文书上有田字格和描红,练习册上也有,还有专门的写字册,其实大可不必。二是要研读哪些习题跟教学内容有关、哪些无关。无关的可做可不做,也可在预习和复习时用。三是弄清哪些是"自学自习"题,哪些是"先习后学"题,哪些是"先学后习"题,哪些是"先教后习"题。备课备习题,习题是学生做的,备清楚了习题的难易度，也就备明白了学生的学情。从"习题"备"学生"，一线教师都觉得如此可将学情备得具体、实在、明明白白。

教师先把习题做一遍，这是备课备习题的基础和底线。自己做了一遍，才知道习题的深浅，才能给习题分类，才能确定第一课时解决哪些、第二课时解决哪些、哪些习题检查预习时用、哪些习题初读环节时用、哪些习题精读环节时用、哪些习题巩固环节时用，而不是教师"讲"20分钟，学生"习"20分钟。我们尤其强调语文和英语，"朗读""背诵""复述"就是"习"，而且是重要的"习"。

2. 课堂不要"好看"

在"习为中心"的常态课上，要求60%的时间给学生"习"。也许学生都在"习"，会让听课教师觉得很无聊。我们不追求"好看"，我们追求"好用"。

不追求"好看"的"习为中心"的常态课上，学生一个个精神抖擞，聚精会神地读、聚精会神地背、聚精会神地记词语和默词语、聚精会神地完成课后思考题、聚精会神地完成练习册、聚精会神地完成补充习题……学生忙得专心致志，忙得不亦乐乎，忙得忘记了藏在桌兜里的饼干。一次，听三年级的语文课，我问身边的女孩："现在上课专心吗？"她答了一句让我一辈子难忘的话："现在上课我的脑子飞起来了。"我问为什么。她说："老师检查生字词预习后，马上有看拼音写词语的作业，我要一边读一边记；读好了课文，马上有按课文内容填空，读的时候不用心做不出来啊。"我问她以前读书是不是随便张张口，她难为情地"嗯"了一声。

"好看又好用"的课堂，那是少数人的境界，90%以上的一线教师一辈子也做不到。因为一线教师追求"好用"。青年教师根据练习单、导习单，上了"习为中心"的常态课，说："现在上课挺简单的，不像以前想着一个又一个环节，一句又一句的过渡语、小结语。"以前要开课了，大家都打趣说："权当减肥啊。""习为中心"的课上，学生忙了，教师反而"闲"了。教师的主要角色不是"教学者"，而是学生学习的"管理者"。管理者的最大能耐不是自己亲力亲为地干，而是让下面的人干。"闲"下来的教师走到学生中间，看看哪几个同学"习"得认真、哪几个同学的"习"有困难、哪几个同学的"习"有创意，及时评价、及时鼓励、及时辅导、及时排忧解难。"闲"下来的教师，成了课堂上最"有用"的人。

我校四年级有个男孩，从不做家庭作业，教师和家长头疼不已。"习为中心"的课上，每次作业他都做了。他说："大家都在做，好像在比谁做得快、谁做得对，我也跟着做呗。"我们问他："以前课上老师也经常提问什么的，你怎么不回答。"他说："班上那么多人，老师只叫一个，肯定不是我。""习为中心"的课堂，装的不是"1个"，而是班级这个"单位1"。

3. 摸得着的评价

"习为中心"的课堂评价，不要含糊其词，而要一清二楚，要用数据说话。

第一个数据：60%。60%的时间还给学生，40分钟的课堂，24分钟还给学生，让其自主学习、自主练习，优秀。50%也就是20分钟时间还给学生，良好。40%也就是16分钟时间还给学生，合格。首次上"习为中心"的探讨课，听课教师说怎么"习"了那么久。统计员说才10分钟，教师傻眼了。教师习惯了不停地"教"，以为这才是"尽职"。"习为中心"的课堂评价，如此"尽职"却得分低，越放手的教师越"闲"，得分越高。

第二个数据：80%。80%的作业总量在课上完成。"作业总量"指课后习题、练习册、补充习题的作业总和。一个单元、一节课的作业总量由教研组统一议定。课上完成作业总量的80%，优秀；70%，良好；60%，合格。事实上，不把60%的课堂时间还给学生，学生不可能当堂完成80%的作业总量。我们向学生调查：老师的课有两种上法，一是老师少讲，60%的时间给你做作业，回家没什么作业；二是老师多讲多问，课上不做啥作业，作业回家做。你们要哪一种？几乎所有的学生都选前一种。

第三个数据：90%。90%的学生都在课上完成了"习"的任务，优秀。80%的学生完成了，良好；70%的学生完成了，合格。先完成作业的优等生，自动升级为"小老师"，负责本组的"习"导和"习"管。

以上为核心数据。"小数据"还包括：一堂课提问5个，优秀；6个，良好；7个，及格。一篇课文两课时，大面积朗读和默读20分钟，优秀；18分钟，良好；15分钟，合格。数学实验与操作，人人动手，优秀；90%以上学生参与，良好；80%以上学生参与，合格。一线教师普遍反映，以前的评课模模糊糊一大片，现在清清楚楚，自己都能给自己打分。

数学学习侧重学生数理逻辑的运算和推理，因此，训练显得尤为重要。以高效训练促进学生认知目标的达成，通过近迁移的训练，既能够提高学生的理性思维能力，培养其自主学习素养，也能在短时期内提高课堂教学的效率。

任何高明的"教"都替代不了学生自己的"悟"。通过近迁移训练，教师教给学生思维搭建平台，创造学生自悟的条件与氛围，激发学生的创造潜能。近迁移的训练，在应试与素养之间找到平衡，在自我与集体之间共振，在知识与素质之间实现共生。

（苏州市吴江经济技术开发区长安实验小学　钮云华）

第三节　引导自主学习的课堂样态

自主学习是相对于"他主"学习的一种学习方式。自主学习的本质是培养学生的学习能力，以学定教、以学促教，方可实现学以致用。促进学生自主学习的价值追求引领教师探索自主学习的课堂样态，如能动课堂、互动课堂、创意课堂、自由课堂等基于自主学习的多种课堂样态，将为学生落实学科核心素养、培养学科关键能力、实现立德树人根本任务搭建有效平台。

反思当下中小学课堂，重知识轻能力、重理论轻实践的传统课堂依然占据多数，从关注教学者视角走向关注学习者视角的美好愿景也只是"空中楼阁"。出现这一问题的现实原因是多方面的：第一，面面俱到、滴水不漏的知识灌输"充盈"整个课堂，耗尽了学生的学习兴趣和探究动力；第二，片面认识学习自主性和独立性，扼杀了生生互动、师生互动的学习体验感；第三，过分强调知识的系统性或专业性，割裂了学科逻辑关系和知识体系架构；第四，追求统一的标准答案和机械格式，造就了一批知识的"搬运工"而非创造者。为了解决上述问题，基于"自主学习"的课堂样态必定是丰富多彩、活泼灵动的，本小节将结合教学实践中所尝试的几种课堂样态探究实施路径。

一、能动课堂：主动预习、主动思考、主动展示

传统课堂教学在促使学生掌握基础知识和基本技能方面的贡献是不可否认的，但由于其过分突出和强调灌输，学生的学习演变成了"被动地"接受、记忆的过程。这种学习禁锢学生的思维和智慧，影响学生的兴趣和热情，严重压抑了学生的个性发展和健康成长。学习若是缺乏主动性，那么不管教师在课堂上讲得多么"滔滔不绝、精妙绝伦"，学生都不会真正吸收知识，更不可能触类旁通、举一反三，因此，我们要在教学的各个环节都有意识地创造条件重视发挥学生的主观能动性。能动课堂是一种注重学生主动预习、主动思考和主动展示的课堂，它区别于传统的教师滔滔不绝地主动施教、学生闭口静听被动接受的课堂。主动预习是学生在教师的任务引导下主动进行前置学习的过程；主动思考是指学生不盲从教师、不顺从同学，自己掌握思维的"钥匙"，去打开知识的宝库；主动展示是学生在课堂上敢于将自己的学习成果展示出来的过程。主动预习、主动思考、主动展示构成了能动课堂的三大支撑。建设能动课堂的目的在于让学习真正发生，提高学生的学习效率。江苏省苏州中学园区校"项目式能动课堂"实践研究方案为我们提供了一种能动课堂的建设样态。

培养什么人，是教育的首要问题。习近平总书记在全国教育大会上发表重要讲话，全面总结党的十八大以来教育改革发展实践中形成的新理念、新思想、新观点，围绕培养什么人、怎样培养人、为谁培养人这一根本问题，提出了工作要求，做出了战略部署，为加快推动教育现代化、建设教育强国、办好人民满意的教育指明了方向。

进入新时代，坚持中国特色社会主义教育发展道路，坚持社会主义办学方向，以凝聚人心、完善人格、开发人力、培育人才、造福人民为工作目标，培养德、智、体、美、劳全面发展的社会主义建设者和接班人，是教育工作的根本任务，也是教育现代化的方向与目标。让学生德、智、体、美、劳全面发展，归根到底，就是立德树人，这是教育事业发展必须始终牢牢抓住的灵魂。

（一）项目研究目标

在新一轮课程改革下，2017年《普通高中课程标准（2017年

版）》制定刊印，2018年《江苏省高中课程教学大纲》进行了对标。课标强调，引导教学更加关注育人，着力发展学生的核心素养，进一步提升学生的德、智、体、美、劳综合素质，使学生具有理想信念和社会责任感，并具备综合运用知识解决实际问题的关键能力。为此，我校有效教学更关注于教与学的主阵地课堂的转型，以改变教的方式促进学的方式转变。结合各个学科教学实际情况，在课堂中实施项目式的能动学习，引导学生开展合作探究和创新实践。

（二）核心概念界定

1. 项目式

项目式是指教师围绕特定的国家基础课程教学内容建立研究项目、研发任务清单、组织系列研学活动。学生建立研学共同体，在项目环境中以解决现实问题为指向进行合作探究。项目式学习以开放式资源摄取为重要学习方式，不仅强调知识的构建，更加注重提升学生的综合素养和在解决问题过程中发展出来的技术和能力。

2. 能动课堂

能动课堂是指在教师的组织下改变课堂模式，改进教学，促使学生采取自主学习、协同学习、体验学习、问题学习等多种灵活方式进行深度学习的课堂。其能动性体现在研学过程中，起点与学法、节奏与进程调控、学习者之间、学习者与资源之间实现最大化的差异与尊重，实现因地、因事、因人制宜，实现真正的按需求取、按需供给的教学相长。

（三）项目研究任务

1. 以教研的改变带动学习方式的转变

通过教研的改变、教师的转变带动学习方式的转变。各个学科结合自身特点和教学实际情况，精选学科教学中的典型案例，实施项目式的学习方式。课堂类型主要定位于项目研究交流课、项目研究成果展示课、学业水平诊断课等。

2. 以课堂的转型带动学习方式的转变

交流课、展示课、诊断课三种课堂形态，要求教师必须想方设法让学生成为课堂的主体，通过设计合理的情境化的系列问题，精心筹备学生成果展示，借助信息技术辅助功能帮助学生自主开展学业水平诊断活动。

3. 以评价的改变带动学习方式的转变

通过评价方式的改变，带动学习方式的转变。完善以诊断为目的的考试评价方式，在原有的评价方式上新增模型、汇编刊物、方案设计、参与度等过程性评价，激发学生参与项目的热情，开发以激励为目的的多元评价方式。

（四）项目开展措施

第一阶段：2015—2016 年，"西马探索课堂"阶段。

苏州中学园区校在 2014 年荣获教育部颁发的"国家级教学成果奖"一等奖后，学校课程基地进一步探索和积累，整合学校现有课程资源，提出了"西马探索课堂"。该课堂在西安交通大学少年班中开展试点，在拓宽学习广度的同时，以真实问题为导向，在项目情境中开展探索与实践的深度学习。课堂注重学生的科学素养、人文素养和艺术修为的提升，促进学生多元思维和创新发展。与此同时，课堂不仅培养全面发展的人，而且要发现某些学生的独特之处，培养某个领域的精英。所以学校将"少年班课程方案"中三类子课程框架调整为六类子课程框架，并且降低基础学科课程的比例，增加问题导向、项目探索课程的比例。

第二阶段：2017—2018 年，"基于项目研究的合作式学习"阶段。

经过少年班试点研究与部分初高中实验班的教学探索，学校以"基于项目研究的合作式学习"为题，成功申报了苏州市前瞻性项目。项目推广到全校常规班级日常教学中，在语文、数学、英语、生物、地理、政治、美术等学科中，采取"以点带面"的方式，重点发现和培育部分学有余力、能完成最终任务的学生，培养他们成为项目研学的领军人物，鼓励、培养大多数学生形成富有自己研学个性的研究成果。

为推动更多教师了解并参与到学校的教育教学改革中，学校连续两年组织全校教师参与"品读+反思+知行"专题研修项目。2017 年，学校以《中国教育寻变——北京十一学校的 1500 天》一书为学习材料，进行了为期一年的"专著品读、思考撰写、沙龙讨论、实地考察、成果汇编"五大模块学习。2018 年，以《课堂转型》为学习材料，同样进行了为期一年的深度学习和实地考察。2019 年，以钟启泉的《课堂研究》和怀特海的《教育的目的》为研修重点，进一步激发教师探索与实践的热情。

第三阶段：2019—2022 年，"整合与跨界：项目式能动课堂的实施策略"研究阶段。

学校以"课堂转型：项目式学习助推有效教学的实践研究"为题，成功申报了苏州市教育局"新时代苏州有效教学研究"项目，并成为苏州市教育局精心打磨的 27 所项目实验学校之一。学校以"研究真问题"为指导思想，将"基于项目研究的合作式学习"细化定位为"项目式能动课堂"，组织多学科教师参与研究，形成了项目研究共同体，以校本微课题为抓手，开展各类研修活动，取得了一定的进展。

第一期：搭建项目式能动课堂模型。子课题以《普通高中课程标准（2017 年版）》为契机，认真学习领悟学科核心素养和关键能力，根据学生的认知发展水平、学业发展目标、学生的真实学力情形，结合新课程标准、各学科特点和教师的个人风格等，搭建项目式能动课堂模型。教师共完成论文 12 篇、校级微课题 9 个、课堂模型 17 个。在项目组教师的共同努力之下，将上述研究汇集成册，编纂了《西马学刊——项目式能动课堂研究专辑Ⅰ》。

第二期：项目式能动课堂的创意设计与实施。以此前的阶段性研究成果"项目式能动课堂学科教学模型"为依据，组织青年教师开展了"项目式能动课堂教学创意设计大赛"。项目组教师组织青年教师进行项目创意设计培训，指导青年教师进行教学设计撰写，以说项目、说创意、答辩为主要内容组织了比赛；比赛后，组织青年教师再次与专家、评委和项目组教师进行沟通，最终将各设计案汇总结集成册，编纂了《西马学刊——项目式能动课堂研究专辑Ⅱ》。

第三期：研发项目式能动课堂教学范例。以九门学科（包括语文、数学、英语、物理、化学、生物、政治、历史、地理，含初中、高中）在实施国家课程的过程中进行的项目式能动课堂视频实录为主要呈现方式，构建项目式能动课堂的视频课例资源，同时，把这些课例作为学校"'地球学习村'线上课程第二季"公益课程面向社会发布。课程视频紧扣新课标、新要求，体现了学科特点，突出了学习方式的转变，展现了灵动、生成、创意且富有实效的课堂新生态。

第四期：着眼于理论学习与反思。学校组织系列学习，引导教师对实践探索行为进行梳理、提炼和反思，完成项目式教学、能动课堂的相关理论建构与实践要素建构，带领教师走访、游学国内外相关的教育场域，进一步提升教师课堂教学改革的理论水平和实践应用能力。在此基础上，学校组织教师撰写各学科的项目式能动课堂实施方案。

第五期：以教研组工作为单位，统整各学科的项目式能动课堂课程设计方案。系统梳理学校项目式能动课堂的教学范式，并制定相应的实施和管理规定，力促课程改革研究落实到一线课堂。

（五）项目可能的创新点

"项目式能动课堂教学"注重学生科学素养、人文素养和艺术修为的提升，以开放的教学方式、多元的评价方式促进学生多元思维与创新能力的发展。

1. 学生个性发展

项目式能动课堂在教学方式方面的改变不仅带给学生开阔的视野与优质的学习机会，而且赋予学生质疑和表达的自由。能动课堂学习方式的创新，最根本的目的是让学生获得学习主动权，历练解决实际问题的能力。能动课堂资源的丰富性也会带给学生更加多样化的学习体验。

2. 教师专业发展

能动课堂在学习、教学、评价方式上的转变给教师带来了巨大挑战。很多知识和技能超越教师原有的知识积累和能力。因此，在教学中，教师和学生的关系将进化为"学习共同体"，教师在研究过程中和学生一起成长，共同发展。

3. 学校特色发展

学校科研核心团队不断探索与积累，一直致力于将国家课程校本化、校本课程多元化、多元课程国际化，整合学校现有课程资源，引领学校课堂发展、课程建设和文化自信，形成学校鲜明的文化特色。

(苏州中学园区校)

二、互动课堂：互动探究、互动交流、互动生成

教与学是一个双向的过程，学生的互动活动应该比教师的单向输出更值得重视，而目前的教育生态偏偏就是以束缚、控制、压制、监管为特

征；以大负荷、高速度和快节奏为根本；以"每节课都是最后一课，每次测验都是最后一考"相要挟。严肃而安静、紧张而压抑的传统课堂上，教师永远都在担心自己讲不完、没讲透，却完全忽视了学生是否在思考、在理解，久而久之，教师和学生都达成了这种"默契"。构建自由课堂，让学生在互动探究、互动交流、互动生成中学会自主学习，不仅是提高课堂效率的重要保证，也是尊重学生主体地位的有效途径。

（一）适时"铺设"，鼓励学生互动探究

引发学生"互动探究"的前提是创设有效情境，只有基于生活实践创设具有思考性、开放性、挑战性的高质量教学情境，才能激发学生互动探究的内生动力。在教学设计中，我们可以围绕一个主题，设置3—4个由浅入深、由表及里的问题情境，结合学科内容有针对性地设问，需要学生在通过独立思考或小组合作后层层剥开，解决问题、探求真知。例如，在高中政治《中国共产党的先进性》一课的教学实践中，在"怎样高扬永不褪色的旗帜？"这一总议题统领下，吴江中学的教师设计了如下情境：观看视频，回答中国共产党为什么能够领导中国人民取得抗疫胜利——搜集或采访你身边的抗疫党员感人事迹——讨论党中央加强党内法规制度建设的意义——制作手账展示当代青年爱党情怀。其中，半数情境问题的解决是需要学生通过互动探究、认真合作才能完成的。这里体现了一种环环相扣的递进关系，促使学生的思维方式从低阶到高阶的转变，引领学生在自主思考与合作探究中构建知识、培养能力、落实素养。

（二）适时"容错"，鼓励学生互动交流

一直以来，我们的课堂都是经过严格规划而井然有序的，越往高年级的学生越不愿意在课堂上发言，很多学生在课堂上很少回应教师，他们往往更喜欢私下请教师答疑，其中一个重要原因是我们的课堂容不得"冷场"和"出错"，长此以往，学生害怕发言、拒绝交流。但实际上，学生的学习过程是一个自主建构知识的过程，是一个从不懂到懂、从不会到会的过程，是一个探究的过程，在这个过程中，学生难免会出现这样或那样的错误，我们要善于发现错误，并经过恰当处理使其成为一种宝贵的教学资源。友好宽容地容错，动态、互动、精要地纠错，让我们的真实课堂鲜活灵动起来，鼓励学生与教师、学生与学生在互动交流中由表层走向深刻，开启心智、追求真理，是我们的课堂改革必须坚定跨出的重要一步。

(三) 适时"留白",鼓励学生互动生成

格式塔心理学理论认为,任何事物均可被视为一个完整的结构,当人们在看到一个不完整即有"缺陷"或"空白"的形状时,会情不自禁地产生一种紧张的"内驱力",并促使大脑积极活动去填补和完善那些"缺陷"和"空白",使之趋向完美,从而达到内心的平衡,获得感受的愉悦。在课堂教学中,教师要善于抓住和把握学生的这种心理认知规律,适当留白,进而推动课堂教学的动态生成。如何留白?留白什么?我们可以从导入、提问、板书、探究、评价、作业等多方面入手,不要把课程内容讲解得滴水不漏,不要急切地中断学生的思维活动,不要过早地向学生提供完整的参考答案……教师的任务是凭借自身的丰富经验为学生打开一扇通往一望无际的知识原野的"门",迫使他们主动去寻找、去发现,形成自己的观点、构建自己的知识体系、完善自己的思维方式,从而为自主学习开辟道路。

以《共同学习:社会协商本质下的学习认知过程——平江中学"导生制"的哲学意蕴》为例,苏州市平江中学校主张将抽象的知识置于真实的情境之中,将以往局限在小组范围内的合作学习变成全班互动,在共同学习中"互换角色",收获共同成长。它所倡导的"2431课堂导生制共同学习模式",通过学科首席、邻座两两互帮、前后左右四人小组、学习铁三角等多种形式形成生生之间的互导互助,构成良性竞争的学习共同体,在真实的、有用的情境中习得知识、运用迁移。在此过程中,学生必定要走出碎片化、孤岛化的个体认知,走向交叉性、综合化的整体认知,在互动探究素材情境、互动交流思辨设问、互动生成隐含知识的自主学习课堂中交换观点、求同存异、殊途同归。关注全体学生的自主学习课堂功能得到有效发挥,真正达到"教为不教"的教学目的,实现终身学习、自主创新的实际本领。

> 美国学者乔纳森(David H. Jonassen)提出:学习是概念的转变。学习既是通过发展内在的概念结构从而理解领域内概念的过程,也是学习者发展内在的概念结构的过程,亦是进而理解认知域内概念的过程。他还提出:学习是意义建构的过程。为了获取意义,人们会自然地根据经验组织和重组他们关于世界的原有认知模型。因此,可以说学习是意义联结的过程。

(一) 社会协商本质下的课程意识改变

学习者面对的是人类共同享有的文化。在这个过程中，每个学习者都需要有意义的制定，但意义的制定很少由个人完成，意义的制定更多的是协商的结果而不是外在的给予。正如人类共享物质世界一样，我们也一样共享着许多从物质世界获得的某些意义。社会建构主义认为，意义制定是一个参与者通过对话及交谈互相协商的过程。人们通常会很自然地跟他人分享自己的理解，而这是由人类的社会属性决定的，人类是社会性动物，他们需要来自同伴的反馈以确定自己的行为和他们个人观点的合理性。从教育的角度看，意义的制定更多的是来自会话，而不是来自灌输。

目前，学校开展以学习者为中心的未来教育实践，致力于从单一知识中心的建构转向核心素养（关键能力）的课程建构。传统的课程要素与实际生活和工作中的经验重点构成正好相反，即知识、技能和态度（KSA），往往重视知识甚于技能、重视技能甚于态度。未来课程建设的努力方向就是建设ASK课程，即态度甚于技能、技能甚于知识的课程。而"核心知识课程"的建构和"跨学科学习课程"将成为学校课程建设转变的关键。

1. 基于"核心概念"和"核心能力"双核的教学

2013年开始，学校围绕"核心概念"和"核心能力"（简称"双核"）开展了基于单元设计的教学活动。它既是教学的出发点，也是课堂教学的主要目标。学校的课堂教学的设计、组织与实施紧紧围绕"双核"和学生的认知发展规律来进行。按单元设计的教学不是单纯知识点传输与技能训练的安排，而是教师基于学科素养思考怎样描绘基于一定目标与主题而展开探究活动叙事的活动，目的是创造优质的教学。单元不是把教学内容当作碎片化的知识点来处置，而是有机地、模块式地组织与构成。

学校依据"双核"的内在规律性，设计教学内容的结构，按教学内容的难易及先后层级因时施教、因材施教，按新旧知识之间的关联学习和研究新知识。它能为学得快的学生提供大量的空间与时间来探究其他学科和广泛领域，也使学得慢的学生至少拥有良好的机会来学习必须知道的、必须理解的知识或者能够做的事情，在生活与工作中发挥积极的作用。这种教学创新的结果，必然会带来教学质量的提高。

2. ASK课程意识下的跨学科学习

学校提出"以术致道"的理念，并在它的引领下开展跨学科的教学与学习。跨学科学习是围绕重大观念或综合概念进行跨领域（学科）的学习，是基于单元设计展开的有目标、整体化、持续性的学习过程，即学生对两个或两个以上学科或学科群的知识和认识方法产生理解，并将它们加以整合，从而生成新的理解；是突破碎片化、孤岛化的学科学习，是摆脱交叉性和综合化缺失困局的有效途径。跨学科学习寻求产生跨学科理解：学生可以汇集两个以上学科或学科群的概念、方法、交流形式来解释一种现象、解决一个问题、创造一件作品或提出一个新问题。

为此，学校设定语言+、数学+、科学学科、人文学科、艺体健康、技术工程等6个学科群，它们在学科的基础上提供宽广而传统的知识基础，鼓励学生关注、质疑、评价各学科群所提供的信息。学科群给学生提供众多的机会，通过融汇多学科的观点来探讨相关的主题。学科群的目标是在各个学科群中发展跨学科的具体理解、思考模式、技能和态度，而这是需要学科教学和学习的支持的，为此，学科领域的知识、概念、技能和态度可以被视为学生理解、行动和对世界进行反思的基本工具。

同时，学校创设跨学科学习的课程——"跨界思维"课，并要求学生有不少于60个学时的学习，同时通过阅读平台、实践平台、交流平台给学生提供更多的实践和交流的机会，另外，通过创客空间及课程的开发培养学生的创新能力。

（二）社会属性的情境化学习环境建设

情境认知与学习在20世纪90年代开始成为学术界的主流。知识是个人和社会或物理情境之间的联系、互动的产物。改革学校情境下的学习，特别注意要达到特定学习目标和学会特定的内容，重点关注在真实的学习活动中的情境化内容，创建实习场，争取让学生在实习场中遇到的问题和进行的实践与今后校外遇到的问题是一致的。

从学习的角度看，学生建构的知识不仅包括观点（内容），也包括获得知识的情境性信息。从情境中抽象出来的规则和规律（如数学公式）对大多数学生都没有意义。新的学习就是在新情境中新旧知识发生关联，产生新的应用知识。认识—建构正在被纳入学习的社会和文化情境之中。有关学习的研究将更多地关注人的社会互动性，关注人解决真实复杂问题的动机与能力，以及个体认知与集体智力认知的有效互动。

1. 个体认知与集体认知的有效互动。

"导生制"课堂既是一个师生之间互相倾听、互相交流、互帮互助的学习场所，也是社会属性的学习环境脉络。"导生制"共同学习是在充分发挥部分学生在学科学习、自主管理、活动组织等方面的优势下，以学习共同体为基本组织单位，以团队的学习过程和结果表现为评价标准，系统利用教育教学中动态因素（生生、师生）之间的互动，以促进学生的全面发展，共同达成教育教学目标的学习活动。从本质上看，它是一种聚焦群体学习和社会文化场景学习的教与学模式。

2. 无境之"教堂"向有境之"学堂"转变

"导生制"将课堂的主体转变为学生，学校通过学科首席、邻座两两互帮、前后左右四人小组、学习铁三角等多种形式形成生生之间的互导互助，构成良性竞争的学习共同体。随着研究和实践的深入，形成了包括学习共同体的建立、"2431"学习组织模式的运用、基于互助协作的教学设计、"结构+内容"式的课堂活动设计、基于小组的过程性评价设计等实施框架，从而初步建构了共同学习的课堂范式。我们的目的就是在真实的、有用的情境中教授知识和技能，并给学习者提供新的、不同的情境练习以使用这些知识，而不是把它们抽象成规则让学生记忆再应用到预先设置好的问题中。

（三）共同学习：既是教育的过程，也是教育的目的

"共同学习"是聚焦群体学习和社会文化场景的学习。这也是"新学习科学"区别于认知心理学的重要方面，因为认知心理学主要聚焦于独立的个体，聚焦于独自工作、独自学习的个体。从合作学习到共同学习的过程，也是从激进建构主义到社会建构主义理论发展的过程。如果终身学习是教育的使命，那么就应该减轻青少年的课程负担。从知识社会迈向21世纪学习型社会需要ASK课程，因此，要强调非正式和正式学习的结合、物理场景和在线场景的结合、学校场景和社会场景的结合，让学生喜欢自己的学校，享受学校的教育和生活。

学校逐步探索出的"2431"课堂导生制共同学习模式的主要内容

是：① 两两对学，两人小组为基本合作单元，应对基本的问题讨论；② 四人小组，为导生制共同学习基本小组，小组长对中等难度的问题进行启发、讲解，起到进阶合作与分享的作用；③ 铁三角，相邻三个小组长组成铁三角团队，主要应对老师抛出的难题，先由三人集中精力讨论，然后再将学习结果分享给各自小组，起到经验交流、合作攻坚、引领与分享的作用；④ 学科首席每一学科都有一名学生任学科首席，首席不仅是一种荣誉，更能在"兵教兵"的互助学习中发挥应有的作用，如在对知识难点和理科难题讲解的过程中，他的理解不仅可以给予教师一种学生的视角，起到教师助手的作用，也能在共同学习时间中发挥同学导师的作用。

"导生制"实际上就是一种教学方式和学习方式，是一种教育环境和学习组织的建构。知识的默会属性是"导生制"设计的重要依据。利用情境原则，设计出能成功支持默会知识学习的真实学习环境，在这个情境中，对于那些只能意会、不能言传的隐性知识，如情感、态度、价值观方面的知识，在同伴之间的对话、互动中相互传达，这就使学生能够"偷窥"到他们所需要的知识。在行动方式和处理事件过程中，那些隐含在情感中的默会知识就会在人与情境的互动中发挥作用，并使得默会知识的复杂性与有用性随着实践者经验的日益丰富而增加。

（四）"导生制"共同学习的价值

"导生制"是对传统意义上合作学习的一种超越。以往只是局限在小组范围的合作学习变成了全班互动的价值提升，以往聚焦个体认知发展的学习转向个体认知发展和集体认知发展的互动，在共同学习中收获了共同成长的意义。从能力发展来看，学生关注的不是概念和事实知识的获得，而是重视专家在获取知识或将知识运用于解决复杂现实生活任务、问题时所关涉的推理过程与认知、元认知策略。与此同时，它将原本隐蔽的内在认知过程显性化，从而获得比单纯知识更加重要的默会知识。学科当中那些抽象的知识内容被置于真实的情境当中，这就使得学生能够从容地应对今后的生活挑战。在共同学习中每个人都有不同的角色互换，每个人都有成为某个领域同伴"导师"的机会，这对于他们合作能力的发展具有重要的意义。

（苏州市平江中学校　邓大一）

三、创意课堂：在生活中创意、在体验中创意、在智慧中创意

创意课堂是教师在教学、设计和实施过程中提出的具有创造性的教学构想或独具匠心的教学举措，创意的范围非常广泛，涵盖了所有教学环节及教学要素。教学创意，对于创设教学情境、调动学生兴趣、激活学生思维、促进师生对话、捕捉教学机智、提升教育品质等都具有相当大的实践和指导意义。教学创意让有效教学更精彩。

1. 在生活情境中营造创意课堂

"生活即教育"是陶行知教育思想的重要理念，他指出，生活教育是生活所原有、生活所自营、生活所必需的教育。教育的根本意义是生活之变化。生活无时不变，即生活无时不含有教育的意义。其不仅指明了教育应当从生活入手，通过生活化教学来激发学生的学习兴趣，同时也体现着对于生命的热爱及尊重，"千教万教教人求真，千学万学学做真人"。生活教育，对学生加速获得学科知识，提升学科素养，培养社会主义核心价值观都有极大的帮助。

教、学、做合一是生活及教育理念下的方法论教学，做这三件事不应该分开来考虑，应当在做中教、在做中学，学生应当在不断的做的过程中提升学科素养，建立生活情感。在学科课堂当中渗透教、学、做合一思想的时候，动手的练习也是创意课堂当中必不可少的一个环节，让学生通过一些关键词快速地去找到练习的重点，进一步加深对关键词的理解，同时，课堂当中可以加入必要的练习环节，教师积极引导学生有针对性地进行举一反三地练习，以此来充分激发学生的创造性思维，以及锻炼学生的表达能力和理解学科素养的能力。

践行生活教育，需要教师积极结合生活，制定富有趣味性的教学内容。生活教学需要适当地渗透一定的社会现象，让学生增加对社会的了解。生活教育的理念，除了要让学生在学习中学会生活之外，也要给予学生更多的自主空间，将课堂交还给学生，鼓励他们想其所想、说其所想、写其所想，通过解放头脑、放飞思维来加深自己对于学科知识的理解。

2. 在亲身体验中营造创意课堂

体验式课堂教学就是要求教师要根据自己的教学内容和目标，科学有效地创设教学情境和教学活动，让学生亲身去体验，在体验中感知、领悟知识，并在实践中得以证实。体验式教学的各个环节都突出了学生"体

验"的地位和作用。在体验式教学过程中，教师尽可能为学生提供可听、可看、可触摸、可经历、可操作的机会，运用多种体验方式尽可能把抽象的知识还原或转换成事实，让学生因需要去思考、讨论、合作，让学生去体验事实、体验问题、体验过程、体验结论，使学生可以在教师的引导下真正感受到学习的过程。

这一互动的方式让学生感到新鲜，当学生完成角色换位时，学生的知识和能力已经在原有的基础上有了较大的提高。这种方式调动起学生的形体、感官、情绪、知识、能力等全身心参与，它让学生在体验活动中自主构建知识，锻炼勇气和能力，增进师生理解，强化主体意识，激发学生学习的兴趣和热情，达到了教学相长的目的。

体验式教学模式真正突出了学生的主体地位，注重学生自主学习、自悟学习、自得学习，让学生在各种体验活动中真正"动"起来。尤其对于枯燥无味的课，体验式教学不仅帮助学生掌握了语法知识，也有效地激活了枯燥的语法课。

3. 在智慧教育中营造创意课堂

以教学课例为研究载体，在研究如何上好每一节课的基础上，探究如何利用好区域智慧云平台的各项功能，依托平台进行教学方法的选择、教学策略的运用、课堂即时评价的实施等方面的研究，优化教学流程，创新教学模式，最终提高教学有效性，有利于提高学生的学习效率。"以问题为中心"展开研究，聚焦有效教学和教师专业能力发展中的带有共性的问题，总结凝练优秀教学案例，将研究成果推广到本学科其他课的教学甚至其他学科的课程教学中。

多媒体集图、文、音、像于一体，动静结合、生动形象，使教学内容更丰富多样，教学过程更生动有趣，能极大满足学生视听感官的需求，激发学生的学习兴趣。学生对于智慧云平台互动课堂上的一些功能很是新奇，丰富的网络教学资源、互动式的教学方式、多样化课堂激励等促使他们在课堂上保持强烈的学习兴趣与探究欲望，有助于学生变接受式学习为自主学习、合作学习、探究学习、互动学习，有利于提高学生的学习效率，实现个性化学习、分层自主发展。利用智慧云平台上的"随机挑人""小组加分""答题器"等功能促使每个学生都能积极参与课堂学习；互动课堂中，教师制作交互式课件，组织学生通过设备实现电子抢答，平台及时反馈学生回答情况；"作业提交"帮助学生建立自己的电子作业簿，同时还可以将自己的学习、思考过程与同学、老师交流……另外，信息技术环境下可以进一步拓展学习时空，学生将课内学习延伸到课外探究，提升学生的学习效率与质量。

评价不仅要关注学生的学业成绩，而且要发现和发展学生多方面的潜能。教师关注学生的课堂行为，进行表现性评价，课前课后及时采集作业提交情况，多维度了解学生学习过程中的表达能力、思维能力、想象力、创造力、实践能力、合作能力等的发展情况，利用平台及时以书面评语或者口头语音回复等形式反馈给学生个人，帮助学生认识自我、建立自信，促进学生在原有水平上的发展。平台通过阶段性学科检测的评价，进行学业水平的精准分析，生成多维度的教学分析报告，既便于老师了解教学效果、学生个体差异等情况，也便于学校管理层了解学校师生教学现状、学校教育教学资源配置的合理性等。学生的作业情况、课堂表现及教师评价都会永久保存在平台上，以便形成学生个人的评价档案。

张家港市白鹿小学的儿童体验式教学的课堂实践为我们提供了一种富有特色的创意课堂样式。

白鹿小学儿童体验式教学总体目标：立足小学生的身心特点和认知规律，架构以"核心素养"为根本的学科教育系列课程，让学生在物态环境和情境中，以亲身实践、反思讨论和内化自省为主要学习方式，逐步渗透学科素养和公民素养，初步培育具有社会责任感、国家认同感、国际理解力的小学生，为核心素养落地生根、培养合格的中国公民打下良好的基础。

进行课堂教学变革，构建学科课堂新范式，推进教学内容在鲜活、生动、有趣中明理，使课堂教学呈现强烈的感召力，真正为学生所喜闻乐见。

学校以项目建设为抓手，推进学科课程体验教育活动资源的开发和建设，具体研究任务和教学措施如下：

（一）夯实有效教学的课程实践

1. 促进学科间的拓展与融合

学科课程整合的重点指向"立体性融合"，在学科融通、学段融通、年段融通中调整课程结构，以促进学生学科知识、能力、素养之间的"立体型融合"。

学科融合语文学科：在推行"1+X"形式的、主题模块的"大连接"的同时，注重人文素养和习惯熏陶等具体方面的"小连接"。

学科融合数学学科：用学校现成的、在地的场景，设计出一系列的数学体验活动及挑战活动，在活动中了解校园，学会交往，遵守规则。

学科融合英语学科：在英语学科教学中渗透国际理解教育，同时进行中华民族传统文化教育的渗透，英语教学不仅仅是"show"，更应该在情境中"汇"，交汇课文，交汇生活。

2. 促进课程间的交叉融通

（1）学段融通

一些课程的实施可以不受年级和班级限制，学生不分学段，依据兴趣爱好自由走班、自由选课，实现跨学段融通。

（2）时空融通

在活动空间上，学科融通课程不仅仅停留在班级和校园，而且突破围墙，走向家庭、社区、社会。它最大限度地利用社会环境、自然环境和社区资源，并关注学校生活和社会生活的联系，做到了活动空间的融通；在活动时间安排上，也不仅仅局限于课堂40分钟。

3. 促进课程的再次创生

（1）学材创生

学生在运用学材中，使得"学材"母本在不同的孩子的学习过程中都产出大量的"子本"，而这些"子本"又被作为阅读读物继续"哺育"下一届的入学儿童。学材就在这样的不断创生中"繁衍生息"。

（2）评价创生

"互联网+"时代催生了学习方式的变革，同样，对师生及课程的评价方式也在不断地创生。评价方式的创生改变，也持续催生了课程触发和创意，实现由学校的"要我做"向个体的"我要做"的转变。

4. 建构活动性体验课程体系

整合国家课程、地方课程、校本课程资源，对现有课程体系进行整合，从社会责任、国家认同、国际理解三个范畴，以及规则意识、契约精神、生态意识、国家意识、政治认同、文化自信、全球视野、尊重差异八个维度，分年段开发制定体验教育活动内容。

(二) 形成学科体验活动育人范式

根据学科教学的内容和活动形式，我们设计了儿童体验式教学实践范式，着力构建具有生活性、活动性、实践性、体验性、可操作性的学科体验活动，促进学生主动参与、主动探索、主动实践。

儿童体验式教学是一个开放的、活动的、可操作的体验教育活动系统。

"平台创设"是活动的起点，重在为学生营造一定的体验情境，激发学生参与的兴趣；"主体参与"是体验活动的核心，在教师的组织引导下，学生入情入境，积极参与各类体验活动，在真实可感的体验活动中重新构建学习认知；"多元对话"是活动的重点，通过学生与自我、学生与同伴、学生与老师等多元对话，发生观点的分享、思想的碰撞，在交流中将学习认知内化提升，并在现实生活中自觉践行新的认知，促使学生良好素养的形成。

学生在践行中，当新的问题出现时，体验活动便重新开始了。这样将学生体验活动中的知、情、意、行统一起来，循环往复、螺旋上升，促进学生的学习能力和核心素养不断增强与提升。

根据体验活动的不同活动目标和内容，在"体验式"教育活动范式的基本结构框架下，又衍生出五种体验教育活动变式。

(1) 道德叙事式（图67）——在故事中共情

道德叙事应包含鲜明的价值立场，这是倡导社会主义核心价值观的教育，它不主张价值中立，主张在价值多样的现实中实现与主流价值的有机结合。教师在道德叙事时，虽不直接进行道德教化，而是鼓励学生自主发言和道德辩论，但须在引导和总结时对学生的道德认知进行适当和有效的评价。

图67

(2) 角色体验式（图68）——在亲历中提升

此范式的特点在于让学生在一定的情境中，进行角色扮演体验，形成以"境"促"情"、以"情"化"境"的主动参与式的教育活动。学生在参与角色体验的过程中，强化情感的认知，在讨论交流的过程中实现情感认知由感性到理性的飞跃，在思想的交互碰撞中，逐渐明晰自己的认知，形成正确的态度和价值观。

图68

(3) 调查研究式（图69）——在探究中深化

此范式的特点在于通过师生对话引发、聚焦关键问题，激发学生的探知欲，让学生走向社会，引导他们亲身调查、深入分析，从而获得认识、体验。在充分调查探究的基础上，教师要组织并引导学生进行互动分析、成果交流，在多元互动中深化认知。

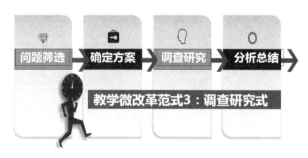

图69

(4) 展示分享式（图70）——在展示中提升

此范式具有很强的开放性，可以有效地克服教学中存在的"注入式""一刀切"等不能照顾个别差异的缺陷。教师要结合本班学生实际，激发学生参与的热情，搭建展示的平台，让学生的个性得以充分发展。学生在整个参与的过程中,融入集体,充分享受合作、讨论、劳动、超越的快乐。

图 70

(5) 生活体验式(图71)——在生活中内化

此范式的特点是学习过程紧紧围绕学生的现实生活,学生通过真实的生活践行进一步深入生活、审视生活、反思生活,将学科认知在生活践行中强化提升。实施这一范式时,教师须根据学生的实际情况,再创富有实践性的新情境和新要求,让学生用所学的知识去践行生活,进一步深化、扩展、修正和完善认识,使学生的知识能力、情感态度得以全面和均衡的发展。

图 71

(苏州张家港市白鹿小学　程言峰)

四、自由课堂

有效教学领域的自由课堂到底应该是怎样的?学生在课堂上的"自由"是指学生在课堂上有权做有益于学习、无碍于他人的事情,但这个自由并不是放任自流、随意而为。自由课堂中的学生的学习是自主的、有自己的观点的、善于批判质疑的，表达与成果多元。自由课堂是促进深度学习的手段，而深度学习则是通过自由课堂所达到的目的，让自由课堂走向深度学习。深度学习中的某些"不自由"，出自对科学真理或规律的尊重，其实是"积极的自由"，被科学原理限制的只是天马行空式的"消极自由"。深度学习是一种规则前提下的自由和自主的学习，强调在激发思维、激活创造力基础上感受到的自由。

促进深度学习的自由课堂需要更多元化的优质课程，我们确立以下五大项目内容：

第一，促进深度学习的自由课堂的学习内容的甄选。提倡儿童生活化主题学习内容的自主选择，有意识地甄选出符合现代儿童核心素养培育需求的，与儿童学校生活互为补充、紧密关联的相关内容。

第二，促进深度学习的自由课堂的实践路径。提炼深度学习自由课堂的教学主张，探索实践路径和原则。

第三，促进深度学习的自由课堂的学习空间设计。在物理空间上，创建一种互动的、以学生为中心的学习环境，构建的是一种学生可以随时随地与任何人一起共同学习的场所。在问题空间上，给予学生更加安全的心理空间，不以最佳学习路径为学生的唯一选择，尝试容错与自纠的学习时空。

第四，促进深度学习的自由课堂的学习共同体建设。教育始终在人与人之间发生，一是从学习共同体的组织形式上，完成从校内学习共同体向校外自组织学习共同体的拓展；二是从实际出发，以促进儿童深度学习为准则，就多元化学习共同体提出可操作的系统建构策略。

第五，促进深度学习的自由课堂学习成果的自由表达。一是强调儿童表达的自主性和自觉性；二是让自由表达从课内走向课外，依托家庭和社会资源拓展成果表达和展示的舞台。

太仓市实验小学以"促进学生深度学习的'自由课堂'实践"为主题，从理念与内涵、教与学的方法、学习环境营造、学习组织建构、学习内容选择和学习评价改进等方面深度研究，连点成线，整体建构。

> 草根文化是太仓市实验小学宝贵的精神财富，其核心是"坚韧、质朴、灵动、舒展"的草根精神。以有效教学为旨，促进深度学习的"自由课堂"实践与"草根"舒放、绵延的特性一脉相承。我们对

200多位老师的课堂做了调研，发现当下的课堂上主要存在着以下三个过度：过度规范、过度热闹、过度分科。针对过度规范，我们的对策是"有规则的自由"；针对过度热闹，我们聚焦思维的"深、广结合"；针对过度分科，我们倡导"跨学科的深度融合"。"十二五"期间，我们系统研究了"自由课堂"的教学理念、路径和方法，并提出了相应的教学策略。在参加有效教学实验的过程中，我们把"深度学习"的理论引入原有的自由课堂探究，深度学习"深"之指向与自由学习"广"之特征，形成一种"张力"。这一引入既是对当前国内学界关注学习问题的回应，也与学校课堂教学改革渴求深化研究与持续发展的时机相契合。

从实践层面上看，我们主要要解决两个问题：第一，怎么让课堂自由起来？第二，怎么让自由课堂促进深度学习的发生？在研究思路上，我们采用"以深带广"和"以广求深"的理念和路径，解决了单纯深度学习可能导致视野狭隘、单纯自由学习可能导致理解肤浅的偏颇，成就了"有深度的自由学习"或"自由的深度学习"，在深度学习与自由课堂之间形成了合理有效的张力。

看似简单，破解项目核心问题却不易。在项目推进过程中，我们主要有以下几大板块的实践。

第一，文献研究。我们通过文献研究，了解目前国内深度学习的研究现状，了解同类学校的研究进程。推荐给老师的共读书目有《理解脑：新的学习科学的诞生》《深度学习的7种有力策略》《为未知而教，为未来而学》《思维导图》《课堂上究竟发生了什么》等。教师开展不同形式的工作坊讨论，如"思维碰撞，让差异点亮教学""适合教育""深度学习与我们的课堂"等沙龙，以及"名师追随与突破"的教师发展建设，让理论指导实践研究，又在实践中提高理论认识。

第二，课例打样。我们在各学科开展深度学习课例打样。结合具体课例，组织课堂观察，重点分析"课堂上是否发生了深度学习""我是如何判断的"这样的研究主题。综合不同学科、不同课型、不同观察角度，形成属于本学科本学年段对深度学习课堂的实践认识。

第三，跨区研修。项目组和国际交流学校共同研究，我们翻译了澳大利亚西贝斯沃特小学关于深度学习的"教师自我测评表""深度学习学生评价表",共同研讨深度学习。我们联合本区域的五所教育联盟校,同时和贵州印山民族小学、淮安承德路小学、沭阳高墟中心小学、沭阳庙头中心小学、淮安清浦小学等多所异地学校共同研究,通过项目研究推动各校共同进步。

第四,成果提炼。我们始终在努力梳理对项目研究的认识,2017年12月,题为"打造深度学习的课堂"的一组专题文章发表于《江苏教育》,华东师范大学杨小微教授的点评进一步明晰了我们对这一项目的基本认识。我的一篇《深度学习课堂的模样:自由、开放和分享》探索了深度学习自由课堂的特征。2018年3月,专题视频在江苏省教育电视台播放。2019年,我又发表了《在"深"与"广"之间寻找教学的张力》,文章重在探讨"深度"与"自由"的实践可能。一批教师的关于深度学习自由课堂的实践案例及论文发表,呈现出群体蓬勃研究的态势。

在课程创新实践的意义上,开发研制"学科+"课程板块和"主题学习"课程板块,解决了学习内容甄选、组织和展开这一实现深度学习的前提性问题。

在这样的理解之上,我们逐步形成"亦深亦广,自主自由"的教学主张,构建"以深带广"的"学科+"课程板块和"以广求深"的"生活化"主题课程板块(图72)。在进行相关的学习内容甄选时,我们结合本地实际及学校基础(游学课程、娄东文化课程、创客课程、数学魔术课程等),寻找适合学生的多样化、多元化、实践性学习主题,逐步形成较为系统的"主题化"单元课程。这些课程来自生活,超越生活,反哺生活,可以促进学生深度学习的真正发生。

图72

(1)"以深带广"的"学科+"课程板块

"学科+"是指国家课程中的学科及其相关的专题与活动。学科中既有主要的学习活动,也有辅助性的学习,例如,在英语课堂上学唱英文歌曲,其中的认读单词、学会拼读是"主学习",学音乐是"副学习",而理解西方文化则是附带的学习,即"附学习"。"学科+"加入了同一主题下其他的学科内容,加入了互联时代技术革新所带来的学习方式的转变,进一步促进学生对所学知识的深层加工、深度理解及长期保持。

在语、数、外学科中,我们倡导"学科+"形式的开放学习课堂。其目的是解决语、数、外主干学科"以深带广"的问题,让学生学会融通的学习方法。其内容围绕"+专题学习""+主题活动""+互联网学习"等展开。

项目组尝试将"儿童哲学"整合到不同的学科中去,指导学生从不同角度看问题,课堂完全开放,问题真实产生于学生,课堂不再只追求唯一的答案,而是在价值标准稳定基础之上的更为客观全面的探讨。

在英语课中,嵌入国际理解课程的设计与实施研究,注重从学生生活经验和认知特点建构主题,让学生通过主题研究不仅了解本国文化、尊重他国文化,还在融合学习中产生互相认同的新文化。

(2) "以广求深"的主题学习课程板块

生活化主题学习课堂是基于综合学科"以广求深"的理念而设计的,结构创新、独特且多元。学校在综合学科尤其是综合实践等课程中,实施主题化的项目式研究,倡导多学科主题的开发、跨学科主题的开发、超学科主题的开发。同时,对生活化主题的开发提出三项策略:尊重学生兴趣元认知、依据学生个性和能力、寻求学生身边的真资源。

生活化主题是整合儿童生活、学习、社会经验和学科知识,整合不同学科知识的桥梁和纽带。生活化主题能让学生更自由地选择感兴趣的研究主题,更开放地表达在研究中的成果,自由地与同伴分享研究心得体会,这些恰恰是深度学习的关键特征。

促进自由课堂建设的路径是怎样的?自由课堂中对于主体的认知有三个层级:① 以学生为核心主体。提出问题是学生的权利,解决问题也是学生的权利。学生从回答教师所提问题转变为自身主动提出问题,其本质就是学会学习,也是学习自由的体现。② 双主体的双重自由对话。教师和学生之间自由对话、平等讨论，从教师的自由走向师生双向的自由，允许自由讨论、自由思考、自由表达，改变"师教生学"的模式。③ 去固定化角色的自由主体。这是对自由课堂理想境界的追寻。在这样的主体关系中，任何人都可以思考发问，任何人都是一位学习者。教师的教是最好的学，学生的学也是一种潜在的教。最重要的是学生在这样的课堂上的获得。

这样三个层级课堂主体的实现，它的实践路径是：① 学前的设计。在了解各种学习可能性基础上的方案设计，并提供有效的学习支架。② 深度的加工。师生双主体的平等自由对话，不是简单指向标准答案的加工。③ 开放的评价。评价全员、全程，更多样、更多元、更具开放性，涉及标准的开放、主体的开放、形式的开放和时空的开放。

尝试和提炼出以"自由、开放、分享"为关键特征的深度学习的自由课堂教学基本样态，解决了普通课堂导致机械被动和表浅学习的通病，促进了教学方式和学习方式的转变。

促进深度学习的自由课堂呈现出三个关键特征：自由、开放、分享。所谓"自由"，是积极的自由，体现在学生身上则主要表现为心灵的自由、思维的自由和表达的自由。自由课堂的教学设计更加强调学习的个性化、可选择和多样性。所谓"开放"，就是解放孩子空间与时间、解放孩子手脚与心灵的课堂，是向四面八方打开的课堂。深度学习的课堂不是"封闭的黑匣子"，而是辽阔和开放的。在深度学习的自由课堂上，学生的学习已然从单一、封闭的线下课堂，拓展到重视课外、关注线上、强调个性的综合性学习，让有限的课堂与无限的世界互通。所谓"分享"，即深度学习必须要有分享的环节，让学习成果在分享中得到验证、收获荣誉，并在接受意见中不断修正。

在研究的过程中，我们又认为"创造"也是深度学习课堂不可或缺的特征。布卢姆的教育目标中，"创造"是最高层级的能力水平，形成了"学以致用""学用互通""用中悟学""学而创用"的课堂形态。

我们梳理总结小学课堂深度学习的正向和逆向的 9 大表征，以此作为老师在开展促进学生深度学习的自由课堂实践中的行动参考（表11）。

表 11　太仓市实验小学课堂深度学习具体表征

逆向指标（不是）	正向指标（是）
碎片化的、零散的学习	帮助学生形成结构的学习
重复的、简单的记忆、模仿等低阶思维活动	一种深度的思维活动，是一种举一反三的应用和创造，能质疑，具有批判性思维
抽离于生活的学习，对原有生活经验没有改变	能提高解决问题的能力，并能提升原有的经验，能理解生活的意义，能把知识带回到生活情境进行提升
所学的东西是固化的	所学的东西不是固化的，应该是生成新的产品式的东西
被动的、恐惧的学习	学生深度的人格体验，是学生个性化的学习，有积极情感伴随，通过深度学习创造出属于自己的知识结构
单一的、一节课的学习	一种阶段性、持续性的探究
只求结果、分数的应试学习	允许出错、不限制、干预、影响，有探索空间的学习过程
传统解题训练	基于问题发现的探究，问题发生于某个情境，提出假设，逐步验证

随后，我们总结出了以下几种深度学习的自由课堂的样态：①"学科+"开放学习课堂，学会融会贯通。②伙伴式的合作学习课堂，学会合作探究。③生活化主题的学习课堂，学会跨学科思考。④学习成果自由表达的课堂，学会多元思考。⑤学习空间设计的课堂，学会辨别选择。如学校的食堂名为"五味餐厅"，学生不仅在此用餐，也在用餐后，按班级轮值，整理食堂，让食堂化为劳动教育的好场所。

推动学习成果的自由表达，促进学习方式的转变。我们建设自由表达的课堂，其根本目标就是培养学生的想象力、批判思维与创新思维。我们重视儿童学习成果的"公共产品"意识，依托各种资源平台，让作为"产品"的学习成果有标准、有质量、有价值，并懂得分享和改进。

深度学习最关键的在于两个方面：一是引导学生有思维含量的学习，特别是进行高阶思维的学习；二是强调完整的学习，它不仅是认知的发展，也包括人际的交往、方法的掌握、价值与信念的落实。因此，深度学习的自由课堂，就是培养学生的主体精神，实践如何去提高学生的核心素养。我们强调大主题教学，就是强调综合性实践活动，让学生去合作、去探究、去交流，给学生表现的机会，重视评价学生创意成果的自由表达。

随着深度学习自由课堂研究的推进及学习方式、教学方式和教研方式的转变，一种新型的以探究、互动、合作为文化特征的师生学习共同体正在形成，并逐渐成熟起来，一种自由开放和创新的学校文化也被显著地培育出来。

一方面，我们系统建构跨校、跨区域、跨文化的多元学习共同体。跨校学习共同体的组织基础是学校教育联盟（集团），依托"跨校一日体验"活动课程开展学习与研究；跨区域学习共同体是在省内外兄弟学校间不定期组织开展；跨文化学习共同体则以国际理解教育为依托，结合学校国际研学课程与澳、新、日、英、意等国兄弟学校间互动往来。另一方面，我们把目光聚焦在社区群落（生活小区）、亲友生活圈基础上自然形成的玩伴式群体，促使其向学习伙伴型共同体的转变。

我们探索的伙伴式学习形式多样，既有同班同龄的，也有跨段混龄的。同班同龄的小组学习，坚持"组内异质，组间同质"原则。跨段混龄的伙伴式合作学习，主要形式有志愿者共同体、专题性讲师团和校级学生社团等。如在研学旅行之后，高年段的学生就可以到低年段的班级进行分享，低年段的学生也会向高年段的学生提问互动，倒逼高年段学生做更充分的准备。

跨地域的交往，则以研学旅行的各个课程为引领。学校与贵州铜仁印山民族小学的学生彼此寄送绘画作品、信件、礼物等，了解祖国不同地方的风俗习惯；也与澳大利亚西贝斯沃特小学的学生建立空中课堂，以QQ群的方式，建立学生间的新合作团队，交流彼此的生活并进行语言学习。

基于课程创新和课堂变革的取向与特征，酝酿提炼形成了以"五大维度、十五要素"为评价内容的"促进深度学习的'自由课堂'评价指标"，解决了深度自由学习的方向性、规范性和实效性问题。

在研究深度学习的自由课堂时，项目组发现，"评价"应该也是一个重要的研究内容，评价指标的确立，甚至能够直接引导课堂教学的变革。

在专家们的帮助下，我们确立了"五大维度、十五要素"的"促进深度学习的'自由课堂'评价指标"。我们试图以评价的方式，将对于"促进深度学习的自由课堂"理解转化为有效有益的现实。这一体系中的核心指标包括"深度""广度""自由度""公平度""效度"。我们不仅重视课堂教学的深度，而且同时关注其广度。自由度当然是自由课堂的题中应有之义。公平度的设置是为"有深度的自由课堂"注入价值的"灵魂"。在基础教育的起点公平，即宏观意义上的权利尊重、机会与资源分配均等等问题基本解决之后，教育过程中的公平便开始成为关注的焦点，即教师是否平等地对待每一位学生，能否在平等对待的基础上对个别差异予以尊重和关照，此即"有差异的平等"。至于效度，所有的课堂都应当是有效的，这种"有效"，不仅仅表现为学业任务的完成，也表现为教学过程的氛围和思维品质在学习过程中的体现。

在形成深度学习自由课堂评价指标基础上，我们改进课堂教学评价表，在全校范围全面推进深度学习课堂，突出以学为中心的价值导向。整张评价表按照"教学目标""学生的学""教师的教""教学特色"赋分。"学生的学"分"情感状态""思维表现""方法选择""学习成果"四项评价要点，每个评价要点细化为2—3条具体评价指标，直观描述课堂学生的学习状态。评价指标的描述还充分体现深度学习自由课堂上"自由""开放""分享"的三大课堂特征。将"促进深度学习的'自由课堂'评价指标"中的五个"度"具体化为19条易观察、易评价、易操作的评价指标。

学生学习力的提升和深度学习指标的高水平及学业质量上的佳绩，充分证明了本项目研究在方向上的正确性和效果上的显著性，为学校持续推进深度学习自由课堂提振了信心、提供了经验、奠定了坚实的基础。

深度学习的自由课堂不再禁锢学生的思维，而是适应学生的年龄特点，促进其自主快乐、生动活泼地学习。深度学习的自由课堂改变小学课堂场面热闹、形式花哨、答案唯一的问题，把学习从浅层认知拓展到高级认知层面，增强学生思维的广度、多元性、有效性和创造性。课堂的转型提升了学生的学习品质,学生的深度学习力、问题探究力、文化感受力和自由表达力不断得到提升。

深度学习的"自由课堂"教学实效体现在以下几个方面:

第一,学习力调查,结果为学生总体学习力处于高水平。2017年5月,华东师范大学教育学系对学校3—6年级1200位学生进行学习力测试,学校学生的学习力情况如表12所示,超过四分之三的学生学习能力达到高水平。

表12 太仓市实验小学学习力总分及各维度得分

维度	总体均值	≤3分的百分比/%	≥4分的百分比/%
创新思维力	4.3401	3.7	76.4
分享与坚持力	4.4427	1.6	80.0
学习自信力	4.2788	4.5	69.3
知识加工力	4.1713	8.2	61.7
学习享受力	4.3518	5.2	68.9
总体学习力	4.3259	2.5	75.2

第二,义务教育学业质量监测,结果为深度学习指标项明显高出地区水平。《苏州市义务教育学业质量监测报告(2018年度)》显示,学校语文、数学、科学、英语及相关因素五大类报告多项指标均获得高值(图73)。

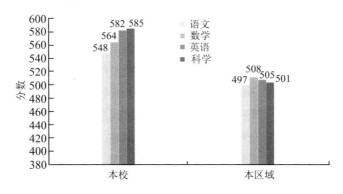

图73

以小学语文为例,本校学生语文积累水平分为了解与识记、理解与分析、运用与评价三个指标项,其中后两者就在深度学习的范畴之内。本校学生水平明显高于本区域均值，尤其是运用与评价方面，高于本区域近10个点，更能反映学生语文学科的深度学习水平（图74）。

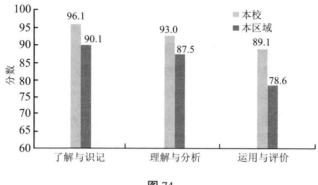

图74

第三，项目实践的示范辐射区域不断拓展。目前学校与太仓市科教新城实验小学、南郊小学、高新区第四小学、港城小学、沙溪第一小学结成教育联盟。两年来，学校在联盟内推广"促进深度学习的自由课堂实践研究"实践经验。各校在"尊重儿童生命成长规律"这样共同的价值观引领下，自由发展，彰显个性。根据太仓市教育局反馈信息，各校很大程度上都有教育质量的提升。钱澜校长携带项目实践成果进行交流、报告活动，足迹涉及上海、贵州、广东、陕西、浙江等十三个省份。学校与澳大利亚、英国、意大利、新加坡、日本等国的多个友校交流，学生的学习品质在交流中受到了深度学习项目友好学校的高度认可。学校教师三年来在苏州市有效教学专题研讨展示中的整体表现，受到了市内外专家的肯定。

"促进学生深度学习的'自由课堂'实践"的项目研究，体现了学校践行"草根"科研文化若干年以来的积累，形成了带有校本化特征的实施模式。它有效促进了学校对学习科学的探索，对深度学习的自由课堂取得了一些理性的认识，探索出了部分实践经验。但还是存在一些困惑：研究团队理论提升水平欠佳，不能很好地将实践经验提升到理论层面；走向深度学习的过程中，一线教师对规范和自由的度的把握还不够得心应手。未来可期，我们将持续深入研究，把更多的教师融进项目中来，在有效教学领域，做出更加令人瞩目的成绩。

（苏州太仓市实验小学　钱澜）

总而言之，自主学习是学生主动精神的体现，构建自主学习课堂，旨在培养学生的主观能动性，激发学生的创新思维和实践能力，以学生自主学习为前提的课堂才是真正有效的课堂，课堂教学质量自然也会随之提高。我们应该不断创新课堂教学方法，走出传统教学困境，让重知识轻能力、重教法轻学法、重接受轻获取的现状得到彻底改变，让学生真正学会探求真理、迁移知识、解决实际、落实素养。

附 录

苏州市 10 所中小学关于有效教学的实践探索

新时代落实立德树人的有效教学，既要取得学科的当前教学成绩，又要追求全面的不断生长的以至于能为学生终身学习、发展奠定基础，能为学生成长为足以担当民族复兴大任的时代新人奠定基础的育人效能。毫无疑问，这样的育人效能是能够助力更好地取得并超越学科当前的教学成绩的。这样的育人效能，也是新时代基础教育高质量发展的必然要求。

基础教育教学的育人效能，用我国著名教育家叶圣陶的精辟论断来概括，就是要实现"教是为了不教"。叶圣陶深刻总结中国自五四以来教育教学改革丰富经验，创造性转化和创新性发展我国古代"不教"的教育思想智慧，形成了具有中国特色的"教是为了不教"现代教育思想。他指出：教任何功课，最终目的都在于达到不需要教。"学生真正不需要教了，这才是教学工作和教育工作的大成功。"按照叶圣陶"教是为了不教"的教育思想，教育教学的目的就是要唤起和引导每个学生主体生命觉醒，学会自我教育，从而实现"不教"，也即作为"现代中国人"或者"社会主义社会合格的公民"基本品格、关键能力、主体精神的自我成长、自强不息。这也正是新时代有效教学落实立德树人所要达到的育人效能和境界。

苏州市长期以来对叶圣陶"教是为了不教"教育思想做了系统、深入的理论研究和实践探索。自 2016 年以来，更是自觉地把这一教育思想融入"新时代苏州有效教学研究"，把实现"不教"作为该项目追求的育人效能和目的境界，在广大中小学校教育教学实践中落地生根，取得了扎实的经验成果。

相信本附录对于新时代苏州有效教学实现"教是为了不教"育人效能

的理性思考与经验总结,一定能够为长三角乃至更广大地区中小学校深化教育教学改革、遵循教育教学规律、有效落实立德树人、全面提高教育质量提供有益的启示和借鉴。

附录一 实践"教是为了不教"提升育人效能的高中教学改革探索

——江苏省常熟中学

常熟中学是一所具有教育改革传统的老牌四星级高中。长期以来,学校一直把研究实践叶圣陶"教是为了不教"教育思想、转变应试模式、实施素质教育作为主题,进行教改实验,取得了显著实效,被表彰为"苏州市'教是为了不教'教育教学改革示范学校"。近几年来,学校又积极参与了"新时代苏州有效教学研究",以学科课堂导学为重点,以网络平台导学和跨界活动导学为拓展,努力在教育教学中落实立德树人,提升育人效能,引导学生自主学习、全面发展,实现"教是为了不教"、培养时代新人的教育目的和境界。

(一) 践行"教是为了不教",实现学科育人的课堂导学

近年来学校开展的有效教学研究,其实质是进一步践行叶圣陶"教是为了不教"教育思想,有效地落实立德树人。"教是为了不教"是叶圣陶教育思想的精髓。这一教育思想认为,教是为了达到不需要教,即学校和教师"教"的目的是引导学生学会学习、学会合作、学会探究,树立正确的人生观和价值观,形成终身学习的理念,培养学生创新思维和实践本领,达到"不需要教"的境界。在新时代教育背景下,"教是为了不教"教育思想被赋予了新的内涵,在它的引领下学校的育人方式不断向纵深转变,育人效能不断提高。

1. "教学案一体化"设计指向育人效能的提高

(1) "教学案一体化"的设计旨在激发学生的学习兴趣

要提高课堂育人效能,让学生产生浓厚的学习兴趣是第一步。"教学案一体化"的"预习自主探究"栏目设计就是激发学生学习兴趣的重要措施。如在《化学1》(新苏教版)专题二第三单元《人类对原子结构的认识》的预习设计中,在"资料分享"栏目加载了英国科学家道尔顿的

简介：从小时候的家境贫寒到中学教师再到大学教师的简历；从在科学研究中做哪些实验、总结哪些规律到提出原子学说的简史。又如氯气的发现实验、晨雾中的丁达尔现象、氯气漂白自来水、侯氏制碱法、金属铝的冶炼史、神奇的光导纤维、二氧化硫和氮的氧化物对环境的污染、生产生活中钢铁的腐蚀等，教师都一一加载在"资料分享"栏目。将这些预习设计和资料分享发给学生课前自主阅读，这样，就创设了一个激发学生学习兴趣的导学情境。

（2）"教学案一体化"的设计旨在激发学生内生学习动力

为了使学生掌握适合自身的学习方法，养成良好的自学习惯，学校在"教学案一体化"中就教学过程设计了许多契合学生自主学习需要的栏目。如① 教学目标栏；② 预习自主探究栏；③ 典型例题精析栏；④ 课堂小组讨论栏；⑤ 小组成果分享栏；⑥ 学生质疑，教师答疑栏；⑦ 课堂检测栏；⑧ 课后探究与拓展栏；⑨ 课后问题反馈栏；⑩ 知识方法学生自我归纳栏和本课学生学习质疑与反思栏；等等。

随着这一系列层层递进的栏目设计和教学引导，学生学会了学习方法，掌握了知识的应用，领会了思考问题的途径，了解了小组合作，锻炼了质疑能力，培养了学习反思意识，提高了积极主动的"善学"素养，增强了持续努力学习的内生动力。

2. "教学案一体化"应用践行"教是为了不教"

（1）课前预习，培育学生的自主学习意识

"教学案一体化"的"预习自主探究"部分要求学生在课前完成。他们可以通过阅读内容、查阅资料、小组讨论、同学交流等手段来进行。这种设计改进了原来的预习行为，把单纯的教材预习变成了可操作的具体任务。教师在本课的前一天发下讲义，上课前检查学生"预习自主探究"情况，并在课上点评。刚开始学生有些不习惯，甚至有少数学生不能完成预习，但是通过一段时间老师的督促、教育和训练，学生就慢慢养成了预习中自主学习、探究的习惯，学会了主动获得知识的方法和途径。加上教学案中这部分不断改进的课前思考探究、课前拓展思考内容，不仅激发学生的学习积极性，而且培养了他们分析、归纳、综合等方面的思维能力。如下面化学学科中《氯气的生产原理》教学片段中是这样设计"预习自主探究"栏目并在课前应用的。

【预习自主探究】

1. 复习初中电解水的有关知识。

2. 氯气的工业生产。

3. 氯气的实验室制法。

4. 比较实验室制氢气、氧气、氯气的发生装置。

拓展思考：分析总结以上发生装置不同的主要原因是_____和_____。

资料分享：氯气的发现。

预习思考探究：工业生产氯气所需的氯化钠是通过粗盐提纯的，如果粗盐中的杂质……加入试剂的顺序是_____。如果让你更换试剂，你又如何做？

小组讨论交流。

从上例的"预习自主探究"设计中，我们不难发现，教师提供给学生一些与本课有关的自学任务，课前学生在这些任务引导下进行自主学习、独立思考、小组讨论等活动。加上教师的督促，学生的预习习惯、自主学习意识、自主探究能力、合作学习方法因此逐渐获得。

（2）课中讨论，引导学生学会自主学习

课堂教学中应用教学案，教师自觉贯穿"将第一思考时间给学生，将第一表达机会给学生，将第一体验过程给学生，将第一认知反思给学生"的理念。教师往往由基础知识引发出问题，首先要求学生自学，分组讨论，提出问题；其次点拨、引导，使学生对知识有初步认知；最后通过教师追问、小组思考讨论、小组交流回答、学生总结分享、学生提问、学生评价、当堂练习反馈等教学环节，引导学生将认知活动逐步推进到对知识的理解、应用和延伸上，并让学生通过讨论互动展现问题、发表己见。如下列语文学科《兰亭集序》教学片段中的"课堂演练"。

一、略

二、略

三、师生互动，疏通文意

1. 学生朗读。

2. 学生自由提问。

生：（默然）

师：同学们是 21 世纪的中学生，要敢想、敢说、敢做，敢于提问，我们只有具备了质疑的能力，才会培养出答疑的能力。如果能提出把老师难倒的问题，你可就太了不起了，谁来？

生：（迟疑，站立）老师，"茂林修竹"的"修"字如何理解？

师：哪位同学帮他解释一下"修"的意思？

生：老师，我认为"修"在这里是"长"的意思……

3. 教师提问

师：这位同学问完了，老师也有几处疑问，需要向同学们请教，请大家看大屏幕（出示文中重点字词）。

有学生跃跃欲试。

师：（鼓励）不要怕出错，今天老师就是要给大家一个说错话的机会，想想看，从小到大，有谁给过你这种机会？好，有同学勇敢地站起来了。

生：我想"所以游目骋怀"的"所以"是"用来……"的意思。

师：对，以前我们也学过这个用法，想想看在哪里见过？

生：师者，所以传道授业解惑也。

师：很好，那么哪位同学试着为我们翻译"强秦之所以不敢加兵于赵者，徒以吾二人在也"这句话。

生：默然。

师：试试看，答错没关系。

师：（补充）这就是我们在高中阶段要学习的"所以"的第二种用法——表示原因。找找看，本文中还有没有这种用法？

生：（认真找）所以兴怀，其致一也。

教师适当点拨补充。

（简析：对高中生来讲，文言文的字词仍然比较难懂。这个教学片段采用了师生互动的讨论方式培养学生质疑、析疑、解疑的能力。其中，既有学生向学生提问，又有老师向学生提问；既有学生回答学生，又有老师回答学生；既解决新问题，又复习旧知识，有效地调动了学生学习文言文的积极性和主动性，并且使学生学会了辨析文言字词的方法。）

四、精雕细琢,研讨交流

1. 鉴赏第一段

师:请全体女生起立,齐读第一段,我们一定要超过前面男生的朗读。

…………

师:我想先请一位同学概括第一段的主要内容。

生:记叙了兰亭集会的时间、地点、人物及相关情况。

师:简练点,就是"记叙集会盛况"(板书)。

师:现在让我们来看看,这是一个怎样的集会?

师:(出示相关画面)作者仅仅用了16个字就写出宴集之地优美的自然风光:崇山峻岭,气势高峻;茂林修竹,幽深静谧;清澈溪流,洁净明朗;湍急流小,飞花溅玉。

想一想,这些美景给我们怎样的感觉?

…………

师:如果你是诗人,置身于如此美景中,你会做什么?

…………

师:(引导)文人都是高雅之士,他们的聚会自然免不了酒与诗……

生:他们流觞曲水,诗兴大发,虽然没有丝竹管弦之胜,仍然纷纷畅叙幽情,各抒怀抱。

生:看到这幅图,似乎时光倒流,回到当年的兰亭盛会,我仿佛看到了这些雅士的儒雅风度和诗意人生。

师:(忘情地)这种美好的聚会自此以后成为千古美谈。直到今天,每年的三月初三,还会有许多书法家、文学家、画家汇集此地,流觞曲水,借古人之地,抒现代人的豪情。

师:如此美的环境,如此美的聚会,还有如此美的——

生:天气。

师:怎么写的?

生:天朗气清,惠风和畅。

师:接下来,作者定会乘着快意,信步登上兰亭的最高处。仰看,天地是如此的广阔,宇宙是如此的浩渺;俯视,大自然万物是如此的繁茂昌盛,生机盎然。王羲之纵展眼力,开畅胸怀,要把大自然的美景尽收眼底，使自己的感官得到最大享受，尽享人生的快乐。于是作者发出由衷的感叹——

生：信可乐也！

师：这实在是人生的极致。这种"乐"既是对兰亭美景的陶醉，也来自兰亭集会的畅快。大家说，文章写得美不美？

师：美在哪里？

…………

师：语言有什么特点？

…………

师：接下来就请一位同学化身为集会的诗人，为我们有感情地诵读第一段。

生自告奋勇，抑扬顿挫地读，师生共同鼓掌。

师：请同学们看着大屏幕，按照上面的思路试着背诵这一段。

五、授之以渔，学以致用

1. 学法指导

师：如果说文章第一段可以用一个"乐"字概括，第二段可以用一个"痛"字概括，那么第三段又可以用哪个字概括呢？

生：（在段落中找）悲。

师：那么作者悲的是什么，又因何而悲呢？请同学们课下自学第三段，注意自学古文的方法，概括一下有几个步骤。

2. 课外拓展

师：结合历史人物，谈谈你是怎样认识王羲之对人生的感悟的，你对人生有什么新的体验。

（简析：赏析美文，就要营造一种学习美文的氛围。在本教学片段中，教师运用多媒体课件和文学性语言将学生带到了兰亭集会的现场，让学生入情入境，幻化为集会主人，设想当时的情景，谈论自己的看法，从而顺理成章地理清了文章的行文思路，并深切地感受到了文章的语言魅力和作者蕴涵其中的思想感情，并在赏析的基础上加强诵读，有效地完成了教学任务。）

（3）课后练习，养成学生的反思学习习惯

考虑到学生的层次不同，学校在"课后巩固提高"栏目中设置了不同层次的题目，如基础题、理解应用题、能力展示题等。前两个层次的题目要求全体学生完成，能力展示题由学生个体自选。课后练习学生必须独立完成，不能解决的问题可以总结到作业后的"本课总结反馈表"中，该表中还可以写入上一课中未解决的问题或反思提出的疑问等内容。如政治学科的《文化与生活》模块，教师设计了如下作业。

【课后巩固反馈】

课后作业（有两类作业供学生选择）

甲类作业：

1. 材料：1955年10月，武汉钢铁厂在武汉市东郊长江南岸破土动工，1958年9月建成投产。2011年，汉阳铁厂遗址保护性改造工程启动，原址上将建设一座博物馆，作为青少年爱国主义教育的新基地。

（1）结合材料，从"文化的特点及影响"的角度，分析为什么要在原址上建设博物馆进行爱国主义教育。

（2）请你围绕爱国主义教育主题设计一个具体活动，并从"生活与哲学"和"文化生活"角度各选一原理说明活动的设计依据。

如参加"红色之旅"夏令营活动，参观革命传统教育基地——沙家浜。

乙类作业：

1. 你参加过学校和社区的哪些文化活动？请说出参加这些活动的感受。

2. 你从社会生活的哪些现象中感受到一国的文化竞争力？请谈谈你对我国文化竞争力的认识。

【本课总结反馈表（表13）】

表13 课程总结反馈表

问题序号	问题的内容	你的理解	教师解释

（简析：这一环节，提供不同类型的巩固题型供学生选择，学生学习自主性有了充分展示的平台。学生将自学内容和上课学习内容进行整合、应用、提升、归纳，同时反思本课的学习内容、探索理解、知识应用、学习方法等是否有效或还存在问题，从而增强了自学能力。）

"教学案一体化"的设计及其在课堂教学中的应用,包括从"预习自主探究"到"课堂演练"、从"当堂巩固"到"拓展演练"、从"课堂反馈"到"课后作业"等一系列环节,都是践行了"教是为了不教"的教育思想。在这样的课堂导学中,学生的学习兴趣,自主学习意识,小组讨论合作分享能力,独立的知识探究、应用和拓展能力,自我反思能力和正确的价值观等都得以充分发展,学科的育人效能不断提高。

(二)践行"教是为了不教",拓展网络育人的平台导学

多年来,学校努力构建师生网络学习平台,包括教师平台、学生平台和师生互动平台,旨在基于"教是为了不教"的教育思想,将引导学生自主学习从学科课堂拓展到网络平台,充分利用平台丰富的学习资源和便捷的交互网络,进一步扩大学生自主、合作、探究的学习时空,提高高中教学引导学生自主学习、健康成长的育人效能。

教师平台主要包括"教学案一体化"设计、练习题内容和答案、学习方法指点、重难点突破、知识拓展、信息提示、相关的学习资料等内容,学生可以进入教师平台,查看教师提供的资料。教师平台主要分以下方面:A. 个人中心;B. 教学案中心;C. 教学课件中心;D. 测试中心;E. 教师论坛;F. 答疑处;G. 检查台。目的是提供学生自主学习的内容,增强学生的自主学习意识。

学生平台主要包括各科任课教师按学科提供的学习资料、上课内容、相关练习;也有学生自己的天地,如同学间的交流、学习心得和总结、学习问题的解决、问题的探究和拓展等栏目。学生平台主要有以下方面:A. 个人中心;B. 自主学习探究室;C. 测评屋;D. 体验厅;E. 啄木鸟;F. 问答园;G. 好友吧。在这里,学生可充分展示自己的学习能力、思维能力,也可充分体现自己的合作精神和探究意识。

师生互动平台主要包括学生向教师提出问题、教师解答学生提出的问题、师生相互讨论和评价。师生互动平台主要有以下方面:A. 学生自我评价;B. 学生对学习内容的辨析;C. 教师对学习内容的见解;D. 教师对学生学习效果的评价。通过师生互动平台,师生可以教学相长,完善教学模式,推动学生的自我教育成长。

校园网络学习平台基本构架见图75(以教师平台中的学科教学——化学学科为例)。

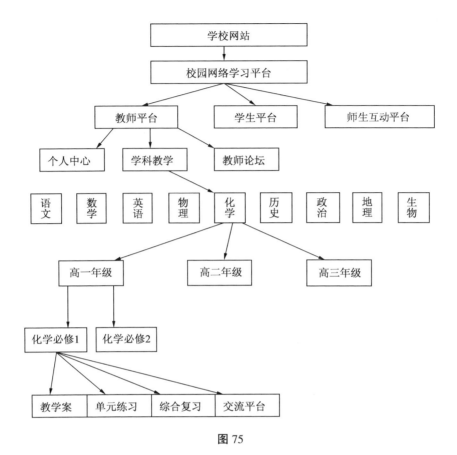

图75

(三) 践行"教是为了不教",创新跨界育人的活动导学

叶圣陶的"教是为了不教"教育思想,为我国现代教育教学发展指引了方向。学校认识到,作为普通高中,在新时代践行这一教育思想,必须深化教育教学改革创新,在注重学科育人、拓展网络育人的同时,进一步让学生的自主学习跨越学科之间、学科与生活之间的界限,形成活动导学的新样态,全面提高高中教学的育人效能。

1. 创设跨界课堂

学校以江苏省前瞻性教学改革项目"共生理念下学生跨学科素养的培育"为引领,努力突破应试瓶颈,实现课堂教学从学科向跨界的开拓,在明确跨界课堂培养目标的基础上着重打造了四种课堂样态:合融课堂、主题课堂、项目课堂、学生讲堂,实现了课堂教学的四个转变:从"学科本位"向"育人为本"转变、从"教师中心"向"学生主体"转变、从

"单科传授"向"跨界活动"转变、从"各科拼盘"向"共生融合"转变。

2. 全面开设生涯规划教育

叶圣陶"教是为了不教"的教育思想不再局限于教育教学本身，同时，对学习成长主体——学生也提出了自觉规划人生、坚持终身学习的理念。这样的教育理念，是完全符合新时代教育落实立德树人的根本要求的。学校以苏州市级项目"高中生'五维度阶梯式'生涯规划教育实施策略的研究"为抓手，从自我认知、学业规划、专业规划、职业规划和人生规划五维度构建了生涯规划教育校本课程，对高中生进行全方位的生涯规划教育，引导学生树立正确的人生价值和理想信念，自觉坚持终身学习发展。

3. 提出并实施"五育融合"

"五育融合"是落实国务院《关于新时代推进普通高中育人方式改革的指导意见》的重要举措。其实质也是对叶圣陶"教是为了不教"教育思想的弘扬。叶圣陶提出的"不教"不仅体现在智育方面，还体现在德、智、体、美、劳各方面，即为"五育"的"不教"。叶圣陶早在中华人民共和国建立不久就指出，教育目的在培养全面发展的新人。学校的"五育融合"改革构想，正是适应新时代要求、践行叶圣陶教育思想、改革高中育人方式、全面提升高中立德树人效能的新探索。

学校推进"五育融合"教育教学改革，首先下功夫深度剖析学科知识内涵，梳理学科知识的核心价值；接着借助学科教材中的各栏目内容，梳理学科知识的学习与德育、美育、体育、劳动教育的密切联系点；进而在学科教学中，把握它们的"联系点"，以此作为"五育融合"教学的切入口，适度拓展和应用，逐步构建学科教学"五育融合"的基本框架，探索"五育融合"的教学评价；最后完善推广"五育融合"的高中教育教学新模式。

近年来，学校在"实践'教是为了不教'提升育人效能的高中教学改革探索"中，教育教学质量稳步提高。不仅学生取得了优异成绩，就连学校教师也表现突出。教师开展校本项目实践研究，2020年获得苏州市教育教学成果特等奖；2016—2019年完成相关的省前瞻性教学改革项目，结项成果获得省优秀等级。

（张玉荣）

附录二　实践"教是为了不教"的初中育人课堂构建

——苏州市吴中区迎春中学

苏州市吴中区迎春中学是本地区一所现代化示范初中。多年来，学校研究实践叶圣陶"教是为了不教"的教育思想，参加苏州市"教是为了不教"教改实验，承担江苏省"十三五"规划科研专项相关课题，取得了显著成效。特别是在近几年参与"新时代苏州有效教学研究"项目实验中，学校适应新时代要求，从落实立德树人根本任务出发，运用"教是为了不教"教育思想，认真审视初中课堂教学现状，深化初中课堂教学改革，努力探索构建实践"教是为了不教"的初中育人课堂，为学生自主学习、自强不息，成长为担当民族复兴大任的时代新人奠定基础。

（一）研究"教是为了不教"，提升初中课堂教学的育人功能

课堂教学究竟如何有效实现学科的育人功能呢？叶圣陶认为，教任何功课，最终目的都在于达到不需要教。假如学生进入这一境界，能够自己去探索，自己去辨析，自己去历练，从而获得正确的知识和熟练的能力，岂不是就不需要教了吗？而学生所以要学要练，就是为了进入这样的境界。课堂教学就是要追求这样的"不教"之"教"的境界。教师的"教"要基于学生的"学"，适应学生的成长需要，遵循学生的学习规律，保护学生的好奇心和求知欲，培养学生的自主学习能力，促进其健康成长、全面发展。以语文教学为例，语文教学除了承担智育任务外，还具有美育、德育等多重功能。语文教学强调知情意行的和谐统一，倡导知识、能力、过程、方法、情感、态度、价值观的系统整合。因此，语文教学除了课堂教学的慢慢滋养和学生自学的渐渐生长之外，还要让学生静下心来发现、思考和顿悟，让学生自主习得方法，增强能力，内化素养。一句话，除了教书外，还要育人，不仅要讲绩效，更要重素养。

总之，研究实践"教是为了不教"，是提升初中课堂教学育人功能的一条主要路径。教师要以这一教育思想为指导，积极探索如何构建教师科学、生动、有效地活用课程教材资源，引导学生自主学习，实现育人目标的课堂教学。

(二)践行"教是为了不教",构建初中自主互动的教学模式

国家课程的校本化实施主要在课堂。提升课堂教学的育人效能,关键是用好课堂,进行课堂教学的优化和教师行为的改进。为此,学校组织教师不断践行"教是为了不教"教育思想,探索构建自主互动的教学模式,着力改进学生的"学"和教师的"导",提高课堂育人实效。

目前,学校初步形成了"4+"互动课堂教学模式。"4"指四个预设环节:引发自学—指导讨论—落实运用—拓展活动。当然,具体各门学科都有"+"的自主环节,各个课堂还有"+"的灵动处理。"互动"指生本、师生、生生间的相互交流、推动,课堂学习让学生由心动而行动,动手动口又动脑,特别是思维动起来。"4+"互动课堂的实施,有效培养学生的自主学习能力,发展学生的核心素养。

1. 自主互动教学的四个基本环节

环节一:引发自学。

就一堂课来说,"预习交流"或"自学交流"环节是非常必要的。学生如果缺少课前预习的铺垫,又缺少课堂自学的环节,那么课堂上很难有实质性的教学互动。因此,教师要想方设法引导学生自己预习自学课堂新授的内容。"先学"是指学生按照教师揭示的教学目标及自学路径,看书、尝试、思索等。运用"预学任务单",引导学生自学是常用的一种做法。

案例1:基于自主学习任务单的数学自学

【学习课题】6.5 一次函数与二元一次方程

【学习目标】知道一次函数与二元一次方程的关系;会用一次函数的图象求二元一次方程组的近似解;在探究一次函数与二元一次方程(组)的关系的过程中,感受函数与方程的辩证统一,感受数学知识与方法的内在联系,进一步体会数形结合的数学思想。

【阅读自学】阅读课本 P160—161 内容,回答下列问题:

1. (1) 二元一次方程 $x+y=5$ 的解有多少个?写出其中几个解。

(2) 在平面直角坐标系内画出一次函数 $y=5-x$ 的图象,(1)中的这些解为坐标的点,它们在此函数的图象上吗?

2. (1) 在同一直角坐标系内分别做出一次函数 $y=5-x$ 和 $y=2x-1$ 的图象,这两个图象有交点吗?如果有写出交点的坐标?

(2) 交点的坐标与二元一次方程组的解有什么关系?你能说明理

由吗？

【我的疑问】

....

将每堂课的预习任务单进行分层设计，并增设"我的疑问"环节。留给学生提出问题、表达疑惑的空间，鼓励学生多问一个为什么，不断挑战自己的思维。这是一个极其精彩的板块，学生预习后留下一串疑问："为什么要将二元一次方程引到坐标系中？""为什么两条直线相交的交点就是相应的二元一次方程组的解？""若两直线不相交，相应的二元一次方程组的解会怎样？"……而当上完课时，这些问题就都在互动中解决了，学生对数形结合数学思想的理解也就更深刻了。

事实证明，运用"预学任务单"引导学生完成自学任务是一个有效的抓手。首先，"引发自学"带来了更深的互动可能。不管是课前还是课上的"引发自学"，做好了这一环节，课堂结构中"指导讨论"教学活动就更加丰富，对于共性问题师生参与度就更广、交往互动更深、共同发展更真。其次，"引发自学"带来了更活的思维可能。有了"引发自学"的第一次学习，课堂学习就有可能对第一次学习内容进行咀嚼深化。有了课堂二次学习，举一反三，才有可能迸发出创造性思维火花。最后，"引发自学"带来了更多的评价可能。用激励、唤醒和鼓舞的情感连接，对于激发学生的学习兴趣、引导学生主动学习具有积极的意义，不仅关注了学生学习的过程、结果，更激励了学生的学，改进了教师的教。

总之，"引发自学"是学生进入新课学习的第一步，也是教师了解学情的第一步，可以说是课堂教学的必由之路、必要铺垫。在课堂教学中设置学生自学环节，指导学生有效自学，引导学生主动参与、积极思考、大胆质疑，一方面可以增强学生的学习能力，另一方面还可以激发学生的好奇心和求知欲，培养学生的学习兴趣。

环节二：指导讨论。

学生是教学的立足点，学情是教学的出发点。通过学生预习、自学，学生有了"先学"体验，有了初步所得，有了积极思考，有了疑难发现，在检查或交流中，教师要指导学生讨论、补充、更正，要顺势导向课堂生成，并且要抓住生成的问题，做深入的探究，做必要的讲解和点拨，这就是基于学生学习的"导"和"教"。"问题导学"是常用的一种基于学情精准导学的有效策略。

案例2：关于"压强"教学的导学点拨

师：现在我们来解决下面的几个问题。

1. 背书包的时候，两个肩膀背书包真的会变轻吗？
2. 穿高跟鞋累不累？
3. 脚踩在鸡蛋上，鸡蛋会不会破？

师：下面做几个演示实验。

1. 请一位同学来背装了书本的书包，第一次单肩背，第二次双肩背，第三次往里面加书本进去。谈谈他的感受。
2. 请一位男同学来穿高跟鞋，让他谈谈穿高跟鞋和穿平底鞋的感受。
3. 请一位男同学来踩一个鸡蛋和踩一板鸡蛋，观察鸡蛋破没破。

师：上述学生在第一、二次单双肩背书包时，压力大小没有改变，但是他感觉双肩背更轻，是压力的作用效果使他感觉第二次更轻了，说明压力的作用效果与什么因素有关。

生：（猜想）与受力面积有关。

师：在不停地往里面加书本的过程中，发现越来越重，说明压力的作用效果还与什么因素有关？

生：（猜想）与压力的大小有关。

师：压力的作用效果是不是与这两个因素有关呢？我们来做实验探究一下。既然这里有两个影响因素，所以我们在做实验时，要用到什么方法？

生：控制变量法。

探究实验：探究压力作用效果的影响因素。

…………

为了让学生理解"压强"，课堂教学由问题入手，组织学生主体参与实验观察，并深入展开讨论互动。其中，用脚踩鸡蛋的实验，让学生踩一个鸡蛋，鸡蛋肯定会破，结果如学生预料到的；而踩在一板鸡蛋上面，学生猜想鸡蛋还是会破，但实际上鸡蛋并没有破，这就引起了学生的认知冲突，引发了学生的思考探究。这样，通过问题引领，一步一步地指导学生思考、实验、讨论，最终让学生自主得出结论，并且学会了实验探究的步骤和方法。

总之,"指导讨论"要依"学"而教,对"标"而导,要关注学生的自主体验和真实学习的状况,关注学生的学力提升和能力发展的目标,做到精准指导,有效点拨;同时,还要积极渗透科学有效的学习方法指导,不断创新指导学生学习的方式方法。

环节三:落实运用。

学以致用,学贵在用。课堂教学过程中,学生对于知识的掌握、能力的提高、思维的发展,都离不开必要的练习运用;教师对于学情的把握及效果的评价,也离不开学生练习运用的反馈。因此,教师要根据本堂课的教学目标任务、学生学习的重难点,设置好一些练习题目,或者对学生进行书面测试,或者让学生进行板书演示,或者让学生口头答问。

案例3:《狼》一课的讨论式练习运用

师:学习了《狼》这篇文章之后,你们得到了什么启发?

生1:邪不能胜正,无论邪恶势力多么强大,最终必将被战胜。

生2:对于像狼那样的恶人不能心存侥幸,要敢于战斗,善于战斗。

生3:聪明反被聪明误。

生4:与强大的对手竞争,要占据有利地形,抓住有利时机,果断出击,攻其不备。

师:这些结论分别是从哪些角度得出的?以后思考阅读感悟时,你有什么经验?

生5:生1的感悟综合考虑了狼和屠户。

生6:生2、生4是立足于屠户的经验之谈。

生7:生3则是从狼的角度谈教训。

师:说得很好。可见横看成岭侧成峰,以后遇到新的阅读材料,首先要判断有几种视角,然后基于不同视角见仁见智。

这里老师先提出了一个问题,引发学生各抒己见。随后,又做了追问,及时点拨,引领学生从文本阅读中跳出来,由"这一篇"到"这一类",由"主题感悟"到"学法感悟",在自由讨论中悟道悟法。这样,通过练习,有效反馈了学生对于课文的理解程度,也指导了理解文本的一些方法,可谓一举两得。

总之，通过当堂练习运用与交流反馈，不仅可以及时了解学生对本堂课所学内容的掌握情况，还能督促教师对自己的教学进行反思调整，促进课堂教与学实效性的提高。

环节四：拓展活动。

"拓展活动"既是课堂教学打开的需要，也是课堂教学生成的需要。具体教学设计要有立足点，要体现实践性、启发性、生成性。

例4：语文学科的比较阅读拓展

教学《与谢中书书》时，以概括山水小品的特点作为课堂教学结尾。教师让学生借鉴从《与谢中书书》的教学过程中学到的赏美景、品语言、悟情感等方法，引导学生层层深入地自学《与朱元思书》。学生学以致用，完全在他们的接受范围之内。教师在此基础上更进一步，让学生归纳山水小品的特点和学习方法自然就水到渠成了。此时，教师再展示郦道元的《水经注》和吴均的《与顾章书》，让学生课后乘兴探究，有助于学生深度消化课堂所得，让语文课真正走出课堂，走进学生课外阅读生活。

总之，拓展活动也好，延伸学习也好，这一环节的设计必须紧扣课堂教学目标，立足课堂教学实际，顺势而为，让学生积极迁移、创新运用，以有效落实学生学科素养、关键能力等方面的培养要求。

（二）自主互动教学"+"的内容

在"4+"自主互动教学中，"+"是一个灵动的环节。"+"可以理解成教学环节的增，也可以理解成教学环节的减；可以理解为细节质量的"+"，也可以理解为教育教学价值的加大。例如，信息技术学科在"落实运用"环节后增加"作品展示"环节。通过作品展示环节和评价量表的实施，学生学会了看标准，学会了思考，明白了制作作品要先设计，并且要按照一定的标准来实践；学会了在同学评价后再进行修改和完善作品，培养了自己的自主探究和不断完善的能力。

（三）实现"教是为了不教"，探索初中学科育人的实施策略

要提高学科课堂的育人效能，无非是将教师的"教"和学生的"学"落到实处。一方面，突出学生主体的学习，落实指向"不教"的"学"，让学生先学会学；另一方面，强化教师对学生的引导，落实为了"不教"的"教"，让教师善教善导。

课堂教学教无定法，但教和学都要尊重常识，遵循规律，遵守原则。要实现学科育人的目标，还是要讲究一些基本策略的。

1. 体现学科特点

课堂教学要落实学科育人的根本任务，首先要厘清学科界限，立足学科特点，关注学科基本常识、核心素养和关键能力。在课堂教学过程中，教学目标的设置、教学任务的设计、课堂活动的组织、教学反馈的运用等，都要依据学科性质、教材特点来综合考虑；要基于学科特定内容、独特视角、特殊优势，充分利用教育教学资源，发挥学科育人的作用。例如，语文学科要运用单元整体教学、任务型活动导学，有效落实学生语言的建构和运用、思维的发展和提升、艺术的鉴赏和创造等方面的要求，积极培养学生良好的自学习惯，提升阅读、写作、思维等方面的品质。又如，数学学科要从大概念出发，引导学生尝试学习，主动探究，自主构建，让学生"既见树木，又见森林"，形成系统化的数学思想，提高归纳、推理、演绎、发散等思维能力。

2. 加强目标引领

课堂教学必须有的放矢，有目标的引领，才可能学得实、教到位。课程目标从知识与能力、过程与方法、情感态度与价值观三个方面设计，这是学科教学的总目标，需要依靠一堂一堂课来实现。每堂课都要把三维目标落实，这是不现实的。关于课时目标任务的确定必须综合考虑课程标准、教材内容、班级学情、进度要求等因素。设定的目标任务首先要明确，让学生看得到、可操作。目标要求还要适当，让学生跳一跳就能够得到。关于既定目标任务的落实一定要贯穿课堂始终，起始呈现课时目标，过程分解完成任务，结果反馈达标情况。

3. 讲究情境创设

课堂教学要引导学生自主互动学习，就离不开情境的创设。就语文教学来说，教材文本的阅读学生只有经过情感体验才能获得感受，有效地融入自己的认知结构，语文课堂教学的最佳途径就是结合相关人物或作者的生活经验和情感思想，创设引发学生自主学习的教学情境。其他学科也是如此，比如，道德与法治学科必须巧设情境，让学生在相关社会现象和现实问题的情境中体验学习、体味人生、探究道理；数学、物理、化学等学科可以联系生活现象和实验情景。课堂教学中，教师要用心创设教学情境，引导学生入境感知、体验、思考、交流、领悟、活用。

4. 坚持启发引导

课堂教学不管是"传道授业解惑",还是互动合作交流,都要遵循启发性原则。在课堂教学中,教师要有耐心,要站在学生的角度来考虑,与学生达成有效沟通,进而形成有效合作、有效互动、有效交流。学习是学生个体的经历、个性化的体验。因此,在学习知识、探究问题、习得方法、发展能力的过程中,教师不能包办代替,只能充当引路人的角色。教师要凭借自己的专业知识、学习经验,给学生指引一条学习捷径。学生的学习过程肯定不是一帆风顺的,随时需要教师的帮助和鼓励。因此,在课堂教学中,教师要随时发现问题,善于启发学生,适当给予指点,不断助力赋能,让学生既能得到解决问题的获得感,又能收获肯定评价的成就感,提高学习自信,激活学习动力。

5. 注重及时反馈

课堂教学需要反馈,当堂教学反馈对了解学情、把握效果、督促学生学习、调整教学对策等,都是行之有效的策略。因此,教师要根据本堂课的教学目标任务、学生学习的重点难点,设置好一些练习题目,或者对学生进行书面测试,或者让学生进行板书演示,或者让学生口头答问。有当堂反馈,就要有交流评价。教师对于学生的评价采用的方式要多样化,评价的标准要有差异性。评价学生问答的时候,要多鼓励,少批评;多肯定,少指责。教师既应该对学生的观点有明确的态度,同时也应该将自己的看法提供给学生参考,跟学生分享自己的体会。发现学生问题的时候,要注意耐心等待,要给学生提供学习、思考方法上的帮助,要用动态的、发展的眼光看待每个学生,帮助学生树立学习的自信心。

6. 追求灵活创造

研究表明,善教善导的教师的一个基本特征,就是他们善于根据具体的学生和教学实际,使用恰当有效的教学方法或策略。对于优秀的教学经验或有定论的教学模式,要能够因人而异、因地制宜、因材施教地灵活采用,并通过长期修炼,能做到不断适应时代要求、课程教材、学生主体、教育手段等的变化,创造出"使学生真正受用"的各种各样新的教学方法,从而更好地落实立德树人,实现"教是为了不教"。

近年来,学校"实践'教是为了不教'的初中育人课堂构建"研究,取得了显著成效。

(金复耕)

附录三 以学生自主学习成长为中心的初中有效教学整体改革

——苏州市南环实验中学校

苏州市南环实验中学校是地处苏州古城南部最早建设居民新村区域的一所市直属初中。近年来,学区内外来务工人员及其子女不断增多,生源结构复杂,学生的学业基础、学习习惯、家庭条件等差异性不断扩大,学校教育面临挑战,迫切需要冲破应试压力,深化教学改革。学校于2015年成为"新时代苏州有效教学研究"的首批项目学校。在该项目实验中,学校坚持以落实立德树人的根本任务为价值取向和本质内涵,研究实践叶圣陶"教是为了不教"的教育思想,全面推进以学生自主学习成长为中心的有效教学整体改革,努力实现"让每个孩子都享有公平而有质量的教育",取得了明显的育人成效。

(一) 以引导自主学习的有效课堂为核心

叶圣陶"教是为了不教"教育思想认为,教育教学本质上是以学生自主学习成长为中心的"教师与学生的共同工作",教师的引导固然关键,"可是主体究竟是学生"。各种学科的教学都一样,无非是教师帮着学生学习的一串过程。新时代有效教学,核心是各科教师科学、生动、有效地引导学生自主学习成长的课堂教学。构建有效课堂,需要教师根据学生实际和课程教材,创设适切、生动的教学情境,以教学目标与学习任务为导向,采用丰富多样的教学方法,开展积极有效的师生互动,并且适当结合信息化、人工智能等新技术应用,以使课堂教学更好地落实立德树人,实现教为不教。

1. **目标驱动:单元目标指导有效课堂**

教学目标是整个课堂教学的导向,基于教材每个单元"教什么",回答"将学生的学习引向哪里"。它统领教学系统各要素,对课堂教学育人效果起到重要作用。学校道德与法治教研组探索如何制定科学、适切的单元教学目标,发现必须做到课程标准、教材内容、学生起点三者有机统一,操作流程如图76所示。

图76

以人教版九年级《道德与法治（上册）》第三单元《文明与家园》为例，在理清课程标准对本单元的学习要求后，对基于标准的教材单元内容结构分析如下：本单元学习主要是引导学生了解文明是社会历史进步和人类开化状态的基本标志，凝结着民族的价值追求；中国特色社会主义文化为社会文明提供了得天独厚的基础；面对当今世界纷繁复杂的思想文化，我们更加需要坚定文化自信，培育和践行社会主义核心价值观，构筑中国精神、中国价值、中国力量；面对快速发展导致的人口、资源、环境问题，我们更加需要坚持人与自然和谐共生，走绿色发展道路，建设生态文明，共筑生命家园。本单元内容又是对前两个单元《富强与创新》《民主与法治》的进一步深入和发展。学生在对我国新时期社会经济、民主政治有了基本认识后，本单元的学习可以让他们对"以人民为中心"的发展思想有更全面的领会，对"满足人民对美好生活的向往"有更全面的理解。

通过单元调查问卷，我们发现，学生对本单元相关社会事件的关注度较高，对主要观点持基本认同的态度，能较为广泛地从不同角度和领域列举相关事例，对传统美德、民族精神、社会主义核心价值观的内容有些了解，尤其是社会主义核心价值观，都能流利地背诵。当然，学生已有的认知中也存在需要澄清和提升的方面，如对中国特色社会主义先进文化的传承和发展、如何正确对待传统文化和外来文化、为什么要培育社会主义核心价值观及如何面对、践行全面开放三孩政策不能进行有效、清晰的分析。有些学生没有认清资源环境现状，生活中对一些浪费、破坏的行为熟视无睹，也不知如何与自然和谐共生。

基于课程标准的要求及学情分析，教研组将本单元的教学目标设定为：认同中华文化，坚定文化自信；继承民族精神和传统美德，增强践行社会主义核心价值观的自觉性；树立人与自然和谐共生理念，为绿色发展做出自己的一份贡献。

在单元整体教学目标下，再根据具体学情和教材内容进行每一课教学目标的细化和主题活动的设计，确定教学重点和学习策略，安排教学步骤和活动开展，从而系统、深入地引导学生自主学习成长。这样，较之过去单课教学目标甚至无明确目标设定，教师能够站在立德树人、教为不教的高度，成为学生成长的引领者、学习情境的创设者、实践活动的促进者、科学民主的示范者；学生能够站到育人课堂的中央，成为实现自己思想道德成长的学习主体。

2. **师生互动：教学相长生成有效课堂**

有效课堂是一个师生互动的"生态系统"。按照叶圣陶"教是为了不教"的教育思想，课堂里的师生互动主要就是"讨论"。教学过程中，教师和学生、学生和学生之间展开"讨论"即多向交流切磋和合作研讨，通过这样的互动，构成学习成长共同体。这样的学习成长共同体，无疑能够有效地帮助学生完成对知识技能、思想道德的积极探索和建构，提高学生的主体意识和自学能力，并能够有效地促进教师的成长进步，让课堂焕发生命活力。

比如，人教版语文七年级下册《河中石兽》一文，作者叙述了三种寻找石兽的方法，前两种方法看似合情合理，但是根本找不到石兽。第三种方法看似不可能，却能找到石兽。本文的教学目标是让学生通过讨论领悟到：再深的理论，不能得到实践的证明，就不是真理；只有经得起实践检验的理论才是正确的。教师在课堂教学中，首先请学生默读课文，思考获得了什么信息，同时让学生从中找出并总结这些信息，进而针对这些信息展开讨论。在分组讨论中，学生相互之间基于自己的理解补充信息，教师参与其中给予引导与升华。经过师生互动，教师引导学生再次独立思考，通过绘画的方式把老河兵讲的表现出来，并纷纷用简明的语言在全班发言。在这一过程中，教师充分挖掘教材的育人价值，通过与学生的积极互动，热情鼓励学生思考和讨论，在交流过程中使学生完成了对本课知识的探究和价值的认知，并产生了良好的学习成长体验，促进学生自主学习和创造思维能力的发展。

（二）**以促进自主发展的有效作业为关键**

叶圣陶"教是为了不教"教育思想认为，学科教学根据学生自主学习成长的需要，适当布置课堂练习和课外作业是必要的，这些作业着眼在巩固学生的记忆固然有其必要，可是尤其重要的是要考虑到如何启发学生，把所学的应用到实际生活的各方面去。2021年4月，教育部印发了《关于加强义务教育学校作业管理的通知》，要求合理布置书面作业，特别强调要严格控制书面作业总量，鼓励布置分层作业、弹性作业和个性化作业，鼓励教师科学设计探究性作业和实践性作业，探索跨学科综合性作业。这些要求，蕴含了以立德树人为根本任务的作业改革方向，实质上与上述叶圣陶的有关思想也是一致的。学校通过学生问卷，了解到学生最不喜欢的是重复抄写类作业；希望老师布置一些有兴趣、有启发、能实践、能管用的作业。学校根据国家要求和学生需求，在改革课堂教学的同时，大胆启动了与之相配套的促进学生自主发展的作业改革。

1. 知行合一：应用性作业推动自主发展

传统的作业设计中，往往偏重巩固所学知识，布置过多知识性、书面性作业，较少地要求学生将所学的知识运用到生活中，通过生活实际检验所学。实现叶圣陶所指出的让受教育者"疑难能自决，是非能自辨，斗争能自奋，高精能自探"，实现学生作为新时代中国人关键能力成长的效能，必须调整作业结构，丰富课后作业的类型，把课堂所学与生活实践结合起来，与培养学生的科学文化素养和探索创新能力结合起来。学校化学、物理教研组率先探索应用性作业的设计，试图采用生动活泼的形式，让作业从书本回到生活，将学科学习内容置于真实、有趣的问题情境中，让学生的思维活跃起来，使学生从中能够自己去探索、自己去辨析、自己去历练，从而获得正确的知识和熟练的能力。

以化学沪教版九年级下册《溶液酸碱性》一章学习为例，教师布置了"自制酸碱指示剂"的家庭小实验作为课后作业。有同学这样表达实验过程和实验结果：在三个杯子内分别装入100毫升的雪碧、纯净水和小苏打溶液，将紫甘蓝叶片打碎，挤出汁液，分别滴入雪碧、纯净水和小苏打溶液中。观察到：雪碧成紫红色，说明雪碧是酸性液体；纯净水成紫色，说明纯净水是中性液体；小苏打溶液成蓝色，说明小苏打溶液是碱性液体。

再如，物理小孔成像器家庭小实验，老师给出了实验材料、步骤和注意事项。

工具/原料：
废旧的牙膏盒、双面胶、小刀等。
方法/步骤：

① 取一个完好的牙膏盒，用小刀裁出一个正方形的小盒子。

② 在盒子的一端打一个小孔，孔不能太大。

③ 取一小块白纸（越薄越好，最好呈灰白色），裁剪出与盒子宽度适中的一小部分，两边贴上双面胶，粘贴到盒子未封口的地方。

④ 将剩余牙膏盒的一端封口处打开，然后连接到做好的小盒子上，主要起到遮光的作用。

⑤ 将小孔对着台灯，通过盒子的另一端看，可以看到白纸上有台灯的像。一个简单的小孔成像器就做好了，效果还是很不错的。

以上应用性作业，不管是学生自我设计，还是在老师的指导性提示下完成，都需要学生将所学知识运用到生活场景中，动手、动脑，从而不但巩固知识、技能，而且学会运用知识解决问题，发展了科学素养。学生是作业的主体，不仅意味着学生是教师布置的作业的完成人，还强调学生对作业的自我设计、规划和布置，强调学生在完成作业的过程中应体现出自主性、能动性和创造性。学生对自己的学习活动具有支配、控制的自主意识和能力，在作业的各个环节和阶段进行自我计划、自我调整、自我指导、自我强化、自我检查、自我总结、自我评价、自我补救，从而使其走向全面、主动、生动活泼的发展。

2. 量体裁衣：多样性作业激励自主发展

作业的目的一定基于"学"的有效。通过作业，学生学有所获，学会举一反三，提升素养和能力，激发自己的好奇心和求知欲，促进自身观察力、思维力、想象力、创造力的发展。在设计作业的过程中，教师要确立个性作业的观念，承认和尊重学生个体的差异，充分考虑不同学生知识基础和年龄特点的实际，精心设计多样化作业。在作业的内容、形式、数量和难度上，教师应给学生提供自主选择的机会和空间，在作业上实现因材施教，力争让每个学生在适合自己"最近发展区"的作业中取得成功，在原有基础上得到有效、充分的发展。

学校在多样性作业的具体设计和布置中，首先注意针对不同学生的能力和个性差异，既要设计一定数量的基础作业与练习，让每个学生都能掌握和巩固最基本的学习内容；又要设计多种类型的变式作业与练习，以利于不同学生根据自己的情况，选择不同的路径和方式，建立新旧知识的联系，提升认知水平，拓展学习能力；还要设计一些综合性、应用性比较强的实践作业与练习，以利于学生学会综合运用知识探究和解决问题，向培养创新能力的目标发展。

学校在多样性作业的具体设计和布置中，还要注重作业的过程性和阶梯性，搭设脚手架，放置台阶，放缓坡度。根据学生的学习水平和教材内容，将难度较大的习题进行分解或给予具体的提示，系统规划、分步骤练习，在学生对若干个具体问题作答后，再进行一次整合。这种难度分解、循序渐进的作业，在义务教育阶段尤为重要。一方面，可以提高学生完成作业的信心、兴趣和效率，减轻身心负担；另一方面，又可以促使所有学生在负荷适当的情况下，达到完成作业的目的，实现自主发展。

(三) 以实现自主成长的有效活动为拓展

叶圣陶"教是为了不教"教育思想认为，教育教学是将课堂教学与课外活动结合起来，全面提高学生主体生命自觉和学习成长效能，不断实现由"受教育"到"自我教育"、由"教"到"不教"的前进和转化的过程。按照这一教育思想，学校在营造有效课堂、探索作业改革的同时，积极搭建课外活动平台，让学生在丰富多彩的活动中更好地实现健康、自主成长，努力造就人格健全、智慧丰盈、自主发展的南环学子。

1. 因材施教：社团活动满足学生个性成长需求

社团活动是学生校园生活的重要组成部分，是促进学生自主成长的重要教育途径。学校秉承开展社团活动不是少数人专利的原则，坚持面向全体学生，以满足全体学生个性化发展需求为目标，正确处理"普及与提高""参与率与精品获奖""满足需求与形成特色"的关系，围绕六大核心素养，建立孙子文化、桃花坞木刻年画、蝴蝶小镇、蜂巢剧社、职业规划、桥牌、机器人等涉及传统文化、科技信息、艺术体育、手工制作、未来发展方面的40多个社团活动项目，并将其纳入学校课程体系，定计划、定时间、定地点、定老师，规范实施、不断推进。

从狭隘的功利的分数圈子里走出来，还原学生真实的自我，让学生在校园生活中自在舒适地生长，仅靠观念远远不够。学校从学生的实际需要出发，从落实立德树人、发展核心素养的视角去扎扎实实地构建和开展社团活动。提供一揽子"菜单式"服务，让学生根据自己的兴趣、爱好、特长选择参与，对指导老师公开、公平、公正招聘。在活动中，学校统筹安排协调、力求因材施教，打通了师生校之间的壁垒，学生的话语权、选择权得到尊重。学校积极创造条件，让学生在参与中体验、感悟，拓宽学习渠道、丰富精神世界、满足个性发展，为不同学生提供多元的学习机会。这些措施，使广大学生参与的激情、自主成长的热情得到了激发和满足。

2. 以人为本：融创课程扩展学生自主成长空间

当前，我国正处于全面建设中国特色社会主义现代化国家、实现中华民族伟大复兴的历史关头和时代节点，国家的强大、民族的复兴呼唤教育加快培养全面发展的时代新人。为适应新时代要求，学校在坚持开齐开足国家课程的基础上，尝试开设"少年融创课程"。

初中作为培养社会主义建设者和接班人的基础梯队，课程融合创新的价值取向与实证研究，应该是回应国家关切、突破应试瓶颈、落实立德树人的一种新的教育创意。学校以国家课程为本体，以社会主义核心价值观为主导，以学生自主发展为中心，以生活体验为基础，开设"少年融创课程"。课程包括融合科创、融合文创、融合智创三大主题，科学研究、家居生活、休闲娱乐、书籍阅读、动漫映画、人工智能、虚拟现实、数字经济八个方面十九项具体内容。将初中物理、化学、地理、生物、信息技术等学科交叉部分加以融合，以主题模块的形式构建课程，探索与之相适应的"问题—探究—创新"的教学模式，进行跨学科、跨学段、学科与生活连接的融创教育，旨在使学生更加全面地、生动活泼地自主学习成长，为培养未来社会主义现代化国家的合格公民和建设人才奠定基础。

（张黎青）

附录四 构建适应农村小学的"教是为了不教"教学模式

——苏州叶圣陶实验小学

苏州叶圣陶实验小学原名吴县甪直中心小学，是叶圣陶在五四时期任教并进行教育改革探索的农村小学。多年来，学校以践行叶圣陶教育思想为己任，先后开展了"'两善三育'教育思想实践研究""培养小学生创新能力实践研究""培养小学生良好学习习惯的研究"，取得了一定的成效。随着经济社会发展，城镇化农村儿童和外来工子女增多，学校生源不断扩增，其中，大部分学生原先学习的兴趣、意愿和习惯较差，基本上处于被动学习状态，加上比较封闭的地域环境，许多教师引导学生自学的意识和能力尚不够强，学校教育教学已难以适应国家和教育发展的新形势、新要求。为了改变这种状况，继承并弘扬学校历史上教育改革的优良传统，学校参加了苏州市科学践行叶圣陶"教是为了不教"教育思想教改实验，继而开展了新时代有效教学实践研究，以培养学生的自学本领、提升教育教学效能为目的，积极探索构建适应农村小学的"教是为了不教"的教学模式。

（一）由"教"到"不教"层级递进的理论假设

叶圣陶先生指出，达到不需要教，就是要教给学生自己学习的本领，让他们自己学习一辈子。如何让学生由依靠老师的"教"达到"不需要教"？他在《自力二十二韵》中做了生动的比喻："学步导幼儿，人人有经验；或则扶其肩，或则携其腕；唯令自举足，不虞颠仆患；既而去扶携，犹恐足未健，则复翼护之，不离其身畔；继之更有进，步步能稳践，翼护亦无须，独行颇利便。他日行千里，始基于焉莫。"[1] 叶圣陶的思想启示我们：为了"不教"的教育教学，如同导儿学步，需要经过从"扶肩""携腕"到"翼护"等多个层级的循序递进，才能"终酬放手愿"，也即使学生学会自学，达到"不教"。依据"教是为了不教"这一教育思想和学校学生实际，我们提出了引导农村小学生自学分四个层级逐级递进的教改实验假设。

一级为"渗透级"：全程扶携，渗透自学。基本的教学过程和方式是：创设情境、导入新课，教师讲解、渗透自学，指导练习、总结鼓励。在这一层级，注重激发学生的学习兴趣，培养学生基本的学习习惯。

二级为"迁移级"：以扶为主，迁移自学。基本的教学过程和方式是：创设情境、引入新课，示范诱导、迁移自学，巩固练习、反馈帮助。在这一层级，重点是有意识地引导学生按照教师的讲解和示范开展迁移自学，使学生初步掌握正确有效的学习方法。

三级为"自能级"：扶放结合、目标自学。基本的教学过程和方式是：明确目标、分层指导，尝试自学、交流归纳，练习应用、课外延伸。在这一层级，要鼓励学生积极思考、质疑问难，并根据不同学生情况和学习内容组织、指导学生的自学活动，发展学生的自学能力。

四级为"自创级"：少扶多放、自学有创。基本的教学过程和方式是：

---

[1] 朱永新. 叶圣陶教育名篇选 [M]. 北京：人民教育出版社，2014：504.

课前预习、尝试探究、讨论合作、互动生成、练习应用、课外拓展。在这一层级，重在引导学生尝试自学、独立思考，积极参与课堂讨论和实践活动，增强学习的自主性和创新性。

（二）"引导学生自学层级递进教学"的实验探索

1. 挖掘三大魅力，为学生提供充盈的自主学习动力

叶圣陶在《小学国文教授的诸问题》一文中说，"教育所以可贵，乃在能为儿童特设境遇使他们发生需求，努力学习……儿童既处于特设的境遇里，一切需要，都从内心发出。教师于这个当儿，从旁导引，或竟授与。这个在儿童何等地满足，安慰，当然倾心领受，愿意学习"[1]。自主学习需要学生的自觉努力。学校和教师重点挖掘三大"魅力"，来为学生自主学习增添动力。

一是提升教师的"人格魅力"。力争做一个好学上进，富有爱心、童趣和幽默感的教师，使每一个学生都感觉到老师是亲切、可信赖，并关心、爱护他（她）的，从而引发自主学习的动机。

二是挖掘学科的"乐趣魅力"。学生感到某一门学科对他有用或有趣，就会乐此不疲地去学习。教师要努力发掘学科本身的乐趣，在教学中尽量贴近学生的实际生活，使其觉得有趣有用，能够化难为易，从而增强自主学习的信心。

三是发挥优生的"榜样魅力"。班里的优秀生往往对同学影响较大。教师要充分发挥这些学生认真进行预习、积极思考发言、独立完成作业、课外阅读实践、乐于帮助同学等榜样的作用，从而为全体学生竖起自主学习的标杆。

三大魅力教育行动，有效地激发了学生自主学习的兴趣和动机（表14）。

表14 各阶段语、数、外三门学科学生喜欢度及有优秀学生榜样比

项目	语、数、外三门学科学生喜欢度/%			学生有优秀学生榜样比/%
	语文	数学	英语	
前测	21.6	11.5	6.3	46.6
中测	47.5	32.3	15.3	78.5
后测	84.4	47.6	39.5	97.5

---

[1] 朱永新. 叶圣陶教育名篇选[M]. 北京：人民教育出版社，2014：229-230.

2. 培养良好习惯，为学生打下扎实的自主学习基础

学生自学能力的发展，必须以培养良好的学习习惯为基础。学校遵循学生学习规律，强化三大习惯培养：一是课前自觉预习习惯；二是课堂主动学习习惯；三是课后独立作业习惯。为此，老师们编写了朗朗上口的学习好习惯童谣，从课前预习歌、课堂学习歌、课后练习歌、阶段复习歌等四个环节，在低年级、中年级、高年级三个学段，就语文、数学、英语等多门学科，进行了全方位全过程覆盖（表15）。

学校将此作为学习的指导材料，组织学生诵读运用，有效地促进了学生良好学习习惯的养成（表16）。

表15 三个年段四个环节中各环节好习惯童谣

年段	项目			
	课前预习歌	课中学习歌	课后练习歌	阶段复习歌
低年级	注音扩词轻声念，通读课文标小节。操作学具早备全，想想做做说一说。录音跟读仿语调，发音纯正又清晰	预备铃响静等候，认真听讲勤思考。举手发言声音响，别人发言仔细听。不甘落后表见解，一起学习心儿欢	练习作业认真做，抓紧时间不能拖。挺胸端坐握笔正，一笔一画写清楚。反复检查少差错，卷面洁净人人夸	复习功课有方法，读读背背牢记心。动手操作增理解，听说读写齐上阵。学过一段要回忆，经常重温经常新
中年级	书声琅琅韵味足，划词查字写段意。细看例题尝试做，运算规律要默记。记词仿句练背诵，疑难之处做标记	备齐用品讲效率，专心听讲学笔记。遇到疑难不放过，开动脑筋提问题。课堂活跃靠人人，发言表达有条理	练习作业要按时，独立完成不抄袭。遇到难题多动脑，做完自查纠错题。注意格式讲规范，书写正确才有益	熟读成诵明意义，好词佳句积累勤。整理归纳用心记，错题汇集时提醒。持之以恒不松懈，日积月累终能成
高年级	咬文嚼字明文意，质疑批注查资料。研究例题悟方法，举一反三学技巧。熟读例文记重点，围绕中心仿写作	静心默读勤批注，要点难点多用功。共同研讨提问题，独立思考不从众。交流表达有见解，学习轻松成绩优	作业用心排干扰，集中精力有效率。理解巩固重应用，迁移练习增能力。读书不只读课本，实践更能出真知	归纳整理多比较，系统复习要走心。加深理解和记忆，学习成绩自然行。应用知识于实践，核心素养能提升

表16　中年级和高年级在三个阶段的认真听讲比、主动提问比和积极参与小组学习比情况一览表

项目	认真听讲比/%		主动提问比/%		积极参与小组学习比/%	
	中年级	高年级	中年级	高年级	中年级	高年级
前测	15.3	48.6	19.8	14.3	12.5	22.5
中测	46.4	71.5	40.5	53.6	47.5	86.3
后测	83.2	97.1	68.3	79.5	91.7	97.5

3. 层级考核制度，为学生建立进步的自主学习阶梯

根据学生自主学习问卷调查和后续访谈结果分析，学校重点从魅力教师、学生榜样、自主预习、习惯培养、课堂引导五个方面，制定了引导学生自学的四级考核标准（表17），并在实验班试行，帮助学生搭建了自主学习的进步阶梯。

表17　五个方面的四级考核标准一览表

级数	一级	二级	三级	四级
教师魅力	初步认同任课教师，基本接受并投入所教学科学习中	比较喜欢学科教师，喜欢其所教的学科，较认真地投入学科学习中	非常喜欢学科教师，能充满热情地投入其所教的学科学习中	崇拜学科教师，能积极主动探究其所教学科，包括课外探究学习
学生榜样	有学习榜样，但行为上尚未主动向榜样学习	有榜样，且能与榜样比较，知不足，开始用行动尝试弥补不足	榜样深入人心，更多地向榜样看齐，取长补短	因崇拜榜样，全方位接受榜样影响，积极进取，与榜样良性竞争
自主预习	能在教师的检查下，按照教师的方法尝试预习，效果一般	在教师的督查下，照教师的方法，能熟练地进行自主预习，效果较好	能在同学检查下自觉预习。继续运用教师教的方法，并开始形成适合自己的自主预习方法，效果好	不需检查，能自觉地进行创造性的自主预习，效果出色

续表

级数	一级	二级	三级	四级
习惯培养	上课开始能认真听讲，提出问题，尝试参与小组讨论	比较主动地提问，不仅能认真听讲，还能认真标记，有秩序地参与小组学习	积极提问，专心听讲和标记，积极参与全班和小组讨论，发挥比较重要的作用	积极主动思考、探究，善于听讲和标记，能组织同学合作探究并解决有价值的问题
课堂引导	以教师的教为主，教的过程中渗透学法，学生自学时间较少	学生自主学习的时间逐渐增多，教师注重学法引导、点拨，引导学生有效学习	教师的教逐渐减少，学生有一半及以上时间自主学习，注重学法迁移和反馈，举三反一或举一反三，自学能力明显提升	以学生自主学习为主，教师做精要点拨，学法不仅在课堂迁移，更迁移于课外，学生进行更多的个人或小组探究学习

4. 编辑叶圣陶作品读本，为学生开发校本自主学习课程

随着课程改革的深入，为进一步引导学生自学，老师们还编写了适合小学生自主学习的叶圣陶作品导读——《风范长萦故园情》和《叶圣陶作品读本》。每一篇作品后都列出了若干阅读思考题，引导学生将课内获得的知识经验和阅读方法运用于自学该读本，走向更加广阔的课外阅读和生活世界。

（三）"引导学生自学层级递进教学"实验的初步成效

1. 实验班学生自主学习层级攀升，教学质量显著提高

经过三年一轮的实验探索，实验班学生学习兴趣得到激发，良好学习习惯逐步养成，在不增加课业负担的前提下取得了优良的学习成绩。近年来，在小学毕业班吴中区统测中实验班学生进步较大，自主学习层级显著提升（表18）。

表18　实验班学生各级引导自学等级达标一览表

项目	引导自学等级达标比/%							
	一级		二级		三级		四级	
学科	语文	数学	语文	数学	语文	数学	语文	数学
中测	12.8	20.4	74.1	62.5	8.5	10.6	4.6	6.5
后测	5.4	14.2	58.3	55.7	16.6	17.6	9.4	12.8

2. 形成一批善于引导自学的骨干教师，引领教师群体专业发展

在实验过程中，学校教师认真学习、研究叶圣陶"教是为了不教"的教育思想，大胆进行"引导学生自学层级递进教学"实践探索，形成了一批善于引导学生自学的骨干力量。学校先后有10多人开设市、区教改实验观摩课、示范课，多人获得区以上优秀课评比一等奖，120多篇有关实验的文章、案例在全国、省、市获奖或发表。2015年10月，学校实验教师团队被区教育局授予"吴中区优秀教师团队"称号。

3. 适应农村小学生的"引导学生自学层级递进教学"，得到有关专家的肯定和较大范围的推广

本实验初步构建的适应农村小学生的"引导学生自学层级递进教学"，得到了全国、省、市有关专家和领导的充分肯定。《人民日报》《中国教育报》和"中国新闻网"等报刊媒体对之进行了专门的介绍和报道。该实验获得了苏州市"教是为了不教"教改实验成果一等奖，学校被中国叶圣陶研究会命名为"叶圣陶教学思想实践基地"，被市教育局表彰为"苏州市'教是为了不教'教育教学改革示范学校"。作为实验学校，我们先后承办了中国叶圣陶研究会、江苏省叶圣陶教育思想研究所多次举办的叶圣陶教育思想和"教是为了不教"教改实验研讨会，教改经验在较大范围内得到了进一步的交流和推广。

附录五　引导小学生养成自主学习习惯的教学探索
——苏州昆山市新镇中心小学校

昆山市新镇中心小学校是一所中华人民共和国成立时创办的乡镇中心

校。水乡的灵秀、人文的传承，为学校累积了丰厚的文化底蕴。进入 21 世纪以来，学校把叶圣陶教育思想作为实施新课程改革、推进素质教育的思想引领，制定了"好习惯成就好人生"的校训。自 2014 年以来，在江苏省叶圣陶教育思想研究所专家的指导下，学校参加了"教是为了不教"教改实验和"新时代苏州有效教学研究"项目实验。随着实验的深入，学校确立并实施了"引导学生养成自主学习习惯"的教育教学改革目标和思路，旨在为学生核心素养的发展奠定根基、增强动能，让立德树人根本任务更好地在小学教育中、在学生成长中落地生根。

（一）养成自主学习习惯：实践"教是为了不教"的本质要求

所谓"不教"，往简单方面说，就是要使学生"学会自学的本领，养成自学的习惯"。叶圣陶强调："只知道捧着课本死记硬背是没有用处的，至多只能应付考试。学会了自学的本领，养成了自学的习惯，将来离开了学校，才能在工作和生活中不断地自我充实，自我修养，成为有益于人民的人，有益于社会的人。"[1] 这也正是揭示了当代学校所应追求的与立德树人根本任务相一致并为之奠定基础的教育目的和价值。结合学校实际，深入学习领会"教是为了不教"教育思想，学校提出了"在教育教学过程中引导学生养成自主学习习惯"的教改实验假设。

1. 养成自主学习习惯是小学教育实践"教是为了不教"的本质要求

学校教育的目的是使学生"学会自学的本领，养成自学的习惯"，从而不需要教。要实现这一目标，必须从小学抓起，从培养学生的自主学习习惯做起。自主学习习惯，是学生的学习兴趣、态度、方法、能力等在他们自主学习行为上的整合和提升，是学生自主学习行为不断内生、发展、坚持、积累以致"习惯成自然"的结果。小学教育实践"教是为了不教"教育思想的本质要求，就在于引导学生养成自主学习习惯，并由此实现学生学业的真正进步和核心素养的发展，实现"教是为了不教"，把立德树人根本任务落到实处。

2. 教育教学特别是课堂教学是学校培养学生自主学习习惯的主要途径

小学生的自主学习习惯，只能是在教师的引导和帮助下，在他们自己逐步展开的自主学习实践中得以养成。教育教学特别是课堂教学过程，是

---

[1] 朱永新. 叶圣陶教育名篇选 [M]. 北京：人民教育出版社，2014：221.

教师引导学生自主学习实践的基本途径。小学科学、系统、有效地培养学生自主学习习惯，应当而且可以主要通过教育教学，特别是课堂教学过程来实施。

（二）引导学生养成自主学习习惯的教学实验

依据上述理论假设，学校在实验中，把教育教学过程分为课堂教学和课外自学两大阶段，包括课前、课中、课末、课外四个环节，将引导学生养成自主学习习惯的教育目标和教学策略加以细化，并落到实处。

1. 课前：运用创设情境、指点尝试的教育教学策略，培养学生预习教材、尝试探究的习惯

本实验在课前，注重创设情境、指点尝试，引导学生预习教材，先行了解学习内容；独立思考，尝试探究相关问题，激发自主学习的内在动力。

语文学科促使学生"乐学"，从三年级开始指导学生学会使用工具书，采用"自主预习六步法"（读课文正字音—标出课文小节号—描红课后生字—解释词语意思—感悟课文内容—思考质疑解疑）。数学学科诱导"活学"，开展口算两分钟、数学小论文、调查统计表等尝试自学的活动。英语学科游戏"趣学"，让学生学唱英文歌、开展"let me guess"或"follow me"等有趣的复习知识型的游戏、自编情景剧等，在玩乐中进入英语的学习情境。体育学科则编写了常规口诀，如"课前准备很重要，穿好鞋子和衣服，取下校牌和硬物，提前到场来候课，整队做到快、静、齐，协助老师备器材，身体不适及告知"。这样的口诀好记易懂，既符合低年级学生的年龄特征，也能培养学生良好的课堂常规，激发学生对体育运动的兴趣。

到了高年级就以问题为契机，创设符合学生思维特点、知识基础的递进式问题，巧妙设计自主学习任务单，使学生逐步养成主动观察—发现问题—用所学知识解决实际问题的能力。在教学《冬夜读书示子聿》前，教师设计了自主学习任务单，课前学习任务分为两部分，任务一：想一想，读一读，提示学生关注诗中某个字的读音或字形、字意，并设计了三个问题，如在朗读《冬夜读书示子聿》这首诗的题目时，我发现诗题中有一个字的读音有点难，就是"＿＿＿＿"这个字，我通过＿＿＿＿的方式了解到这个字读＿＿＿＿，我是＿＿＿＿＿＿记住这个字的字形的。任务二：比一比，查一查，提示学生关注两首诗的作者、创作背景、字词等方面，比较这首诗与《示儿》的异同处，并写下自己在预习古诗时没有理解的地方。学生通过课前的预习，运用自己的方法解决了一些基本问题，如字音、字形等。在课堂上老师只需花较少的时间进行检查反馈，就能真正达到了"授之以渔"的目的。

2. 课中：运用问题启发、随机诱导的教育教学策略，培养学生大胆质疑、共同讨论的习惯

本实验在课中，注重问题启发、随机诱导，引导学生大胆质疑、共同讨论，在这过程中做到勇于发表己见、认真倾听交流；同时，加强活动体验、开展合作互助，学会自主参与共同学习。

根据课标的要求和学生的认知水平，自主学习习惯的培养应该分低、中、高年级，有一定的层次性和阶段性。以语文为例，从三年级开始就要有意识地在课堂教学中培养学生质疑问难的自主学习习惯，并始终贯穿于中高年级的教学。中年级要让学生边默读边学会在疑问处做标识，对课文中不理解的地方提出疑问，适时指导，教给学生发现问题和提出问题的方法，适度要求，帮助学生积累提问的经验，提升提问的质量。高年级可以结合课文表达顺序的揣摩、表达方式的体会，让学生在交流和讨论中，敢于提出不同见解，敢于争论并不断修正，弥补不足。

例如，教学《鞋匠的儿子》一文时，学生在审题中思考最多的是：林肯是一位伟大的总统，题目为什么不是"伟大的总统"而是"鞋匠的儿子"？当学生带着这样的问题阅读时，一定能够更深入地感悟到林肯的人格魅力和他生而平等的价值观，但是细细想来，这样学生感受到的仅仅是一些人文精神，却没有关注到本文选取一详一略两件具体的事例，并在事例中抓住了对人物语言的细节描写。在课堂导入时，教师可先让学生交流课前搜集的有关林肯的资料，然后提问学生："林肯一生跌宕起伏，经历丰富，可写的事例不计其数，课文却只写了两件事，到底是哪两件事让他的形象跃然纸上呢？"一下子就将学生思考的角度转向了学习"如何选材"上来，引导学生明白作者选取"上台演讲"和"维护统一"这两个典型事例是为表达主题服务的，第一个事例是发生在林肯刚上台的时候，第二个则出现在南北之争得到统一时。学生一旦学会了质疑提问，就会始终处在积极思维、主动求知的状态中，并聚焦到学习选材这个正确路径上来。

3. 课后：运用精要设计、辅导督促的教育教学策略，培养学生主动练习、温故知新的习惯

本实验在课后，注重精要设计、辅导督促，引导学生主动练习，按时独立完成作业，应用知识经验于问题解决和实际生活中；温故知新，梳理复习所学东西，做到自主反思、改进学习。苏教版语文六年级下册第2单元共安排了《卢沟桥烽火》《半截蜡烛》《聂将军与日本小姑娘》三篇课文。这三篇课文在表达特色上有两个共同的特点：一是按照时间或事情发展的顺序写清事情的经过；二是抓住人物的语言、神态、动作进行一波三折的描写。借助"自主学习任务单"，通过小组合作交流探究，生生互评、师生共评，以评促学。发挥优生的帮扶作用，典型问题全班交流，教师适时点播，在评价中提升阅读能力，引领学生对叙事写人的表达方法、一波三折的表达方法及表达效果等相关知识进行整理交流，使学生头脑中所拥有的零散知识系统化、条理化，理出知识的序列，明确训练的重点，既帮助学生掌握有关知识，又使学生学会了怎样进行归纳整理，提高了学生自主练习和复习的能力。

4. 课外：运用身教为要、适当指导的教育教学策略，培养学生自由阅读、自主实践的习惯

本实验在课外，注重教师身教、适当指导，引导学生自由阅读有益书籍，自主参与各种综合实践活动，养成自主成长的良好习惯。

学校以"在书香中遇见最美的自己"为阅读主题，分别确立各个年段的阅读主题：低年级以"绘本中启蒙"为主题，注重提高低年级学生的阅读能力与写话能力；中年级以"经典中浸润"为主题，让学生的眼界、胸怀、志气、品格修养得以提高；高年级的主题为"古文中明智"，培养高年级学生文言文的阅读语感。每天12：30—12：50为全校阅读时间，采用好书推荐、心得交流、名篇鉴赏、疑难讨论等多样的阅读形式，指导学生读名著、读经典。每周五为学校"我们读书吧！"专题读书时间，确立一个阅读主题组织读书活动，如"我读我诵""我读我画""我读我编""我读我演""我读我感""我读我写"……同时开展了阅读研讨活动，学校多名教师执教了绘本阅读课和小古文课，通过读、写、绘的教学方式，以读促写，以写促读，读写并进，引导学生学会"图像化提取故事情节"的阅读方法，并进行拓展迁移，促使学生养成自主阅读的习惯，掌握阅读方法，提高阅读能力。

知行结合是习惯养成的重要环节，实践体验是生命成长中不可或缺的独特享受。自 2009 年开始，学校进行了小学主题大单元德育课程校本开发研究，研发并实施出版了一系列主题德育校本课程，有"小学感恩教育主题活动设计""基础性品德培养方案""晨会课——活动内容推荐""诵读晨会""小故事　大智慧——小学主题德育故事 108 例"，把小学生的习惯养成教育序列化、课程化，真正使好习惯浸润课堂，并且按低、中、高阶梯式设计实践性活动，提供学生多样化的体验平台。2014 年学校成为苏州市"校外专家助推课程改革"项目学校，借助校外专家智慧，开设的社团课程有 6 大类 46 门 60 个班，全校 1 500 多名学生打破年级、班级的限制，每周五下午二三节课学生根据自己的兴趣爱好，自主选择参加社团活动。丰富多彩的社团活动为他们提供了不同的学习渠道，使他们在课外拓展中亲身经历、自主实践，他们不仅仅是学到知识本身，更关键的是观察、分析、合作、交流、创新、实践等综合素质得到了培养和训练，学习的乐趣得到了提升，学生的个性化教育也得到了落实。

（三）养成自主学习习惯教学实验的初步成效

1. 小学生自主学习习惯得到有效培养，促进了学生学业进步和全面发展

基于自主学习习惯的发展，学生是快乐的、幸福的，学生的自主学习兴趣明显提高，自我监控、自我指导、自我强化的学习品质得到提升，对"为什么学习""学习什么""如何学习"等学习中的问题，已经有了初步的自觉的意识，"能学"的信心得到加强，"想学"的内容和学习的意识体验得到强化，"会学"的方法、途径更为灵活、广泛、有效，"坚持学"的信心、决心、快乐、目标等更加持久，能充分感受到学习过程中的情趣盎然、自主学习的满足愉悦。在不占课、不超时、作业适量的情况下，学校取得了显著的教学成效。

2. 教师教育观念和教学方式实现自觉转变，促进了教师新的专业成长

这两年学校以"教是为了不教"的教育思想为指导，在教育教学过程中引导学生养成自主学习习惯的教学实验已经取得了初步成效。全体教师共同参与研究，分为低、中、高三个梯度，同时突出研究重点，抓住语文、数学、英语、体育这四门重点学科进行攻关。教师在研究课例的过程中进一步明确了培养学生自主学习习惯的重要性，改变了以往"满堂灌"的教育教学观念，由"向学生传授知识"转变为"教会学生学习"，也形成了一批善于引导学生自学的骨干力量。同时，结合我校实际情况和不同年级学生的认知规律、心理特点，制定出了各年级学生应该具备的自主学习习惯目标，设计出了自主学习习惯评价标准，逐步形成规模化，并不断创新，使之具有较高的推广价值。本实验研究具有一定的创新价值，引导学生养成自主学习习惯的教学探索具有一定的前瞻性。不过培养学生的自主学习习惯是一个复杂的综合性的问题，研究内容还有待挖掘，下阶段学校将制定学科化实施纲要并形成实践化教学课例，促进教师新的专业化发展，并进一步深化本实验。相信在"教是为了不教"的思想指导下，学校教师群策群力，密切协作，一定能探索出引导学生养成自主学习习惯的更科学、更有效的教育途径，真正实现学生的自主学习成长。

附录六 "教是为了不教"思想引领下的智趣共生教学

——苏州市吴江区桃源小学

苏州市吴江区桃源小学是一所地处偏远农村、拥有近百年历史而长期坚持教改的学校。早在 20 世纪 90 年代初，学校就从"儿童数学兴趣活动"入手进行教学改革探索，收到了显著成效。学校开发的相关校本课程大获成功，编写的《我们爱数学》系列教材在全区推广使用。自 21 世纪基础教育新课程改革以来，学校教学改革由点到面，初步形成了智趣共生的课堂教学经验。正是在此基础上，学校参加了苏州市"教是为了不教"教改实验和"新时代苏州有效教学研究"项目实验，旨在构建"教是为了不教"教育思想引领下的智趣共生教学新模式，以更好地引导和促进农村小学生自主学习、全面发展，把新时代教育立德树人根本任务落到实处，真正提高农村小学教学的育人效能。

（一）"教是为了不教"思想引领：智趣共生教学模式的构建

叶圣陶的教育思想，对学校智趣共生教学改革，具有重要的指导意义和引领、提升作用。

智趣共生教学，是学校多年来在教改实践中探索形成的基本经验。这一教学经验,符合儿童学习对立统一的心理结构特点和活动规律,抓住小学生学习的"趣"之动力要素和"智"之智能要素,在教学过程中将两者紧密结合起来,努力使学生的学习实现"趣"与"智"的相互生成、相互促进,兴趣情感和智慧潜能都得到充分激发,实现生动活泼、全面和谐的发展。

用"教是为了不教"教育思想作为思想引领和理论基础,深入研究实践智趣共生教学,将使其进一步具有反映新时代要求的明确的改革方向和创新内涵。"智趣",从"不教"的教育目的来理解和把握,就是要将学生自主学习兴趣、态度和方法、能力发展作为核心的目标指向;"智趣共生"教学,从"为了不教"的教育教学来理解和把握,就是要把科学、生动地引导学生走向富有情趣和智慧的自主学习作为基本的教学过程。基于"教是为了不教"教育思想的智趣共生教学,本质上就是"教是为了不教"在学校的创造性实践,就是构建并实践"教是为了不教",促进学生自主学习成长,为他们终身学习、创新实践打基础的一种教学模式。

(二)"教是为了不教"引领的智趣共生教学实践

根据上述思考认识和理论假设,我们在教改实验中,从一般教学过程的课前、课中、课后、课外四个主要环节入手,在实践中探索构建基于"教是为了不教"教育思想的智趣共生教学。

1. **课前预习:创设情境,根据学科特点,引导学生预先学习、尝试探究**

在上课前,教师从学生的年龄、个性和智能特长等方面的差异,以及学科本身的特点出发,指导学生自主预习教材,了解学习内容,明确学习目标。为了帮助学生自主预习,提高预习的效率,教师依据学生发展的需求,提供多层次的预习设计,帮助他们确定目标、发现问题、尝试探究,享受学习的无穷乐趣。

例如,语文学科,采用"自主预习七步法"(注拼音—标小结—熟读文—划词语—查注释—观拓展—会质疑),从小培养学生的预习能力,养成勤查字典、注重拓展、独立质疑的好习惯。尤其是拓展类文章的阅读不可忽视,它会让学生的思路变宽,给学生带来"柳暗花明又一村"的惊喜。有一次,一位教师正在执教《永远的白衣战士》,谈到护士节,他向学生抛出问题:"你知道一年一度的护士节是几月几号吗?是为纪念谁而设立的吗"这一问题让学生们始料未及，个个面面相觑。是的，课文没有涉及，的确有难度。正当教师想公布答案时，一位男生举起了手："护士节是每年的 5 月 12 日，是纪念南丁格尔创立的。""说得太棒了！"教师带头鼓起了掌。为了提醒学生预习要仔细，教师故意追问："这么难的问题，你是怎么知道的呢？"男生自豪地说："这是我在课前预习时，在配套的拓展阅读上看到的。"全班同学立即向他投去羡慕的目光。这样一来，学生得到了激励，以后的课前预习阅读思考更加深入、细致了。数学学科，让学生开展课前小调查、智趣小论文、解题小能手等自学活动，在具体的生活实践中，寻找到相关的数学问题和知识，从而激发学生的学习兴趣。英语学科，以 App 软件学习为抓手，让学生在手机上随时听听、读读、练练、做做，在玩乐中不知不觉走进学习的情境。

2. **课中讨论：问题启发，根据个体差异，引导学生主动质疑、合作讨论**

在课堂上，学校教师既遵循课程标准，又依据学生不同的认识水平，创设多样的问题情境，注重引导学生学习成长的层次性和阶段性。在基于课前预习，建立一种教师—学生—文本平等对话、互相合作、共同探究的智趣共生课堂中，学生形成了自己鲜明的特点。

例如，语文学科，以项目小组、整班阅读、智趣讲坛、你说我评等多种形式，凸显"趣学"；数学学科，以珠心算特色班为主阵地，以"数学文化节"的参赛项目为抓手，"数学王"技能比赛、"我是小小神算手"珠心算挑战赛、"我是小小设计师"数学书签制作赛……课堂上学生的思维在数学王国里纵横驰骋，学生享受着思考的乐趣，体悟着创造的魅力，突出"活学"；英语学科，借助课本剧表演、英语口语角、E 起来配音等活动，让学生在一个个问题中，质疑、合作、探究，玩中学，学中玩，呈现"乐学"。

3. **课后作业：精心设计，根据能力目标，引导学生有效练习、温故知新**

课后作业可以检测和反馈教学效果，促进学生对所学知识经验的内化、巩固、复习和提高，是教学流程的一个重要环节。学校在课后作业上倡导"少、精、趣、实"，要求教师要"遨游题海"，组织教师对练习题进行深入研究，减少对学生的机械、重复、无用训练。同时，教师还将作业与生活连接，引导学生在生活实践中有效练习，解决实际问题。

例如，在学习苏教版数学三年级下册《长方形和正方形的面积计算》一课后，教师让学生回家用不同的方法测算自己房间的面积，可以把房间当作一个长方形，整体测量后计算，也可以把房间分割为一块块地砖，最后累计起来计算。学生在这样的生活实践中，通过想一想、量一量、算一算，自然就将所学的知识融会贯通，并用于实践。这样的作业，比单纯做几道应用题既有意义，又有意思，也在不经意间，培养了学生在生活中学数学、用数学的好习惯。

4. 课外自学：多措并举，根据拓展需求，引导学生拥抱书本、自主实践

叶圣陶指出，教材无非是例子，凭这个例子要使学生能够举一而反三。学校根据不同学生对学习活动的拓展需求，让学生在自主阅读、综合实践中求得真知，练就真能。

例如，学校在"你我同行，做快乐的读书人"的办学理念下，努力建设书香校园，对低、中、高各个年级段，提出不同的课外阅读要求；每周定期开设阅读指导课，并将其列入课表；开展整班阅读、晨间故事会、阅读节、"三话"比赛等活动，使学生享受读书带来的乐趣。同时，学校还致力于开发多种多样为学生所喜欢并参与的校本课程，持续开展儿童数学兴趣活动，广泛普及中华诗词社团活动。

（三）"教是为了不教"引领的智趣共生教学育人效果

经过多年"教是为了不教"教育思想引领下的智趣共生教改实验，学校学生的学习方式、学习面貌悄悄地发生了变化。他们的学习兴趣、学习习惯和学习能力均得到了发展，学科成绩有了明显的进步。最重要的是，自主学习逐渐成了他们习惯成自然的学习方式、可持续成长的动力源泉。

此外，"基于'教是为了不教'的智趣共生教学"已逐步融入学校的课堂教学，融进每一位教师的教育观念。我们积累并形成了大量的叶圣陶"教是为了不教"教育思想指导下各学科智趣共生的教学设计、教学课例，以及各学科融通教学的典型案例。教师与学生在教学中相互交流、沟通、启发、补充，彼此间增进了信任和感情，达成了自主学习成长的共识、共享、共进。近两年来，学校教师的课堂教学水平提高很大，戴海英、邱美芳等7位老师上的课获得了吴江区A级优质课称号；严卫强老师在江苏省"杏坛杯"中荣获二等奖，并在苏州大市执教公开课。教师们的教科研能力也有了长足发展，在全区各校教师论文发表覆盖率评比中，学校一直保持领先。值得一提的是，学校集多年教学改革思考和经验之大成申报的课题"基于'教是为了不教'教育思想的智趣共生教学实践研究"，不但被批准立为江苏省教育科学"十三五"规划叶圣陶教育思想研究专项课题，而且被评为同类80项课题中的3个重点资助课题之一，这也是全省中小学此类课题中的唯一。

附录七 走向"不教"的小学生自主学习核心素养培养
——苏州工业园区唯亭实验小学

苏州工业园区唯亭实验小学是一所百年老校，有着悠久的办学历史和丰厚的教育底蕴，国粹文化传承特色浓郁，成效显著。自2016年年初以来，学校参加了"苏州市'教是为了不教'教育教学改革实验"，并主动参与了"新时代苏州有效教学研究"，实验项目名定为：培养小学生自主学习核心素养的教学实验。在这一过程中，学校还申报了同名课题，该课题被列为江苏省教育科学"十三五"规划叶圣陶教育思想研究专项课题。我们希望通过研究，实践叶圣陶"教是为了不教"的教育思想，努力取得教改实验和课题研究的双突破，实现学科教学成绩和"不教"育人效能的双提高。

（一）培养自主学习核心素养：走向"不教"之教

"教是为了不教"是叶圣陶教育思想的精髓，它以确认学生的主体地位为前提，以促进学生的自主发展为根本，从研究学生的学习天性、本能、特点、规律和我国社会变革发展要求出发，引导学生自主学习和实践，使其获得真知、学会学习、学会做人。本实验旨在探索小学各学科实践"教是为了不教"教育思想，培养学生自主学习核心素养的教育教学的目标和路径，为学生终身学习和发展奠定基础。

教育部发布的中国学生发展核心素养研究成果，将学生发展核心素养分为文化基础、自主发展、社会参与三个方面，综合表现为人文底蕴、科学精神、学会学习、健康生活、责任担当、实践创新六大素养。其中，"学会学习"的重点表现为：能正确认识和理解学习的价值，具有积极的学习态度和浓厚的学习兴趣；能养成良好的学习习惯，掌握适合自身的学习方法；能自主学习，具有终身学习的意识和能力……叶圣陶"教是为了不教"教育思想中阐述的"自主学习",作为一种最基本的核心素养,既包括了学会学习的全部要义,同时,又是六大核心素养发展的内在基础和动力,对小学生实现自由而全面发展起到了重要的引擎作用。

(二)培养学生自主学习核心素养的实验探索

依据本实验的理论假设,我们首先在小学语文、数学、英语等学科进行了教育教学改革实验,实验对象为三到六年级学生。

1. 设计学科导学单,构建学生自主学习的课堂

课堂是教学改革的主阵地,课堂向着"教是为了不教"转型,是实验成功的关键。学校在三到六年级中选取同质的实验班和普通班进行实验。从上学期开始,实验班的教师协同备课组其他教师分工合作,每周设计一份导学单,让学生有目的地自学;制作一节微课,使学生拓展自学渠道。一学期下来,教师积累了一定的成果。这些资源逐步完善,一整学年后,初步形成了一个系统的引导学生自主学习的资源库,为后续实验的发展提供有力支撑。

语文学科运用"五字"预习指导法,即"一读二划三查四记五疑",并配以微课辅助自学,用导学单进行自学检测。课堂学习前,对学生自学的结果进行检测、反馈,了解学生自学中存在的问题。同时,针对教学中的重难点问题引导学生开展讨论交流,形成共识。对不能解决的共性问题,及时汇总,以便在教学中帮助学生解决。使用导学单后,能有效地促进学生更深入地去做好预习工作,这对于课堂的学习有很大的帮助。

数学学科在设计导学单时充分体现"导"的作用,有利于学生自主预习、自我检测。利用课前布置导学单和观看微课学习来开启学生学习新课的大门,将新课中的教学重难点体现在导学单上,提前让学生回去完成,同时还可以参考配套的微课,对于不理解的地方和难点,反复观看,直到理解。通过学生的课前自学,课堂上,教师着重讲解重难点,同时加以拓展延伸,既提高了练习的深度和广度,又提高了学生的思维水平。这样的提前学习,有利于课堂教学效率的提高,同时还能激发学生的学习潜力,充分发挥主动性,提高自主学习能力。

英语学科把导学单与手机 App 结合使用,给学生提供了很好的预习平台。在上新课之前,发下导学单,让学生先行完成 App 上的跟读练习,把有疑问的地方摘录在导学单上,到课中解决;还可让学生自己出题考同学、考自己,或是自主挑选新单词或词组进行抄写等。通过这些措施,学生渐渐明白如何掌握一个单元的重难点。

一年多来，学校按照"尝试自学、质疑讨论、练习应用"的基本模式构建有效课堂。有了课前的自学基础，课堂上学习容量增加了，效率提高了，同时还能适当拓展延伸，让学生生动活泼地成长。

2. 开发国粹艺术课，拓展学生自主学习的领域

通过课堂学习，学生在教师的指导、组织下掌握了一定的自学方法，形成了一定的自学能力，但要真正将这些能力内化为自己的自主学习素养还需做到课内课外结合，有更多的实践机会来发展、提高。学校充分利用学生社团活动、主题教育活动、综合实践活动等途径，重视培养、提升学生自主学习的核心素养。

学校组建了以国粹艺术传承中心为主的丰富多彩的学生社团，让学生在社团中主要以自主学习方式感知经典、欣赏艺术、领悟文化、修习技能，提升自学素养和精神气质。如书法社团，学生首先在教师的指导下学习读帖、临帖，然后用大量的时间自练、自悟，一段时间后，能独立写作品的学生越来越多；国画社团，在获得教师指导方法后，学生自己在校园一角、在苏州园林，甚至走向更远的风景名胜实地写生、练习，连续两年，学校国画社团学生暑期写生夏令营的作品集在 PHE（Peace, Health, Environment）国际青少年书画大会上作为指定交流材料供大家学习；象棋围棋社团，学生不但听指导教师的面授教学，还利用学校精心挑选的视频教学资源静心自学，与同学对弈练习；武术社团，指导教师教授基本动作、套路，学生互教互练，在切磋训练中技艺得到提升……同时，学校积极组织开展各种国粹艺术传承展示活动，给学生创造更多的亮相机会，搭建更大的成长舞台；积极组织各社团参与各级各类比赛，让学生在比赛中成长，在成长中收获。

3. 创新家校合作，形成引导学生自学的合力

在平时的教学中，学校教师深切感到，自主学习的时空不应该仅仅局限于课堂和学校，而是应该把改革实验的视角延伸扩展至课外和家庭。加强对家庭教育学科辅导的指导，充分发挥好家庭引导自学的优势。同时，充分利用教育信息化优势，开发和引进教育资源，如未来教室、微课、主题学习网站、手机学习 App 软件等，将其及时提供给学生及家长。利用家长半日开放活动、家长学校、家长会等传统互动平台和家校路路通、班级博客、微信、QQ 等新兴网络互动平台，指导家长在家庭教育中，要从多方面鼓励学生开展自学活动，以逐步提高学生的自学意识、自学能力和自学习惯，让学生在实践摸索的过程中形成一套适合自己的家庭自学体系。同时，组织家长通过经验分享、典型引领等多种途径，经常沟通，形成"自主学习"的良性互动。

（三）培养自主学习核心素养教学实验的初步成效

1. 教师转变教育观念，轻负高效，教学活动充满活力

自参与教改实验起，学校就成立了以校长为负责人的实验中心组。全校范围内以实验班教学研讨活动为载体，以磨课、研课、上课、评课等为主要活动形式，以备课组、教研组为单位，定期开展活动。一年多的思维碰撞、实践探索，增强了实验教师对"教是为了不教"教育思想的认同与内化，提高了现代教育教学的专业素养，特别是教师对学生自主学习善教善导的能力得到了长足发展。

在研究实践中，大家逐渐明朗：学生只有自主先学，在课堂上才会有话可说；只有充分预习，才会有丰富多彩的课堂展示和高效的课堂学习。而学生的自学需要教师的指导。在教师的引导下，学生明确了目标与任务，掌握了学习方法，在微课与导学单的双管齐下作用下，学生逐步掌握了自主学习的方法。原先死气沉沉的课堂变得活力四射，教师讲得津津有味，学生脸上洋溢着自信的笑容，师生的互动越发自然而紧密。为了关注不同层次学生的发展需求，使每个学生在原有水平上得到提高，各班还开展了同伴互助活动，特别是对学习有困难的学生进行个别帮助，充分利用"兵教兵"，有针对性地让优生带动学困生，实现"双赢"。

最让人欣喜的是，由于课前的自学有很大的灵活性和自主性，避免了过去那种教师因不放心而所有作业布置都一刀切的做法，减轻了很多学生不必要的负担。同时，由于学生学习的积极性普遍得到了提高，学习效率得到了提升，教师不再需要布置很多课后重复的巩固作业。轻负高效在很多实验班都得到了体现。

2. 学生自主学习核心素养逐渐形成，全面发展，健康成长

多年来的实践探索，使实验班学生自主学习核心素养逐渐形成，自学能力和习惯逐步养成。更可喜的是，全校形成了自觉学习、自主学习、自能学习的良好氛围，有效地促进了所有学生的成长进步。例如赵琳博老师（语文学科）所带的班级，学生自学能力强，课前预习充分，课内学习高效，课余有大量的时间开展课外阅读、经典背诵、校园微戏剧排练、自编自印文学小报等语文实践活动，学生的知识积累得到增强，口头表达能力、综合展示能力、思维能力等都有提高，快乐、自信的阳光少年健康成长。学校四、五年级的四个书画特色班同时也是"教是为了不教"教改实验班。这四个班级，每周要在语文课中拿出一课时专门练习软笔书法。课时数比平行班级少，在语文教学上所花的时间也比平行班级少，但语文教学质量一直名列年级前茅。原因何在？这与实验班大力倡导培养学生自主学习的核心素养、提升学生的学习品质有密切的关系。自主学习核心素养的提升还有效地促进了书画班学生德、智、体、美、劳各方面的发展。不仅学生的书画作品频频在各类赛事中获奖，每年编印的书画作品集也让人爱不释手；而且在学校其他艺体类社团中也常常可见书画班学生活跃的身影；在学校的少先队大队干部、各类活动主持人中，书画班学生也是主力成员。

3. 学校教学质量优良，办学特色鲜明，办学品牌更加亮化

"教是为了不教"的教改实验，解放了学校教师传统的教学思想，改变了教师一贯的教学方法，同时也提升了学生自主学习的核心素养。实验班的教学质量普遍处于年级的中上游水平。"教得轻松、学得有效"的可喜结果让越来越多的教师加入教改实验的队伍中来，也让越来越多的学生从繁重的课业负担中解放出来，把一部分时间放在发展自己的兴趣爱好上。过去，学生想参加社团、开展活动而语、数、外教师抓着不放的被动局面被打破了。过去，学校只培育一项书法特色，无暇发展学生其他兴趣爱好的问题也得到了解决。全校国粹艺术传承中心有三十几个学生社团，其他艺体类、科技类还有二十多个学生社团，学生参与积极、能力提升，本校指导教师、校外辅导员队伍不断壮大，社团活动硕果累累。学校先后荣获"中国书法教育示范学校""江苏省中小学书法特色学校""江苏省优秀传统文化教育实验学校"的称号，苏州市教育局、苏州市文明办还授牌学校为"德善书院唯亭学堂"。学校学生每年在苏州市青少年国粹文化展示活动中荣获特等奖、一等奖，并进行现场展示。

"教是为了不教"教改实验，改变了教师的教育理念，提升了学生的学习素养，促进了学生的自主发展，正推动学校朝着教学质量优良、育人内涵丰富、办学品牌亮化的愿景大步前行！

附录八　基于儿童生命成长的自主体验教学探索

——苏州工业园区文萃小学

苏州工业园区文萃小学是苏州国家级高新科技产业园区和发达城区内一所非常年轻的现代化小学。学校从成立之日起，就自觉以叶圣陶教育思想指导教育实践，校园中心及其他重要位置的大石上还镌刻着叶圣陶"启蒙"等题词。自 2012 年以来，学校相继参加了"苏州市'教是为了不教'教改实验"和"新时代苏州有效教学研究"项目。在这一过程中，学校在江苏省叶圣陶教育思想研究所专家的指导下，努力守正创新，践行叶圣陶"教是为了不教"教育思想，坚持儿童为本，变革教育方式，探索构建"基于儿童生命成长的自主体验教学模式"，以切实提高小学教学的育人效能，更好落实立德树人根本任务。

（一）自主体验：基于儿童的"为了不教"之教

教育的根本目的和价值是育人，是培养学生成为自觉的、自动的、发展的、创造的、社会的现代人、现代公民。因此，让学生"光记住些什么是远远不够的。必得把某些精要的东西化为自身的血肉，养成永久的习惯，终身以之，永远实践，这才对于做人真有用处"[1]。

同时，叶圣陶又指出，作为教育对象，儿童是有生机的种子，本身具有萌发生长的机能；儿童的天性本是注重事实的，喜欢自己去做的；儿童又固有文艺家的宇宙观，以直觉、情感、想象为其生命的泉源。

本着叶圣陶"教是为了不教"教育思想关于教育目的价值与儿童生命本质辩证统一的理念，根据学校学生和教育实际，学校形成了基于儿童生命成长的自主体验教学的教改实验假设：学校和教师致力于创设适合儿童自主学习实践的环境与活动，让学生沉浸其中，身体心悟，唤起强烈的探究动机和丰富的情感想象，内化、运用和创新课程蕴含的知识经验，促进主体精神、能力以至于整个生命的自然成长，真正实现"教是为了不教"。

（二）自主体验教学的实验探索

依据本实验的理论假设，按照小学课程特点和学生年龄特征，学校开

---

[1] 朱永新. 叶圣陶教育名篇选[M]. 北京：人民教育出版社，2014：55.

辟了"体课前、体课堂、体课外"的"三体"模块，进行自主体验教学的实验探索。

1. "体"课前：**引导学生尝试先学、自发探求，在好奇中乐学**

"教是为了不教"的自主体验教学，在课前引导学生尝试先学、自发探求，让学生在对学习对象的好奇和学习活动的初步体验中产生乐学、勤学的内在动力。

语文学科诱导"趣学"，主要采用"自主预习六步法"（读课文正字音—描红文中生字—解释词语意思—感悟课文内容—体会写作特点—思考质疑解疑），兼用经典每日诵读、楷体书法习字、班刊发表平台等辅助方法；数学学科激发"活学"，开展口算心算三分钟、生活数学小日记、专项调查统计单等自学活动；英语学科游戏"乐学"，让学生自编情景剧、玩转英语口语角，在嬉乐中进入英语的学习情境……

为了引导学生尝试先学、自发探求，各学科在基础性课程内容和活动上，既做了拓展型的"加法"，又做了整合型的"减法"。例如，语文学科的新体验作文，引导学生从课文的阅读体会拓展到自己的生活体验，力求在两者的结合中写出呈现独特生命色彩的习作。实验教师还根据各年级段学生的生活和语文经验，把十二册课本中的习作安排进行系统的梳理和整合，从"校园、家庭、社会、自然"四个维度，构建了"校园槐花香""我的藏宝箱""赤脚大仙""快乐走班演讲""小小通讯员"等备受学生喜爱、促进学生成长的"新体验作文"系列课程。

2. "体"课堂：**引导学生交流互学、探讨内化，在合作中会学**

"教是为了不教"的自主体验教学，在课堂里引导学生交流互学、探讨内化，让学生在师生互动合作中深化体验学习。这种带有文萃特色的课堂因体验丰富而活色生香，学生因体验深化而逐渐会学。

在自主体验的课堂教学实验中，各学科都进行了创新探索，做了多样化的模式构建。语文学科构建了"四环式"体验课堂教学，其过程和方式为：创设情境，生成体验；积极引领，丰富体验；积蓄情感，活动体验；延伸整合，升华体验。数学学科构建了"五步式"体验课堂教学，其过程和方式为：创设情境，进行质疑；提出问题，进行猜想；感知体验，进行探索；验证归纳，进行概括；练习应用，进行检测。英语学科构建了"互动式"体验课堂教学，其过程和方式为：任务感知，活动体验；示范讲解，练习应用；总结评价，自主交往。艺术学科构建了"四段式"体验课堂教学，其过程和方式为：情境设置、自主创意、活动体验、评价提升。体育学科开展了"循环式"体验课堂教学，其过程和方式为：尝试体验、示范辅导、练习提高。

3. "体"课外：引导学生拓展自学、实践探究，在创新中活学

"教是为了不教"的自主体验教学，重在课后和课外引导学生拓展自学、实践探究，在学科特色、校园文化、综合实践活动中让学生进一步体验创新学习和创造实践，焕发生命成长的活力。

一是开发学校本身的资源，引导学生进行丰富多彩的课后拓展自学活动。语文书香节上，漂流书籍阅读、拼音转转盘、字母宝宝书签、读书摘记手抄报、小作家自制一本书、舞台课本剧等活动，将读、写、用多维结合，书香浸润童心；数学数科节上，人体拼图变变变、爱心义卖我买卖、鸡蛋比拼撞地球、统计数据画图表、智慧国象心中算等活动，将数学、科学、美术、信息学科有机整合，知识充满童趣；双语节、艺术节上，英、美、音、体、科诸科融合，呈现国际化态势，英文卡拉OK、儿童课本剧、英语爱心义卖等活动，让学生在玩转英语、创造艺术中边体验边学习。

二是利用社区社会的资源，组织学生进行广阔自由的课外探究实践活动。让学生带着课堂学习的问题，走进现实生活，在接触山川河流、园林建筑、社会人生中，拓展知识意义的体验和领悟；让学生运用体验学习的收获，解决实际问题，在小创造、小发明、观察预测天气、修理家庭简易装备等活动中，加强实践创造的体验和能力；让学生立足本土学习的基础，开展国际交流，在连线澳大利亚、研学新加坡的过程中，形成开放自主的体验和意识。

（三）自主体验教学中的师生成长

在自主体验教学的实验探索中，学校组织教师边学习、边研究、边实践，取得了实现教育教学创新、促进学校师生成长的显著成效。

1. **营造课堂体验氛围，助力师生自主探究**

建校以来，学校一直自觉践行叶圣陶"教是为了不教"的教育思想，努力推进"基于儿童生命成长的自主体验教学"实验，将"自主体验"的教育教学理念和要求扎实、深入地贯彻于课堂，体现于校园，融入教师的日常工作和专业发展的全过程中。教师围绕"自主体验教学"，不断学习、研究、实践、反思，自主申报了近十项与"自主体验教学"相关的省、市、区级课题，并取得了研究的进展与实效。

不仅如此，学校还把学生的自主体验学习与信息技术相融合，着力打造智慧课堂。借助江苏省教育信息化的相关课题，在有关专家的指导和实验骨干教师的带领下，校园内掀起了一个"微课程自主体验教学实验"的热潮。自主学习任务单、微课程、电子书包等创新实践，收到了引导学生自主体验学习教学的更大功效，进一步提升了学生的自学能力和学习质量，激发了教师的教改热情、专业自信和研究意识。学校教师几乎全员参与了国家、省、市和园区组织的各类微课程比赛，仅在苏州市"一师一优课"晒课活动中，我校一线教师60人，共晒出优秀课54节，晒课者占全校教师的比达到了90%。随着自主体验教学实践和教材开发的深入，师生共建并正在完善着具有本校鲜明特色的"自主体验课程"。

2. 创设校园体验场域，促进师生自主发展

"自主体验学习"在融入课堂、活动时，也悄然改变着校园环境。英语读书角、快乐数学屋、移动发表台、书法办刊廊及各班特色板报等，均洋溢着"自主体验"的教育气息。各学科的特色"课前三分钟"，朗朗诗文诵读声、精打细算速算本、英语口语情景剧、每周一句黑板文化等，已经成为一道靓丽的校园风景、一种独特的文萃声音。学生在课间课后，欢呼雀跃于充满生机的校园；在上课预备铃响起时，无须老师督促便自觉进行各学科的各类体验活动。"情动于中而发于外"，正是有了"三体"学习，学生的人生体验和自学能力才得到了较大的拓展，在全国各大报刊上，已发表学校学生体验式作文1 000余篇，全校学生人均达到2篇左右。

如果说学科成绩的进步是显性的，那么学生良好习惯的养成则是潜移默化的。"基于儿童生命成长的自主体验教学"，在不加重学生课业负担的前提下提高了教学质量，更重要的是使学生养成了为其终身发展奠基的良好学习习惯，唤醒并增强了学生成长成人的生命自觉，为遵循儿童成长规律，有效落实立德树人，实现新时代教育高质量发展做出自己的贡献。

附录九　实践"教是为了不教"的差异性自主学习教学

——苏州市沧浪实验小学

苏州市沧浪实验小学是一所有着深厚历史文化底蕴的苏州古城区百年老校，地处含苏州大学和苏大附一院本部，江苏省苏州中学、苏州十中、

苏州一中，网师园、沧浪亭等世界文化遗产的精英文化圈内。为适应施教区儿童发展和社会对小学优质教育的多样化需求，学校曾经以"差异评价促进学生自主学习"为项目，积极参与苏州市教育局组织的"教是为了不教"教改实验，取得了显著成效，被评为"苏州市教育教学改革示范学校"。此后，又以"差异性自主学习的教学实验"为项目，相继参加了"'教是为了不教'教改实验"第二轮实验和"新时代苏州有效教学研究"项目实验，进一步研究并实践叶圣陶"教是为了不教"教育思想，探索构建旨在提高新时代小学教学质量和育人效能的差异性自主学习教学模式，真正做到以儿童为本，尊重学生个体差异，激发学生的学习主动性、自觉性和独立性，使其自学能力和各方面素质更好地得到自我成长，为落实立德树人、培养时代新人奠定基础。

（一）差异性自主学习："教是为了不教"的实践之道

教育教学，主要不是把现成的知识教给学生，而是引导学生自己学习，逐步学会自学的本领，以至于离开学校和教师后，仍然能够适应社会发展和自我发展的需要而终身自学。而作为教育教学的对象，学生本来就不是被动接受知识的"瓶子"，不是可用一个模子加工的"原料"，而是跟种子一样，全都是有生命的，是能自己发育、自己成长的，而且学生个体生命包括的学习潜能又是千差万别的，都有自己成长的规律。

将叶圣陶"教是为了不教"教育思想的教育目的观与学生种子观相结合，学校在已有研究基础上，提出了差异性自主学习的教改实验假设：每个学生都是一个独特的生命个体，学生之间的个体差异，决定了他们学习的需要、潜能、方式，以及成长的规律、样子都是不同的。教育教学要真正有效地引导学生自主学习，培养学生的自学能力，使其各自实现更好的发展，必须关注和尊重学生的个体差异，创设适应学生个体差异的多样化自主学习情境，构建基于学生个体差异，提高立德树人实效的自主学习教学模式。

（二）差异性自主学习教学的实验探索

依据本实验理论假设，学校在小学语文、数学、英语等学科进行了"五多"教改实验的系统设计和实施。实验对象为一到六年级的所有班级，涉及学生2 000多名，教师100多人。

1. **多方案教学设计，创设情境**

针对学生学习经验和智能情感等方面的个体差异，创建了"差异性自主学习多种方案预设"教学设计模式。其设计项目，包括学生分析、教材分析、多种教学目标（含学生自学核心素养、学科知识能力和相关综合素质等指标）、教学内容、学习活动、引导方法、反馈评价等。教师在教学设计中，结合具体的课程教材，充分贯彻和运用差异性自主学习的基本教学策略，创设适合不同学生的多样化自主学习情境，尽可能激发每个学生内在的自主学习动力，促进每个学生"向自学方面不断进展"，为终身学习打下基础。

2. **多层次课前预习，尝试探究**

课前，教师根据多方案教学设计，针对学生不同的知能基础和学习特点，指导学生进行多层次自主预习。为了帮助学生有效地进行预习，各学科教师创建了具有本学科特色的"差异性自主学习课程预习"模板，指导不同学生确立自己的学习目标和内容，提供多层次的预习参考方案，为整课自主学习创造了良好的开端。如学校某老师在教学《三顾茅庐》一课时，就指导学生根据自己的情况来进行预习。基础一般的学生主要进行字、词、句的预习，掌握生词、读通课文，提出问题；而语文能力较强的学生，则可以将更多时间用于品味语言，针对文本进行质疑，并收集相关资料，了解课文背景，初步领悟文中的故事情节和思想情感。

3. **多样性课堂学习，教学互动**

注重在课堂中创设开放多样的学习情境，结合学生预习的情况，建立一个师生互动、生生互动、小组合作、探究生成的学习型集体。我们采用小组合作、伙伴互助等学习方式，激发学生主动构建、参与学习活动。尝试在部分学科搭建网络差异性自主学习平台，为学生提供学科学习资源库，推荐学习菜单，让学生可以根据自己的特点进行学习。实施过程中，根据学生年级段的不同，低年级侧重于学习情境的创设，初步形成学习共同体；中年级强化学习互助的形式，让学生优势互补，共融共生；高年级学生基本形成自主学习的习惯和能力，能够明确自我学习的风格，充分激发自我潜能，逐渐学会自学。

4. **多选择自主练习，内化拓展**

练习有助于学生自主学习的内化和拓展。教师在练习设计中，既精选了基础性的"必练题"，又设置了适合不同学生的"选练题"，形成了菜单式的练习。学生可以根据个人的学习情况，有选择地进行针对性的练习；并且，由此引导学生逐步学会制订个性化的复习计划，提高自主学习的效果。教师在进行语、数、英学科差异化作业设计时，从整体上，考虑学生年级段特征，着力于练习内容的差异性和适切性。如语文学科，教师在低年级注重培养学生的阅读积极性，设计了阅读记录卡；中年级是由读到写的提升阶段，教师设计了集阅读、积累、感悟、习作于一身的梯度拓展作业；高年级重视读写能力的进一步发展，教师鼓励学生写阅读心得、生活随笔，定期组织交流。差异作业的设计不仅考虑年级段差异，同时还兼顾学生个体差异，有些作业教师则干脆放手让学生根据自身情况自行设计。如在教学《认识图形》后，学校某老师设计了这样一项作业：请用你认识的图形组成一幅画，注明都是由哪些图形组成的，并给作品起一个你喜欢的名字。学生的作业新颖独特，花样百出。有的学生的作业是两只小白兔，有的设计出了未来的楼房，还有的想象并描画出各种用途的机器人，等等。凡此种种，很难让人想到这是学生的数学作业，那简直就是一幅幅富有童趣的美妙图画。

此外，练习的形式还可以是丰富多彩的课外活动，如综合实践活动、兴趣社团活动、"一体两艺"活动等。学校还根据学生智能结构优化的需要和个性发展的内在需求，提供多样的学习内容，引领学生开展个体的多元自主学习。

5. 多元化学习评价，促进成长

学校结合义务教育综合素质评价改革实验，尝试推行学业发展水平"炫彩"评价，促进每个学生的自主学习成长。"炫"凸显学生的评价主体地位，通过学生在学习过程中的自我觉醒、自我认同来实现自我完善与自我超越。"彩"字则指向评价的多重功能，以多元的色彩展现评价的多维视角，使评价的内涵更加丰富，面向不同学生，指标更加明晰，过程更加动感，结果更富有成长的意义。学校开发了低、中、高三个年级段的《炫彩评价手册》，以基础性评价、发展性评价、激励性评价、个性化评价、诊断性评价等多元评价方式，帮助学生认识自我、反思自我，唤醒学生生命的自觉。

（三）差异性自主学习教学实验的初步成效

1. 自主学习成长效能得到提升，促进了学生全面而有个性的发展

差异性自主学习教学实验，为每一个学生按照自己的特点自主学习提供了良好的环境和条件。教师注重挖掘每个学生的潜能，让不同的学生有不同的自主学习目标，让不同的学生有不同的发展机会和体验。学生在教学活动中的主体性逐步得到落实，他们在课堂上更加大胆和自信地展现自己，这一点在后进生和性格内向的学生身上表现得更为明显。同时，实施以自主学习为核心的开放多元的学习评价，使每个学生都感受到了学习过程的盎然情趣、自主学习的满足愉悦。调查和测试表明，实验班学生的自主学习意识和能力都得到了显著的提高。在生源发生低重心变化的情况下，在不增加课业负担的前提下，由于增强了每个学生的学习主动性、自觉性和独立性，实验班语、数、英等学科成绩在区教学质量统一调研中名列前茅，并且在各级各类活动竞赛中获奖学生的比例也进一步上升。

2. 形成善于引导自学的骨干教师队伍，促进了教师的专业发展

差异性自主学习教学实验，切实转变了教师的教育教学观念，提高了教师引导学生自主学习的能力。教师以学生一段时间的学习成长经历为背景，去认真考量学生学业发展与进步的空间，将实验与教学无痕地渗透、紧密地相融，促进了自身的专业发展，形成了一支善于引导学生自学的优秀的骨干教师队伍。在实验过程中，有近十位老师在市、区教改实验研讨会上开设观摩课、示范课，多人获得苏州市优秀课评比和教改实验论文评选一等奖。郑碧珺等5位老师被表彰为"苏州市指导学生自学先进教师"。

3. 实验成果得到专家领导的充分肯定，促进了学校的内涵发展

差异性自主学习教学模式的初步构建及成效，得到了教育行政部门和有关专家、媒体的充分肯定。这一实验成果，获得了苏州市教育局颁发的"苏州市'教是为了不教'教改实验成果一等奖"，学校被表彰为"苏州市'教是为了不教'教育教学改革示范学校"。近几年来，学校积极参与并承办了多次市、区叶圣陶教育思想和"教是为了不教"教改实验研讨会，本实验经验成果在较大范围得到了交流和推广。2016年7月6日，《中国教育报》以"尊重差异，发掘每个学生潜能"为题发表了学校关于该实验研究的经验总结。实践证明，在有效教学研究中，科学践行叶圣陶"教是为了不教"教育思想，引导学生差异化、多样化自主学习和成长，能够切实提高课程教学的育人效能，回应人民对美好生活的教育需求，必将在新时代促进这所苏州古城区百年老校更好地落实立德树人根本任务，实现小学教育的高质量发展。

附录十 小学教学化教为学、实现"不教"的实践研究
——苏州市金阊外国语实验学校

苏州市彩香教育集团金阊外国语实验学校是苏州古城西部繁华地带改革开放中建立的一所实验小学。学生来自各阶层家庭，起点参差不齐；教师多从老校抽调，教学经验较丰富。学校适应时代要求，锐意改革进取，积极参加了"新时代苏州有效教学研究"项目。在这一项目的实践研究中，组织教师紧紧围绕立德树人根本任务，努力践行叶圣陶"教是为了不教"教育思想，坚持儿童为本，探索构建"化教为学、实现'不教'"的教育教学新模式，以更好地落实立德树人，为学生自觉主动成长为社会主义建设者和接班人奠定基础。

(一) 化教为学：小学教学实现"不教"的教育规律和实践路径

20世纪80年代，随着改革开放的进展，我国现代化建设越来越与世界科技、经济和社会变革的趋势相呼应。叶圣陶对于"教是为了不教"之"不教"的思考，更着眼于世界和未来视野下每个人的终身学习、发展和幸福。学校结合叶圣陶"教是为了不教"教育思想这一新发展，提出有效教学要以实现"不教"为目的，就是教师在教育教学中，要引导和帮助小学生自主学习实践，使之逐步做到有效地管理自己的学习，认识和发现自我价值，发展自身潜力，从而能够积极应对复杂多变的环境，为推动社会发展进步做出贡献。"不教"的意义就在于立德树人。教学在解决知识、技巧、方法层面的问题后，最终应着眼于把学生培养为乐学善学、确立正确的学习目的和生活意义、自觉规划人生和具有社会担当的时代新人。

为了实现"不教"，学校努力探索"化教为学"的教育规律和实践路径，在聚焦学生发展核心素养、研究学校学生实际和小学课程教材的基础上，把呆板僵化的教学过程转化为学生生动活泼的学习过程；把聚焦学科知识体系的教学目标转化为聚焦核心素养的学习目标；把课程教材转化成课程学材、学习资源、学习任务；把教师主导的、单一的教学方式转化为学生自主的、多样化的学习方式；把钻研教材、教法的教师研修转化为更注重钻研学生、学法的新型研修。

为实践"化教为学"，落实项目任务，学校根据"教是为了不教"的

教学理论,将一般教学与学习过程划分为课前预习、课中讨论、课后练习、课外实践四个阶段。

课前预习阶段。教师从研究教材转为研究学生,从设计教案转为设计学习活动方案,从布置自读课本转为把课程教材转化成学习情境,引导学生进入情境。学生初入情境,明确任务;整体感知,激发兴趣;尝试探索,独立思考。

课中讨论阶段。教师从"走教案,教教材"转为检查预习,调整方案,创设核心活动、问题情境,组织体验讨论,启发点拨。学生大胆表现,交流预习;再入情境,合作探究;批判质疑,勇于探究。

课后练习阶段。教师从布置机械重复作业,采用单一方式评价转为设计精要创新作业,引导梳理建构,督促反思管理,动态评价。学生主动练习、复习,勤于反思,自我管理。

课外实践阶段。教师从继续布置机械重复作业转为示范阅读实践,提供材料和实践机会。学生拓展阅读,主动实践,乐学善学,养成习惯。

(二) 化教为学、实现"不教"的基本教学模式

依据上述"教是为了不教"的教育规律和实践路径,学校在课程教学中,探索形成"化教为学、实现'不教'"的基本模式,即"五个转化",引导学生乐学善学,不断实现自我成长。

1. 将"教"的研究转化为"学"的情境

学校组织教师学习研究叶圣陶"教是为了不教"教育思想,引导教师勇于探求,改变陈旧落后的教学模式。将教师"教"的传统授课方式,转变为创设情境,引导学生主动"学"的模式。在教学中注重发挥学生的主体作用,创设情境,诱发学生的学习兴趣。例如,苏教版数学六年级上册中《倒数的认识》一课,学习本节课之前,学生通过预习对"倒数"已经有了一定的认识,但是对于倒数概念的建立非常不系统、不牢固。教师采用汉字来引入,出示一组汉字:"吴"和"吞","杏"和"呆","音"和"昱",等等,这些汉字上下颠倒,就变成另一个汉字,那么数学中是否存在这样的数呢?引发学生学习的兴趣,学生在感知、思考中主动学习,促进学习的正确、深入开展,掌握用语言叙述倒数的意义。

2. 将"教"的目标转化为"学"的任务

教师授课时,要围绕自己"教"的目标和学生"学"的目标来进行,把"教"的目标转化为学生学习的任务,而且也要让学生知道"学"的

任务是什么，确保教学目标的达成。例如，苏教版数学五年级上册中《解决问题的策略——列举》一课，本节课的教学目标是使学生经历列举问题的可能结果、寻求符合问题要求答案的过程，认识列举的策略。为了实现教师"教"的目标，教师设计了在方格纸上画出符合题目要求的长方形这一需要学生进行的实践操作任务，学生在实际操作中发现列举可以更快、更简洁地解决所学问题，从而自主通过列举寻求答案，达成"学"的目标。

3. 将"教"的内容转化为"学"的活动

教学过程是教师和学生共同活动的过程，是不可分割的整体，教是为了学。教学活动中，教师作为课堂教学活动的组织者和课堂教学实践的主导者，为了将"有效""不教"落到实处，必须找到新策略、新途径及新时代的新表达，将教学内容设计成学生喜闻乐见的学习活动。以译林版英语六年级下册 Unit 5 A party 为例，Fun time 是一个 Say and make 的任务，通过生生对话，运用本单元核心时态———一般将来时来询问、回答。同时，教材呈现一张邀请卡，这是一种新颖而特殊的信息获取渠道。教师在教学时，引导学生阅读邀请卡上的信息，再用自己的语言进行整体表达。设计这样的活动板块，学生不仅对"教"的内容能主动掌握，更可以提升自己"学"的活动。

4. 将"教"的过程转化为"学"的方法

"教"的最终目的是实现用不着"教"，教师教学时教给学生学习的方法，不是把现成的知识灌输给学生，而是让学生运用学到的方法自己学会学习。这样的教学，才能让学生受用一辈子。如二年级语文写话"我想养的小动物"，首先，教师以绘本故事《我想养只大蜥蜴》为例，学习绘本主人公阿力说理由的方法：有礼貌地表达理由，并且理由充分；说动物的优点；说自己能为动物做力所能及的事。其次，学生交流阿力成功说服妈妈能养大蜥蜴的理由，教师帮助归纳。再次，请学生仿照阿力说服妈妈的方法，跟同组小伙伴说一说自己养小动物的理由。最后，学生把想养什么小动物写下来。叶圣陶指出，教材无非是个例子。本节课上教师以绘本故事为例，教给学生写话的方法，帮助学生掌握学习方法，提高语文学习的能力。

5. 将"教"的效果转化为"学"的素养

"教是为了不教"所追求的是化教为学，让学生学会学习，培养良好的学习习惯，让学生真正实现自主学习，进行自我教育。在学习教科版科学三年级中《我们来做"热气球"》一课时，为了让学生有更直观的感知和理解，教师进行示范演示，将"热气球"制作过程以视频录制的形式呈现出来，同时在引导学生制作的过程中，教师为学生录像，将他们实践操作过程记录下来。学生参与学习的积极性得到提升。知识学习本身是枯燥乏味的，教师巧妙设计，将知识与生活进行衔接，切准了学生的思维点和认知点，将"教"的效果转化为"学"的素养。在生活化的场景中，学生的思维得到启迪，对学科价值有了更深层次的认知，自主学习和实践探究素养得到提升。

（三）化教为学、实现"不教"的多样学科形态

学校根据义务教育小学基础课程（国家开设的11门学科课程）实施要求，分语文、数学、英语、综合4个学科研修团队，对上述基本教学模式进行具体实践研究，初步形成了生动多样、各具特色的"化教为学、实现'不教'"学科教学形态。

1. 语文："化教为学"的阅读习惯养成

语文学科以《中国学生发展核心素养》的研究成果、《义务教育语文课程标准（2011年版）》的精神和"化教为学，有效实现'不教'的实践研究"的学校有效教学研究方案为指导，以部编教材为凭借，以阅读习惯养成为抓手，从课文精读、略读指导走向阅读整本书，分学段建立单元教学目标与学习任务序列，构建重点培养学生人文素养和自主阅读能力的"化教为学、实现'不教'"语文教学形态。

以《观书有感》一课为例，本课的教学目标是：朗读古诗，在读中感受古诗的节奏美、韵律美；感悟诗人想要传达的"情志"；培养美好的心灵和高尚的情操。教师在进行本课的教学时，通过朗读、说理、勾连等策略，在教授课本知识的同时，立德树人，端正学生的品行。教师把朗读古诗分为下面三个境界：第一境界，读得字正腔圆。引导学生初读感知，结合上下文和注解，读准语音，把握古诗的节奏韵律。第二境界，读时展开想象。引导学生多读几遍，仔细看插图，运用想象，揣摩古诗的画面意境。第三境界，读出诗眼韵味。教师抓住"一鉴开"挖掘古诗中的关键词语，引起学生的好奇心，产生鲜明而深刻的印象，同时也对学生进行文化熏陶。相比读懂诗中之物，能读出书中之境则难得多。学生往往只能从书中得出粗略的印象，对于古诗画面的想象难以具体，这就需要教师搭建情

思的支架，给予学生帮助。在教师的激发下，学生从生活经验出发，展开想象，并交流各自头脑中的画面，越来越深地体会到诗歌用语和意境的韵味。而后，教师进一步引导学生勾连此前学过的涉及"水"的古诗，从"白毛浮绿水""春来江水绿如蓝"的绿水清澄之美，到"桃花潭水深千尺""唯见长江天际流"的朋友深厚之情，直至眼前"为有源头活水来"的人生哲理之悟，有效地增强了学生的学习效能感，提升了学生的人文素养和阅读能力。

2. 数学："化教为学"的问题探究解决

数学学科以《中国学生发展核心素养》的研究成果、《义务教育数学课程标准（2011年版）》的精神和"化教为学，有效实现'不教'的实践研究"的学校有效教学研究方案为指导，以培养问题意识为切入点，以问题探究解决为抓手，分学段建立单元教学目标与学习任务序列，构建重点培养学生探究素养和独立思考能力的"化教为学、实现'不教'"数学教学形态。

以《解决问题的策略——转化》一课为例，本节课的教学目标是：使学生初步学会运用转化的策略分析问题，并能根据问题的特点确定具体的转化方法，从而有效地解决问题；让学生经历、回顾与探索运用转化策略解决问题的过程，反思解决实际问题的过程，初步感受转化策略的价值，进一步培养思维的条理性和严密性；使学生进一步积累运用转化策略解决问题的经验，增强独立解决问题的能力。首先，教师通过历史故事《曹冲称象》导入教学，激发学生的学习兴趣，引发学生思考并初步感知转化的策略在生活中的应用。其次，教师出示例题：在方格图里有两个图形，你能不能直接求出两个图形的面积？为什么？让学生进行初步尝试，思考：打算用什么方法来比较这两个图形的面积？解决这个问题数格子方便吗？会有什么问题？有没有更好的想法？学生在思考过程中发现用之前学习的知识解决这个问题有一定的困难，他们在情境中发现了新的问题，从而引发新的探究，自己寻求解决问题的方法。再通过小组合作学习，利用手边的工具操作，把面积写在图形上，以此感受转化的策略。教师帮助学生回顾并梳理过程，引导学生明白平移、旋转，不规则到规则，面积不变，等等。最后，让学生主动进行问题整理，形成正确解决方案。整个教学过程，发展了学生主动发现问题、解决问题的意识和能力。

3. 英语:"化教为学"的语言活动习得

英语学科以《中国学生发展核心素养》的研究成果、《义务教育英语课程标准(2011年版)》的精神和"化教为学,有效实现'不教'的实践研究"的学校有效教学研究方案为指导,以立德树人为核心价值,以富有童趣的语言活动为抓手,以"1+2+N"国际理解教育特色校本课程为路径,分学段建立单元教学目标与学习任务序列,构建重点培养跨文化交际意识和语言能力的"化教为学、实现'不教'"的英语教学形态。

在译林版英语三年级下册 Unit 8 We are twins(Fun time & Sound time)一课的教学中,教师引领学生将字母 n 的发音及拼读规律的学习融于以含有字母 n 的绘本为语料、以 Who is…? He/She is… 目标句型为支架、以小组合作为方式的语言实践活动中。本节课上,教师通过引导学生欣赏、跟唱歌曲 Look at my family photo,既激活已学知识又拓宽知识面,更能为语言输出奠定基础。在快速问答环节中,学生整体回顾 Story time 板块的内容,同时围绕 Unit 4 My family(Story time)中出现的人物,用句型 Who is…? 对人物关系进行问答。通过问答,学生感悟字母 n 在不同单词中的发音,建立起字母和语音之间的对应关系并提升习得新单词的能力。为帮助学生细化语音规律,教师设计通过唱、玩、演的活动方式,通过交互式电子白板中的大转盘转出一张婴儿的图片,教师以看不出性别为悬念,同时强调用 it 来指代婴儿,自然导入本课的新授内容。此环节,教师以字母 n 为提示,让学生猜一猜 Nick 和 Nancy 的相关信息,在此过程中,教师巧妙地嵌入语音例词。学生根据提示图片猜出已学词后,再跟着节拍读歌谣,在 Chant 中感受、理解 n 的发音规律。学习 Listen and Choose 板块时,教师借助交互式电子白板表决器,设计听故事选新词的活动,将稍显枯燥的语音教学和绘本故事相结合,学生在由音入词—见词说句—联句成篇的语音体验活动中,自然生成绘本故事 What a din!。在 Watch and Find 板块中,教师设计让学生边欣赏边跟唱国外原创歌谣 Letters and sounds,循序渐进地把语音和语用融会贯通起来,感知语音的表意作用,同时充分调动学生的积极性,无形中渗透单词拼读的方法,从而降低单词学习的难度。在 Listen and Read 板块中,学生再次阅读绘本,同时关注 Kipper 一家的人物关系。将语音学习融入绘本故事阅读中,呈现绘本故事的画面,激发学生的学习兴趣,帮助学生迈出英语自主阅读的第一步。最后由绘本引出主人公 Kipper 一家的全家福，梳理人物间的关系，帮助学生复习已学过的人物关系词汇，学生在小组合作中完成任务一——制作家谱，建立新图式，并用新颖的方式来实现对新故事的朗读、理解。在整个教学过程中，教师改变了以往单纯的语言教学，把教师主导的、以讲授为主的教学方式转化为以学生为中心的个性化、多样化的语言实践活动，有效地培养了学生自觉的跨文化交际意识和语言交流能力。

4. 综合："化教为学"的实践能力培养

综合学科以《中国学生发展核心素养》的研究成果，义务教育小学科学、综合实践、体育、音乐、美术等课程标准的精神，"化教为学，有效实现'不教'的实践研究"的学校有效教学研究方案为指导，以探究、体验、训练等多种方式的自主学习为抓手，以综合课程为路径，分学段建立学科综合教学目标与学习任务序列，构建重点培养学生综合素质、创新精神和实践能力的"化教为学、实现'不教'"综合学科教学模式。

以教科版科学六年级《电和磁》为例，本课的教学目标是通过实验使学生知道电流可以产生磁性；初步感知电流越强、线圈越多，磁性越大的知识；线圈可以检测到微弱的电流；了解通电线圈两端的极性，以及极性随电流方向而发生改变；初步了解电磁感应现象，知道磁也能产生电。教师通过做通电直导线和通电线圈使指南针偏转的实验，帮助学生通过分析建立解释。在本节课上，教师首先演示磁悬浮装置的"魔术"，通过有趣的"魔术"导入，将学生的兴趣激发出来，直接指向对"电"和"磁"的探究活动。然后组织学生进行有层次的实践活动：学生接通简单电路，并尝试通过观察指南针的偏转情况，初步认识"电能产生磁"。在第一个实验的基础上，教师引导学生自己想办法看到更为明显的实际现象，以期得出"增大电流，磁性增强"的结论。完成两个实验后，学生自主尝试研究进一步使指南针指针偏转变大的情况——将通电导线变为通电线圈。最终，通过以上三个层次递进的实验，证明"电能产生磁"。学生在完成探究实验的基础上，拓展学习"磁能产生电"的知识和动手进行手机无线充电实验，进一步完善对电和磁关系的认识。在整个教学过程中，教师把聚焦知识教学目标转化为学生自己探究发现知识的学习任务，把比较抽象的课本内容转化为生动有趣的探究活动，有效地培养了学生的创新意识和实践本领。

学校"化教为学、实现'不教'的实践研究",取得了可喜的育人成效。学校每年举办的"国际理解教育课程"情景外语节、"书香浸润人生　阅读点燃智慧"校园阅读节、"创想数学　开启思维"活动数学节,已经成为儿童最快乐的学习时光,成为学校最亮丽的教育名片。